MW00422683

BESTSELLER

[!]

Sean Covey es vicepresidente de tiendas al menudeo de Franklin Covey Co., una empresa internacional con 4 000 miembros dedicada a ayudar a individuos, organizaciones y familias a hacerse más efectivos.

La cartera de clientes de la empresa incluye 82 de las compañías que figuran en la lista *Fortune 100*, más dos terceras partes de las empresas que figuran en la lista *Fortune 500*, así como miles de pequeñas y medianas empresas, entidades gubernamentales, instituciones educativas, comunidades, familias y millones de consumidores.

La visión de Franklin Covey Co. es enseñar a los demás a enseñarse a sí mismos y hacerse independientes.

SEAN COVEY

Los 7 hábitos de los adolescentes altamente efectivos

La mejor guía práctica para el éxito juvenil

DeBOLS!LLO   Franklin Covey™

Los 7 hábitos de los adolescentes altamente efectivos
La mejor guía práctica para el éxito juvenil

Título original en inglés: *The 7 Habits of Highly Effective Teens*

Primera edición en este formato, 2006
Cuarta reimpresión, 2007

Traducción: Irvin Roffe, de la edición
de Fireside, Nueva York, 1998

D. R. 2007, Random House Mondadori, S. A. de C. V.
Av. Homero No. 544, Col. Chapultepec Morales,
Del. Miguel Hidalgo, C. P. 11570, México, D. F.

www.randomhousemondadori.com.mx

Comentarios sobre la edición y contenido de este libro a:
literaria@randomhousemondadori.com.mx

ISBN: 978-970-780-273-5
ISBN: 970-780-273-1

Impreso en México / *Printed in Mexico*

Lo que dicen los jóvenes
y otros acerca de

7 Los HÁBITOS
de los adolescentes altamente
EFECTIVOS

Los 7 hábitos de los adolescentes altamente efectivos de Sean Covey es un verdadero regalo para el "alma juvenil". No importa con qué cuestiones de la vida estés luchando: este libro te ofrece esperanza, visión y la fortaleza necesaria para vencer tus desafíos.

JACK CANFIELD y KIMBERLY KIRBERGER,
coautores de *Chicken Soup for the Teenage Soul*

Es un libro fácil de entender, lleno de interesantes anécdotas. Me vi reflejada en el caso personal de Sean sobre el temor de presentarse ante un público, pues soy violinista. Estoy segura de que los jóvenes de todo el mundo también se identificarán con muchas de las situaciones que describe.

EMILY INOUYE, 14 años

Sean Covey habla a los jóvenes de un modo tan ameno como reflexivo. Su mensaje ofrece un sólido mapa hacia un futuro de éxitos. Lo recomiendo mucho.

JOHN GRAY, autor de *Los hombres son de Marte, las mujeres de Venus*

Los 7 hábitos de los adolescentes altamente efectivos te dará nuevos puntos de vista sobre el significado de ser poderosamente exitoso. Enseña la importancia de fijar metas y cumplirlas para poder lograr nuestros sueños.

PICABO STREET, miembro del equipo de esquí de E. U. y medallista de oro olímpico

¿Cómo? ¿Sean Covey escribió un libro? ¿Hablan en serio?

El maestro de literatura de la preparatoria a la que asistió Sean

Sean nos da una apropiada adaptación de los valores de toda la vida y de los principios que, al ser adoptados por los jóvenes, enriquecerán sus vidas temprana y largamente... ¡qué buena onda!

MICK SHANNON, presidente y director general de Children's Miracle Network

Los 7 hábitos de los adolescentes altamente efectivos, de Sean Covey, es un *touch-down*. Mientras más temprano desarrolles hábitos buenos y vigorosos, más efectiva será tu vida. Este libro te ayudará a hacer justamente eso.

STEVE YOUNG, lanzador del equipo de futbol americano
49ers de San Francisco y el Jugador Más Valioso de la NFL

Los 7 hábitos de los adolescentes altamente efectivos es una guía para la vida real que ayuda a los jóvenes a dar lo mejor de sí. Trazarse metas y escribirlas es una de las cosas más importantes que puedes hacer. Fíjalas en la memoria, permanece enfocado y desarrollarás la energía para llegar muy lejos. Si lo haces, podrás alcanzar cualquier meta.

TARA LIPINSKI, campeona de patinaje de figura de E. U.
y medallista de oro de las Olimpiadas de 1998

Mi hijo tenía 21 años cuando descubrimos *Los 7 hábitos de las personas altamente efectivas* y lo utilizamos para formar una nueva relación que continúa hasta la fecha, siete años después. Si tan sólo pudiésemos hacer regresar el tiempo a cuando él tenía 15 años, este nuevo libro nos habría ahorrado seis años de mala comunicación, malas caras y frustraciones. Padres de familia: este libro es la oportunidad tanto de ustedes como de sus hijos.

CLYDE FESSLER, vicepresidente de desarrollo comercial
de Harley-Davidson Motor Company

Utilicé una de las anécdotas de tu libro en un discurso que pronuncié en un grupo de liderazgo, y me ayudó a ser elegido gobernador. ¡Muchas gracias, Sean Covey!

LEISY OSWALD, 16 años

Sean Covey sigue los pasos de su padre de modo muy imaginativo, al hablar de sus experiencias juveniles al estilo Covey en *Los 7 hábitos de los adolescentes altamente efectivos*. Las lecciones aprendidas de su propia experiencia hacen de esta obra una guía única en su tipo para las nuevas generaciones que andan en busca de guía.

FRANCES HESSELBEIN, presidenta y directora general de Drucker Foundation
y ex presidenta de las Girl Scouts de E. U.

La mejor manera de realizarte es tomar las decisiones apropiadas a tiempo. *Los 7 hábitos de los adolescentes altamente efectivos* permite a los muchachos verse a sí mismos como la fuerza principal en sus vidas, sin importar su extracción o nivel social.

STEDMAN GRAHAM, autor de *You Can Make It Happen*
y fundador de la organización Atletas Contra las Drogas

Los 7 hábitos de los adolescentes altamente efectivos es oro puro. En mi vida como entrenador olímpico me encantaba trabajar con jóvenes y aprender con ellos, y *de ellos*, sobre la importancia de tener sueños, fijar metas para luego lograrlas y celebrar las victorias. El libro de Sean Covey justamente refuerza ese mensaje.

DICK SCHULTZ, director ejecutivo del Comité Olímpico de E. U.

Los inspiradores ejemplos extraídos de problemas de la vida real con los que jóvenes como yo nos enfrentamos todos los días, así como sus experiencias y casos, me ayudaron a tomar decisiones que me salvaron la vida. Recomiendo mucho este libro a cualquier joven.

JEREMY SOMMER, 19 años

¡Los jóvenes de nuestro mundo necesitaban esto! *Los 7 hábitos de los adolescentes altamente efectivos* de Sean Covey les enseña a ser industriosos, tener integridad y retribuir a la familia y a la comunidad. Este libro refuerza el hecho de que los jóvenes pueden ser la esperanza para un mundo mejor.

MICHAEL QUINLAN, presidente y director general de la Corporación MacDonald's

¡Este libro me tomó por sorpresa! No pude dejarlo, y casi lo terminé de leer cinco horas después de que llegó a mis manos. ¡Qué refrescante es que un autor diga las cosas tal y como son, con valores de la vida real y sin sermones!

DOUGLAS SPOTTED EAGLE, cantante y conferencista internacional

Para un atleta profesional ganar juegos de basquetbol es importante, pero lo es aún más el ganar en el juego de la vida. *Los 7 hábitos de los adolescentes altamente efectivos* proporciona un plan de juego para que los jóvenes se conviertan en jugadores de equipo con sus compañeros de la vida, con la familia y los amigos. Presenta estrategias para llegar a ser una mejor persona y elevar las capacidades individuales.

SHERYL SWOOPES, jugadora profesional de basquetbol femenil

Los jóvenes de hoy son los futuros líderes de nuestras familias, de las comunidades y de la nación. *Los 7 hábitos de los adolescentes altamente efectivos* les enseña el valor del trabajo, a fijar y alcanzar metas y a tomar la iniciativa y las responsabilidades, todas ellas características de los líderes efectivos.

MICHAEL O. LEAVITT, gobernador del estado de Utah, E. U., y ex presidente del Consejo de Gobiernos Estatales

Los 7 hábitos de los adolescentes altamente efectivos enseña los principios básicos para formar un sólido fundamento para enfrentar los desafíos más difíciles de la vida. La mayoría de los jóvenes necesitan de este libro. Lo que es más importante aún, crean en Dios y Su voluntad para ayudarnos: con pedirlo basta. Esto se llama *rezar*.

Reverendo THEODORE M. HESBURGH, C.S.C., presidente emérito de la Universidad de Notre Dame

Antes hacía malabarismos con la familia, las actividades escolares, los amigos y las responsabilidades fuera de la escuela. Leer *Los 7 hábitos de los adolescentes altamente efectivos* me ayudó a ser una persona más organizada. Usé muchas de las caricaturas e ilustraciones para recordar anécdotas y ejemplos.

JOY DENEWELLIS, 18 años

Stephen Covey debe estar muy orgulloso de su hijo Sean, que asimiló muy bien sus lecciones. Quienes deseen evitar las tentaciones y la devastación de las drogas, incluyendo el alcohol, deberían ser lo suficientemente prudentes como para poner en práctica *Los 7 hábitos de los adolescentes altamente efectivos*. Escrito para jóvenes por quien hasta hace muy poco era un adolescente, este libro es un medio indispensable para ayudar a los muchachos a tomar las decisiones adecuadas en tanto se desarrollan en medio del caos de esta era. ¡Cómo habría querido un libro como éste para los que fuimos criados durante los años sesenta!

CANDACE LIGHTNER, fundadora de MADD (Mothers Against Drunk Driving, Madres Contra el Manejo en Estado de Ebriedad)

La motivación es sólo una parte del juego de la vida. La autodisciplina y el autocontrol son cruciales para hacer nuestros sueños realidad. Este libro te ofrece todos los medios que necesitas como joven para ser un campeón en la vida.

MIA HAMM, integrante del equipo nacional de futbol soccer femenil de E. U. y Mujer Atleta del Año

Sumergirse en la autocompasión o nadar en el océano del conocimiento es una decisión que todos debemos tomar alguna vez en la vida. He aquí una excelente guía de un joven para los jóvenes, para que la vida sea significativa.

ARUN GANDHI, nieto de Mahatma Gandhi y fundador del Instituto Gandhi

Los 7 hábitos de los adolescentes altamente efectivos desafía a romper el límite de ser "promedio" para llegar a dar lo mejor de sí. Todos los jóvenes pueden lograr sus metas y sueños si tienen valor suficiente para hacer lo necesario para ello. Este libro demuestra, con ejemplos claros, cómo pueden lograrlo.

DAVE CHECKETTS, presidente y director general del Madison Square Garden

Nuestra juventud se enfrenta a problemas que ni padres ni abuelos imaginaron. Andan en busca de respuestas y *Los 7 hábitos de los adolescentes altamente efectivos* les proporciona los medios necesarios para hallar estas respuestas en sí mismos. Con ayuda de padres, maestros y amigos que los amen, que nuestros jóvenes sean bendecidos para llegar a ser adultos felices, saludables y productivos.

Doctor ROBERT SCHULLER, autor de *If You Can Dream It, You Can Do It*; reverendo de la Catedral de Cristal y la Hora del Poder

El libro de Sean Covey debería ser leído por cualquier abuelo y figurar en su lista de regalos para los jóvenes de su familia. Sus principios pueden vencer las brechas de comunicación entre generaciones que son demasiado comunes en la sociedad de hoy. Además, los criterios que contiene pueden hacer que el corazón de una generación se vuelque a las siguientes. Los abuelos podrían producir una enorme diferencia en las vidas de sus nietos si apoyaran el consejo que da Covey en el sentido de ayudar a los jóvenes a identificar sus propios "centros de principios" para sus incipientes vidas.

KIRK L. STROMBERG, director de desarrollo y planificación estratégica de la Asociación Estadounidense de Jubilados

Los ejemplos prácticos de Sean me recuerdan lo importante que es aprovechar al máximo lo que tengo. Practico muchos deportes, aunque no soy muy grande. Este libro me ayudó a darme cuenta de que debo apoyarme en mi velocidad e ingenio si quiero alcanzar mis metas.

BRENT KUIK, 15 años

Si lo que quieres es ganar en el juego de la vida, la puntuación es esencial. *Los 7 hábitos de los adolescentes altamente efectivos* proporciona a los jóvenes un fantástico plan de juego a fin de hacer realidad sus sueños. Covey ofrece reflexiones que ayudan a los padres a aconsejar a sus hijos para que logren sus más elevadas metas y venzan cualquier obstáculo.

RICK PITINO, entrenador del equipo de basquetbol Celtics de Boston y autor de *Success Is a Choice*

La manera en que vivimos nuestras vidas se basa en los valores en los que creemos. Este libro ayudará a cualquier joven, de modo muy práctico, a basar los fundamentos de la vida en los valores más importantes.

DONALD G. SODERQUIST, vicepresidente y director de Wal-Mart Stores

Aquejado por tantos males sociales, lo que el mundo necesita es más jóvenes con una clara visión del futuro, un espíritu deseoso y la determinación de contribuir con sus familias, escuelas y comunidades. El libro de Sean Covey enseña precisamente eso.

BOB GOODWIN, presidente y director general de la Fundación Points of Light

Poderoso, pero no paternalista, es un importante mensaje que da mucho más que buenos consejos. Ofrece una dirección verdadera a los jóvenes que viven en un mundo complejo y desafiante. Covey ofrece una guía sólida y comprobada, sin parecer paternalista y sin sermones... presenta una sabiduría incuestionable en un libro amistoso y ameno que inspirará confianza y aliento en los jóvenes para seguir los dictados de sus corazones, en vez de sólo seguir al grupo.

PATRICK S. O'BRIEN, autor; fundador y presidente de Making College Count

Si *Los 7 hábitos de los adolescentes altamente efectivos* no te ayuda, es porque ya tienes una vida perfecta.

JORDAN MCLAUGHLIN, 17 años

Todos tenemos sueños en la vida que queremos lograr, y podemos hacerlos realidad si estamos dispuestos a dar siempre el 100 % de nosotros mismos. Este libro es un programa intensivo de entrenamiento para que los jóvenes crezcan y se desarrollen para llegar a ser ganadores en la competencia de la vida.

KRISTI YAMAGUCHI, medallista de oro olímpica de patinaje de figura

Este libro tiene muchas estrategias positivas, inspiradoras y motivantes para ayudar a los jóvenes a desarrollar todo su potencial.

Doctora LAURA C. SCHLESSINGER, autora de *Ten Stupid Things Women Do to Mess Up Their Lives*

¡*Los 7 hábitos de los adolescentes altamente efectivos* es un ganador! En mis años como entrenador de jóvenes, juntos aprendimos que trabajar, fijar metas y tener una clara visión de nuestros sueños, nos permite tener éxito, aun cuando se falla.

LOU HOLTZ, ex entrenador del equipo de futbol americano de la Universidad de Notre Dame, campeón nacional de 1988 y analista deportivo en el programa de televisión *College Football Today*

Los 7 hábitos de los adolescentes altamente efectivos es un libro revolucionario para jóvenes. Les permite entender cómo pueden forjar sus propias victorias personales trazándose metas que les permitirán hacer realidad sus sueños.

HENRY MARSH, autor de *The Breakthrough Factor*, y participante en cuatro juegos olímpicos

A MAMÁ,
POR TODAS LAS CANCIONES DE CUNA
Y LAS LARGAS CHARLAS POR LA NOCHE

Índice

Índice

¿Quién soy?

Soy tu compañero constante. Soy
tu más grande ayuda, o tu más pesada carga.
Te impulsaré hacia las alturas, o te arrastraré
al fracaso. Estoy completamente bajo tu mando.
De todas formas, la mitad de las cosas que hago
puedes dejarlas a mi cargo y podré cumplirlas
rápida y correctamente.

Es fácil lidiar conmigo: sólo es necesario
que seas firme. Muéstrame exactamente cómo
quieres que haga las cosas, y tras unas cuantas
lecciones las desarrollaré automáticamente. Soy
el sirviente de todos los grandes personajes
y, ¡ay!, también de todos los perdedores.
A quienes son grandes, los hice yo así.
A los otros, los conduje al fracaso.

No soy una máquina, aunque funciono
con la precisión de un mecanismo y además
con la inteligencia de un humano. Puedes hacerme
funcionar para obtener ganancias o para quedar
en la ruina; para mí, no hay diferencia.

Tómame, entréname, sé firme conmigo,
y pondré el mundo a tus pies. Sé
indulgente conmigo, y te destruiré.

¿Quién soy?

**Yo soy
el hábito.**

PRIMERA PARTE

Los preparativos

Adquirir el hábito
Te hace o te deshace

Paradigmas y principios
Lo que ves es lo que tienes

Adquirir el Hábito

TE HACE O TE DESHACE

¡Bienvenido! Me llamo Sean y escribí este libro. No sé cómo lo obtuviste. Tal vez tu madre te lo dio para encarrilarte. O tal vez lo compraste con tu propio dinero porque el título te llamó la atención. Sin importar cómo llegó a tus manos, me alegro que así fuera. Ahora, lo único que te hace falta es leerlo.

Muchos jóvenes leen libros, pero yo no fui uno de ellos. (Sin embargo, leí varios resúmenes.) Y si eres como yo era, tal vez te dispongas a guardarlo. Pero antes de que lo hagas, escúchame. Si te atreves a leer este libro, me comprometo a hacerlo toda una aventura. De hecho, para hacerlo divertido, incluí muchas caricaturas, ideas ingeniosas, grandes citas e increíbles anécdotas reales de jóvenes de todo el mundo... junto con muchas otras sorpresas. ¿Estás dispuesto a darme una oportunidad?

¿De acuerdo? ¡De acuerdo!

Y bien, de vuelta al libro. Éste se basa en otro que mi padre, Stephen R. Covey escribió hace varios años, con el título de *Los 7 hábitos de las personas altamente efectivas*. Sorprendentemente, este volumen se convirtió en uno de los grandes *bestsellers* de todos los tiempos. Sin embargo, debe mucho de su éxito a mis hermanos, hermanas y a mí. Y como puedes ver, nosotros fuimos sus conejillos de indias. Él probó todos

> Primero hacemos nuestros hábitos, y luego nuestros hábitos nos hacen a nosotros.
>
> POETA INGLÉS

Niños
en los
años
sesenta
▶

Niños
de hoy
◀

sus experimentos psicológicos en nosotros, y por eso es que mis hermanos y hermanas tienen graves problemas emocionales (no es cierto). Afortunadamente, resulté ileso.

¿Por qué, entonces, escribí este libro? Porque la vida para los jóvenes ya no es un juego. Es una jungla. Y si cumplí bien con mi trabajo, este libro puede ser una brújula para ayudarte a navegar. Además, a diferencia del libro de mi papá, que fue escrito para viejos (y que a veces puede ser muy aburrido), el que tienes en tus manos fue escrito especialmente para jóvenes, y siempre es interesante.

Aunque ya soy un adolescente jubilado, recuerdo muy bien cómo fue serlo en plenitud. Juraría que casi siempre era como estar en una montaña rusa emocional. En retrospectiva, de verdad estoy sorprendido de que pude sobrevivir. Apenas. Nunca olvidaré aquella ocasión, en primero de secundaria, cuando me enamoré por primera vez de una niña llamada Nicole. Le pedí a mi amigo Clar que le hablara de mí (por aquel entonces me asustaba mucho hablar directamente con las chicas, por lo que usaba intérpretes). Clar cumplió con su misión, y volvió para informarme.

—Oye, Sean, le dije a Nicole que te gusta.

—¿Y qué pasó? —repuse, sonriendo.

—Dijo: "¿Sean? ¡Es muy gordo!"

Clar se rió. Yo quedé devastado. Tuve ganas de meterme a un agujero, para nunca más salir. Juré detestar a las chicas de por vida. Afortunadamente, predominaron mis hormonas y las chicas jamás dejaron de gustarme.

Sospecho que algunas de las luchas que los jóvenes tienen en común conmigo también son conocidas para ti:

- *"Hay mucho por hacer, y nunca hay tiempo suficiente. Tengo la escuela, la tarea, un trabajo, amigos, fiestas y encima de todo una familia. Siempre estoy en tensión. ¡Auxilio!"*

- *"¿Y cómo puedo sentirme bien conmigo mismo si no me adapto? En todas partes se me recuerda que hay otro que es más listo, o más guapo, o más popular. No puedo evitar el pensar: 'Si tuviera su cabello, su ropa, su personalidad, su novio, entonces sería feliz'".*

- *"Siento como si mi vida estuviera fuera de control".*

- *"Mi familia es un desastre. Si mis padres me dejaran en paz, podría dirigir mejor mi vida. Me parece que siempre me están regañando, y que yo nunca puedo dejarlos satisfechos".*

- *"Sé que no estoy viviendo del modo en que debería. Ya probé de todo: drogas, bebida, sexo, lo que tú quieras. Pero cuando estoy con mis amigos, sucumbo y hago lo que hacen los demás".*

- *"Comencé a hacer otra dieta. Creo que en este año ya son cinco. Realmente quiero cambiar, pero no tengo la disciplina para continuar. Cada vez que inicio una nueva dieta, tengo esperanzas. Pero por lo general pasa poco tiempo y la dejo. Y entonces me siento terriblemente".*

- *"No me está yendo muy bien en la escuela. Si no obtengo buenas calificaciones, nunca podré entrar a la universidad".*

- *"Soy susceptible y muchas veces me deprimo, y entonces no sé qué hacer".*

Estos problemas son reales, y no podemos escapar a la vida real. Así, no trataré de evadirlos. Mejor te daré algunos medios para que puedas lidiar con todo eso. ¿Cuáles son? Los 7 Hábitos de los Adolescentes Altamente Efectivos o, dicho de otro modo, las siete características que tienen en común los jóvenes felices y exitosos de todo el mundo.

En este punto, posiblemente ya te estás preguntando cuáles son estos hábitos, por lo que estaría bien que terminara con el suspenso. Aquí están, seguidos de una breve explicación:

Hábito 1: **Ser Proactivo**
Hacerte responsable de tu propia vida.

Hábito 2: **Comenzar con el fin en la mente**
Definir tu misión y metas en la vida.

Hábito 3: **Poner Primero lo Primero**
Marcar prioridades y hacer primero las cosas más importantes.

Hábito 4: **Pensar Ganar-Ganar**
Tener una actitud de que "todos pueden ganar".

Hábito 5: **Busca Primero Entender, Luego Ser Entendido**
Escuchar sinceramente a los demás.

Hábito 6: **Sinergizar**
Trabajar en conjunto para lograr más.

Hábito 7: **Afilar la Sierra**
Renovarte con regularidad.

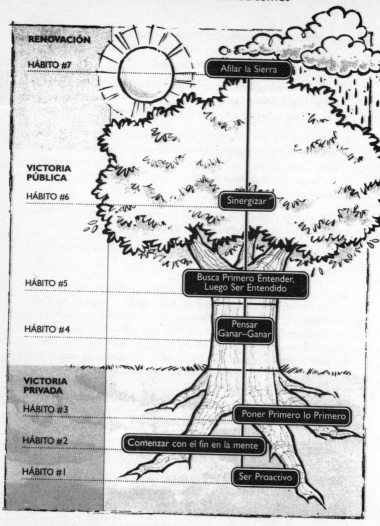

Como lo muestra este diagrama, los hábitos se forman uno sobre el otro. Los hábitos 1, 2 y 3 se refieren a ser dueños de nosotros mismos. Los llamamos "victoria privada". Los hábitos 4, 5 y 6 se refieren a relaciones y a trabajar en equipo. Los llamamos "victoria pública". Tienes que estar preparado a nivel personal antes de poder jugar bien en equipo. Por ello la victoria privada es antes que la victoria pública. El último hábito, el 7, es el hábito de la renovación. Nutre a los seis anteriores.

Los hábitos parecen más bien simples, ¿verdad? ¡Pero observa lo poderosos que pueden ser! Una gran manera de comprender lo que son los 7 Hábitos es comprender qué *no son*. Así que he aquí los opuestos, o:

Los 7 Hábitos de los Adolescentes Altamente *Inefectivos*

Hábito 1: *Reacciona*

Achaca todos tus problemas a tus padres, a tus estúpidos maestros o profesores, a tu pésimo barrio, a tu novio o novia, al gobierno, o cualquier otra cosa que no seas tú. Sé una víctima. No tomes ninguna responsabilidad por tu vida. Actúa como bestia. Si tienes hambre, come. Si alguien te grita, respóndele a gritos. Si tienes ganas de hacer algo que sabes que está mal, entonces hazlo.

Hábito 2: *Comenzar sin un fin en la mente*

No tengas planes. Evita las metas a toda costa. Y nunca pienses en el futuro. ¿Para qué preocuparte por las consecuencias de tus actos? Vive el momento. Duérmete, desperdíciate y tómalo todo a la ligera, porque mañana nos moriremos.

Hábito 3: *Primero lo último*

Sea lo que sea más importante en tu vida, no lo hagas sino hasta que hayas pasado el suficiente tiempo viendo la televisión, hablando interminablemente por teléfono, navegando en Internet y platicando. Siempre deja para mañana tu tarea. Asegúrate de que las cosas que no sean importantes siempre sean antes que las que sí lo son.

Hábito 4: *Pensar ganar-perder*

Ve la vida como una competencia perversa. Tu compañero de clase te atacará, así que es mejor que lo ataques primero. No permitas que los demás tengan éxito en alguna cosa porque, recuerda que si ellos ganan, tú pierdes. Si te da la impresión de que estás a punto de perder, entonces asegúrate de arrastrar a los demás contigo.

Hábito 5: *Primero hablar, y luego fingir que se escucha*

Naciste con una boca, así que úsala. Asegúrate de hablar mucho. Siempre explica primero tu versión de la historia. Una vez que te asegures de que los demás comprenden tu punto de vista, entonces finge escuchar asintiendo y diciendo "ajá". O, si realmente quieres la opinión de los demás, dala tú primero.

Hábito 6: *No cooperar*

Afrontémoslo: otras personas son extrañas porque son distintas a nosotros. ¿Para qué llevarse con ellos? El trabajo en equipo es para los perros. Puesto que tú eres el que siempre tiene las mejores ideas, te irá mejor si haces todo solo. Sé una isla.

Hábito 7: *Desgastarse*

Ocúpate tanto con tu vida, de modo que nunca tengas tiempo para renovarte o superarte. Nunca estudies. Nunca aprendas nada nuevo. Evita el ejercicio como la plaga. Y, además, aléjate de los buenos libros, la naturaleza o cualquier otra cosa que pueda inspirarte.

Como puedes ver, estos hábitos son recetas seguras para el desastre. Sin embargo, a muchos de nosotros nos complacen... muchas veces (incluyéndome a mí). Así, no es ninguna sorpresa que la vida a veces realmente apeste.

- ## ¿QUÉ SON EXACTAMENTE LOS HÁBITOS?

Los hábitos son cosas que hacemos repetidamente. Pero la mayor parte del tiempo no estamos conscientes de que los tenemos. Están en piloto automático.

Algunos hábitos son buenos, como por ejemplo:
- Hacer ejercicio regularmente.
- Planificar anticipadamente.
- Demostrar respeto hacia los demás.

Algunos son malos, como por ejemplo:
- Pensar negativamente.
- Sentirse inferior.
- Culpar a los demás.

Y algunos no son muy importantes, incluyendo:
- Bañarse por las noches.
- Comer yogurt con un tenedor.
- Leer las revistas de la última página a la portada.

Dependiendo de lo que sean, nuestros hábitos pueden hacernos o deshacernos. Nos convertimos en aquello que hacemos repetidamente. Como dijo el escritor Samuel Smiles:

> *Siembra un pensamiento, y cosecharás un acto;*
> *siembra un acto, y cosecharás un hábito;*
> *siembra un hábito, y cosecharás una personalidad;*
> *siembra una personalidad, y cosecharás un destino.*

Afortunadamente, somos más fuertes que nuestros hábitos. Por consiguiente, puedes cambiarlos. Por ejemplo, cruza los brazos. Ahora intenta cruzarlos al revés. ¿Cómo se siente? Muy extraño, ¿verdad? Pero si los cruzas al revés durante treinta días seguidos, entonces ya no lo sentirás tan extraño. Ni siquiera tendrás que pensarlo. Y adquieres el hábito.

Cada vez que puedas verte al espejo y decir: "Eso es algo que no me gusta de mí mismo", podrás cambiar un mal hábito por uno bueno. No siempre es fácil, pero siempre es posible.

No todas las ideas que vienen en este libro funcionarán en tu caso. Pero tampoco necesitas ser perfecto para ver resultados. Sólo con vivir algunos de los hábitos parte del tiempo te ayudará a experimentar cambios en tu vida que nunca pensaste que fueran posibles.

Los 7 Hábitos pueden ayudarte a:

- Ejercer control sobre tu vida.
- Mejorar tus relaciones con los amigos.
- Tomar decisiones más prudentes.
- Llevarte bien con tus padres.
- Sobreponerte a adicciones.
- Definir tus valores y lo que te es más importante.
- Hacer más cosas en menos tiempo.
- Aumentar tu seguridad.
- Ser feliz.
- Hallar un equilibrio entre la escuela, el trabajo, los amigos y todo lo demás.

Una cuestión final. Este libro es tuyo, así que úsalo. Ve por un lápiz, pluma o plumón para subrayarlo. No temas subrayar, resaltar o poner tus ideas favoritas en un círculo. Toma notas en los márgenes. Garabatea. Vuelve a leer las anécdotas que te inspiren. Memoriza las citas que te den esperanza. Intenta dar los "pasos de bebé" al final de cada capítulo, que están diseñados para ayudarte a comenzar a vivir inmediatamente los hábitos. Obtendrás mucho más de este libro si así lo haces.

Quizá quieras llamar a los teléfonos o visitar las páginas de Internet que aparecen en la última página de este libro, para obtener ayuda o información adicional.

Si eres el tipo de lector al que le gusta saltar de una página a la otra buscando caricaturas y otras ilustraciones interesantes, también está bien. Pero en algún punto deberías leer el libro del principio al fin, porque los 7 Hábitos forman una secuencia. Uno se basa en el anterior. El Hábito 1 es antes que el Hábito 2 (y así sucesivamente) por una razón determinada.

¿Qué dices? ¡Anda, lee este libro!

PRÓXIMAS ATRACCIONES

Examinemos diez de las frases más torpes que se hayan dicho.
No te lo puedes perder. ¡Sigue leyendo!

Paradigmas
y Principios

LO QUE VES ES LO QUE TIENES

Lo que sigue es una lista de frases dichas hace muchos años por especialistas en sus respectivas materias. En la época en que se dijeron parecían inteligentes. Al pasar de los años parecen tontas.

Las 10 citas más estúpidas de todos los tiempos:

(10) *No existe ninguna razón para que alguien tenga una computadora en su casa.*

KENNETH OLSEN, PRESIDENTE Y FUNDADOR DE LA EMPRESA DIGITAL EQUIPMENT CORPORATION, EN 1977

(9) *Los aviones son juguetes interesantes, pero no tienen ningún valor militar.*

MARISCAL FERDINAND FOCH, ESTRATEGA MILITAR FRANCÉS Y FUTURO COMANDANTE DE LA PRIMERA GUERRA MUNDIAL, EN 1911

(8) *[El hombre nunca llegará a la luna] sin importar los avances científicos que haya en el futuro.*

DOCTOR LEE DE FOREST, INVENTOR DEL TUBO AUDIÓN Y PADRE DE LA RADIO, DICHO EL 25 DE FEBRERO DE 1967

(7) *[La televisión] no podrá conservar ningún mercado que capte después de los primeros seis meses. La gente se cansará de ver una caja de madera todas las noches.*

DARRYL F. ZANUCK, DIRECTOR DE 20TH CENTURY–FOX, EN 1946

Mantente limpio y transparente; tú mismo eres la ventana por la que ves el mundo entero.

GEORGE BERNARD SHAW
DRAMATURGO INGLÉS

(6) *No nos gusta su sonido. Los grupos de guitarras están pasados de moda.*
COMPANIA DISQUERA DECCA AL RECHAZAR A LOS BEATLES, EN 1962

(5) *Para la mayoría de la gente, el uso del tabaco tiene efectos benéficos.*
DOCTOR IAN G. MACDONALD, CIRUJANO DE LOS ÁNGELES, CITADO EN LA REVISTA *NEWSWEEK*, EL 18 DE NOVIEMBRE DE 1969

(4) *Este "teléfono" tiene demasiados defectos para considerarse seriamente como medio de comunicación. Por sí mismo no tiene ningún valor para nosotros.*
MEMORÁNDUM INTERNO DE LA EMPRESA TELEGRÁFICA WESTERN UNION, EN 1876

(3) *La Tierra es el centro del universo.*
PTOLOMEO, EL GRAN ASTRÓNOMO EGIPCIO, EN EL SIGLO II D. C.

(2) *Nada importante sucedió hoy.*
ESCRITO POR EL REY JORGE III DE INGLATERRA EL 4 DE JULIO DE 1776

(1) *Todo lo que podía inventarse, ya se inventó.*
CHARLES H. DUELL, COMISIONADO DE PATENTES DE ESTADOS UNIDOS, EN 1899

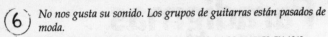

Luego de leer esto, permíteme hablarte de otra lista de frases dichas por jóvenes como tú. Ya las oíste antes, y son tan ridículas como las citas anteriores.

"Nadie en mi familia fue a la universidad. Estaría loco si pensara que pudiera lograrlo".

"No tiene caso. Mi padrastro y yo nunca nos podremos llevar. Somos muy distintos".

"Ser inteligente es cosa de 'blancos'".

"El maestro me tiene en la mira".

"Ella es muy bonita; estoy seguro de que es tonta".

"No puedes progresar en la vida si no conoces a la gente adecuada".

"¿Yo? ¿Delgada? ¿Estás bromeando? Mi familia está llena de gordos".

"Es imposible obtener aquí un buen empleo porque nadie contrata a jóvenes".

¿Qué es un paradigma? ¿Qué tienen en común las dos listas de citas? Primero, todas son percepciones de la forma en que son las cosas. Segundo, todas son inexactas o incompletas, aun cuando las personas que las dijeron estaban convencidas de que era la verdad.

Otra palabra para percepciones es *paradigmas*. Un paradigma es la forma en que vemos algo, nuestro punto de vista, marco de referencia o creencia. Como tal vez ya hayas notado, nuestros paradigmas con frecuencia no son acertados y, por consiguiente, crean limitaciones. Por ejemplo, tal vez estés convencido de que no tienes lo que se necesita para entrar a la universidad. Pero recuerda que Ptolomeo estaba igualmente convencido de que la Tierra era el centro del universo.

Y piensa en el caso de quien cree que no puede llevarse con su padrastro. Si ése es su paradigma, ¿tendrá oportunidad de llevarse bien con él alguna vez? Posiblemente no, porque esa creencia se lo impedirá.

Los paradigmas son como anteojos. Cuando tienes paradigmas incompletos de ti mismo o de la vida en general, es como usar anteojos que no son adecuados para tu vista. Esos lentes afectan la forma en que ves lo demás. Como resultado, lo que ves es lo que obtienes. Si piensas que eres tonto, esa misma creencia te hará actuar como tonto. Si piensas que tu hermana es tonta, buscarás pruebas para apoyar lo que crees, las hallarás, y ella seguirá siendo tonta ante ti. Por otra parte, si piensas que eres listo, esa creencia hará que veas todo de color de rosa.

Kristi una vez me habló de lo mucho que amaba la belleza de las montañas. Cuando visitó a su oculista, para su sorpresa descubrió que su vista era mucho peor de lo que pensaba. Luego de ponerse nuevos lentes de contacto, se asombró de lo bien que podía ver. Como ella dice: "Me di cuenta de que las montañas, los árboles y hasta las señales del camino tenían más detalles de los que había imaginado. Fue de lo más extraño. No sabía lo mal que estaba de los ojos sino hasta que experimenté lo bien que podían estar". Con frecuencia así son las cosas. No sabemos de qué nos estamos perdiendo porque estamos enredados en nuestros paradigmas.

Tenemos paradigmas de nosotros mismos, de los demás y de la vida en general. Examinemos cada uno de ellos.

• PARADIGMAS DE NOSOTROS MISMOS

Haz una pausa ahora mismo y considera la siguiente pregunta: ¿te ayudan o te estorban los paradigmas que tienes de ti mismo?

Cuando mi esposa, Rebecca, estaba en la preparatoria Madison de Idaho, se pasó entre las alumnas una hoja de inscripción para el concurso de belleza Miss Madison. Rebecca, junto con otras muchachas, firmó. Linda, que estaba con ellas, pasó la hoja sin firmarla.

—Inscríbete —la instó Rebecca.

—No, ¡cómo crees!

—¡Vamos! Será muy divertido.

—No, de veras, no soy de ese tipo.

—¡Claro que lo eres! ¡Creo que te irá muy bien!

Rebecca y las demás siguieron alentando a Linda hasta que finalmente se inscribió.

Por ese entonces, Rebecca no le dedicó ni un pensamiento más a aquella situación. Sin embargo, siete años después, recibió una carta de Linda en la que describía la lucha interna que tuvo que sobreponer ese día, y agradeció a Rebecca por ser la chispa que la ayudó a cambiar su vida. Linda le contó sobre la mala autoimagen que tenía en la preparatoria, y le sorprendió que Rebecca la considerara candidata a un concurso de talento. Finalmente, aceptó inscribirse tan sólo para que Rebecca y las demás compañeras la dejaran en paz.

Linda expresó que se sentía tan incómoda, que al día siguiente habló con el director del concurso y exigió que su nombre fuera eliminado de la lista. Pero, al igual que Rebecca, el director insistió en que Linda participara.

Reticente, ella aceptó.

Pero sólo eso fue lo que se necesitaba. Al atreverse a participar en un evento que exigía lo mejor de ella, Linda comenzó a verse a sí misma bajo una luz nueva. En su carta, Linda agradeció a Rebecca desde lo más profundo de su ser por, en esencia, quitarle sus lentes defectuosos y quebrarlos insistiendo en que se probara un nuevo par.

Linda notó que, aunque no ganó ningún premio, había sobrepuesto un obstáculo aún mayor: la mala percepción que tenía de sí misma. Debido a su ejemplo, sus dos hermanas menores participaron en un concurso en años posteriores. Se convirtió en un gran evento para la familia.

Al año siguiente, Linda ingresó en la sociedad de alumnos y, como Rebecca lo narra, desarrolló una personalidad vivaz y extrovertida.

Linda pasó por lo que se conoce como "cambio de paradigma". Significa que de pronto vemos las cosas de nuevas formas, como si nos hubiéramos puesto anteojos nuevos.

Del mismo modo en que los paradigmas negativos de nosotros mismos pueden imponernos limitaciones, los paradigmas positivos pueden hacer surgir lo mejor que hay en nosotros, como lo ilustra la siguiente anécdota sobre el hijo del rey Luis XVI de Francia:

El rey Luis fue depuesto y aprisionado. Y a su hijo menor, el príncipe, se le condujo a un lugar lejano. Se pensó que si al heredero del trono se le destruía moralmente, nunca podría alcanzar el grandioso destino que la vida le había otorgado.

Lo llevaron a una comunidad en donde lo expusieron a lo más bajo y vil que la vida podía ofrecer. Lo expusieron a manjares tan deliciosos como para hacerlo un esclavo de su apetito. Constantemente utilizaban a su alrededor un lenguaje soez. Lo expusieron a mujeres vulgares y lujuriosas; a la deshonra y la desconfianza. Se vio rodeado veinticuatro horas al día por todo lo que pudiera arrastrar a su alma hasta lo más ruin que fuera posible. Se le sometió a todo ello durante seis meses, pero el joven ni una sola vez cedió a las presiones. Finalmente, al cabo de tentaciones tan intensivas, se le interrogó. ¿Por qué no se sometía a estas cosas, por qué no cedía? Todo estaba planeado para darle placer, satisfacer sus apetitos, y además eran deseables; eran suyas. El muchacho respondió: "No puedo hacer lo que me piden, porque nací para ser rey".

El príncipe se aferró al paradigma que tenía de sí mismo de tal forma que nada pudo limitarlo. De forma similar, si tú pasas por la vida con lentes que dicen "Puedo hacerlo" o "Soy importante", esa creencia hará que todo lo demás tenga un giro positivo.

Tal vez en este punto te estés preguntando: "Si el paradigma que tengo de mí mismo está distorsionado, ¿cómo puedo remediarlo?" Una forma de hacerlo es estar en compañía de alguien que crea en ti y te forme. En mi caso, tal persona fue mi madre. Siempre creyó en mí, especialmente cuando dudaba de mí mismo. Decía cosas como: "Claro que deberías aspirar a ser el líder de la clase, Sean", o: "Invítala. Estoy segura de que ella se muere de ganas de salir contigo". Cada vez que necesitaba reafirmación, hablaba con mi madre, y ella me limpiaba los lentes.

Pregunta a cualquier persona con éxito, y la mayoría te dirán que en algún momento alguien creyó en ellos: un maestro, amigo, padre, tutor, hermano, abuela. Se necesita de una sola persona, y no importa quién sea. No temas apoyarte en él o ella y ser nutrido. Acude. Acude a ellos cuando necesites consejo. Trata de verte a ti mismo del mismo modo en que ellos te ven. ¡Qué diferencia puede producir un nuevo par de anteojos! Como dijo alguien alguna vez: "Si pudieras contemplar el tipo de persona que Dios quiso que fueras, te elevarías y nunca volverías a ser el mismo".

A veces, quizá no tengas en quién apoyarte y necesites ir solo. Si tal es tu caso, pon especial atención en el siguiente capítulo, que te dará algunas herramientas útiles para ayudar a formar tu autoestima.

• PARADIGMAS DE OTROS

Tenemos paradigmas no sólo de nosotros mismos, sino también de otras personas. Y también pueden estar muy equivocados. Ver las cosas desde un ángulo distinto puede ayudarnos a entender por qué los demás actúan de tal forma.

Becky me habló de su cambio de paradigma:

En la preparatoria tuve una amiga que se llamaba Kim. Esencialmente era una buena persona, pero al avanzar el año se hizo cada vez más difícil llevarse con ella. Se ofendía fácilmente y con frecuencia se sentía excluida. Era muy susceptible, y no era sencillo estar en su compañía. Llegó al punto en que mis amigas y yo comenzamos a llamarla cada vez menos. Finalmente, dejamos de invitarla.

Ese año me fui casi todo el verano, y al volver hablé con una buena amiga, actualizándome con las noticias. Me estaba hablando de todos los chismes, los distintos romances, quién salía con quién, etcétera, cuando de pronto dijo: "¿Te conté de Kim? Últimamente la está pasando muy mal porque sus padres están llevando un divorcio muy tormentoso. Lo está tomando muy a pecho".

Al oír esto, cambió toda mi perspectiva. En vez de sentirme molesta por la conducta de Kim, me sentí muy mal conmigo. Sentí que la había abandonado cuando más necesitaba apoyo. Con un poco más de información, cambió toda mi actitud hacia ella. Fue una experiencia que realmente me abrió los ojos.

Y pensar que lo único que se necesitó para cambiar el paradigma de Becky fue un poco de información. Con demasiada frecuencia juzgamos a los demás sin tener todos los datos a la mano.

Mónica tuvo una experiencia similar:

> Yo vivía en California, donde tenía muchos amigos. No me fijaba en ninguna persona nueva porque ya tenía amigos, y pensaba que deberían arreglárselas solas. Entonces me mudé, yo fui la nueva, y deseé que alguien se fijara en mí y me hiciera parte del grupo de amigos. Ahora veo las cosas de una forma muy distinta. Ahora sé lo que se siente no tener ninguna amistad.

Desde entonces, seguramente Mónica trató a los nuevos de forma muy distinta, ¿no crees? Considerar la realidad desde otro punto de vista puede producir una gran diferencia en la actitud que tenemos hacia los demás.

FRANK & ERNEST ® de Bob Thaves

La siguiente anécdota de *Reader's Digest* (aportada por Dan P. Greyling) es un ejemplo clásico del cambio de paradigma:

> Una amiga mía, al volver a Sudáfrica luego de una larga estancia en Europa, tuvo algo de tiempo libre en el aeropuerto de Londres. Luego de comprar una taza de café y un paquete de galletas, se dirigió, tropezando con su propio equipaje, a una mesa libre. Leía el periódico de la mañana cuando escuchó cerca de ella, proveniente de la misma mesa, el ruido peculiar del papel celofán. Tras el periódico, se sorprendió al ver a un joven pulcramente vestido que tomaba sus galletas. No quería hacer una escena, por lo que ella misma tomó una galleta. Transcurrieron unos minutos. Oyó de nuevo el crujir del papel. El muchacho estaba tomando otra galleta.
>
> Para cuando se acabaron el paquete, ella estaba muy enojada, pero aun así no podía decir nada. Entonces, el joven partió la galleta en dos, le dio una mitad, se comió la otra mitad y se fue.
>
> Un rato después, cuando se le llamó para presentar su boleto, aún estaba furiosa. Imaginen su bochorno cuando abrió su bolsa y vio el paquete de galletas. Ella había estado comiendo las del muchacho.

Consideremos los sentimientos de ella hacia el pulcramente vestido joven antes del giro que cobró el evento: "Qué hombre tan grosero y pedante".

Imaginen sus sentimientos después: "¡Qué bochorno! ¡Qué generoso fue por compartir su última galleta conmigo!"

¿Entonces, cuál es la cuestión? Simplemente se trata de esto: Con frecuencia nuestros paradigmas son incompletos, imprecisos o totalmente equivocados. Por consiguiente, no deberíamos precipitarnos para juzgar, marcar o formarnos opiniones rígidas de los demás o, si a esas vamos, de nosotros mismos. Desde nuestros limitados puntos de vista, pocas veces vemos toda la imagen, y tampoco tenemos todos los hechos.

Además, hay que abrir nuestras mentes y corazones a nueva información, ideas y puntos de vista, y estar dispuestos a cambiar nuestros paradigmas cuando sea obvio que están equivocados.

Lo que es más importante, es obvio que si queremos producir grandes cambios en nuestras vidas, la clave es cambiar nuestros paradigmas o los lentes a través de los que vemos el mundo. Cambia los lentes, y seguirá lo demás.

Si lo examinas de cerca, descubrirás que la mayoría de tus problemas (con relaciones, la autoestima y la actitud) son el resultado de uno o dos paradigmas equivocados. Por ejemplo, si tienes una mala relación, digamos con tu papá, es muy posible que ambos tengan un paradigma equivocado el uno del otro. Te podrá parecer que él está totalmente fuera de contacto con el mundo moderno, y que te ve como un niño malcriado y desagradecido. En realidad, posiblemente ambos paradigmas están incompletos y te impiden tener una comunicación real.

Como verás, este libro desafiará muchos de tus paradigmas y, espero, te ayudará a crear paradigmas más precisos y completos. Así que prepárate.

● **PARADIGMAS DE LA VIDA**

Además de tener paradigmas de nosotros mismos y de los demás, también tenemos paradigmas del mundo en general. Por lo general podemos saber cuál es nuestro paradigma al preguntarnos: "¿Cuál es la fuerza que me impulsa en la vida?", "¿Qué es en lo que pienso más tiempo?", "¿Qué o quién es mi obsesión?" Lo que sea más importante para ti se convertirá en tu paradigma, tus anteojos o, como a mí me gusta llamarlo, el centro de tu vida. Algunos de los centros de la vida más populares para los jóvenes son los amigos, las cosas materiales, los novios o las novias, la escuela, los padres, los deportes/pasatiempos, los héroes, los enemigos, uno mismo y el trabajo. Todos ellos tienen buenas cosas, pero todos están incompletos de un modo o de otro y, como te demostraré, te confundirán si centras tu vida en ellos. Afortunadamente, hay un centro con el que siempre puedes contar. Lo veremos al último.

Centrado en amigos

No hay nada mejor que pertenecer a un buen grupo de amigos, y nada peor que sentirse excluido. Los amigos son importantes, pero nunca deben ser tu centro. ¿Por qué? Porque ocasionalmente se equivocan. De vez en cuando son falsos. A veces hablan a tus espaldas o desarrollan nuevas amistades y olvidan la tuya. Tienen cambios en el estado de ánimo. Se mueven.

Además, si basas tu identidad en tener amigos, ser aceptado y ser popular, podrás hallarte en la situación de que comprometes tus normas, o las cambias cada fin de semana para adaptarte a las de ellos.

Lo creas o no, llegará el día en que los amigos no serán lo más importante en la vida. En la preparatoria tuve un fabuloso grupo de amigos. Hacíamos todo juntos: nadábamos en canales prohibidos, nos hartábamos en buffets de comer todo lo que se pudiera, esquiábamos en el mar a oscuras, salíamos con las novias de los demás... lo que tú quieras. Yo quería mucho a estos tipos. Sentía que éramos amigos desde siempre.

Pero al salir de la preparatoria y mudarme, me sorprende lo poco que nos vemos. Vivimos muy alejados, y ahora estamos muy ocupados con nuevas relaciones, trabajos y la familia. De adolescente nunca hubiera podido pensar en esto.

Haz tantos amigos como puedas, pero no bases tu vida en ellos. Es un fundamento inestable.

Centrado en cosas

A veces vemos el mundo a través de los lentes de las posesiones o "cosas". Vivimos en un mundo material que nos enseña que "el que muere con más juguetes es el que gana". Debemos tener el coche más rápido, las ropas más bonitas, el último equipo de sonido, el mejor peinado y muchas otras *cosas* que supuestamente deben darnos felicidad. Las posesiones también vienen en la forma de títulos y logros, tales como jefe de un equipo de futbol, el protagonista de la obra de teatro, el presidente de la sociedad de alumnos, el redactor del boletín escolar, o el MJA (Mejor Jugador del Año).

No hay nada malo en lograr y disfrutar cosas, pero nunca debemos centrar nuestras vidas en ellas, porque a fin de cuentas no tienen valor duradero. Nuestra confianza necesita provenir de nuestro interior, y no de afuera, sino de la *cualidad de nuestro corazón*, y no de la *cantidad de cosas* que poseamos. Después de todo, aquel que muere teniendo más juguetes... de todos modos muere.

Conocí a una muchacha que tenía el guardarropa más hermoso y costoso que hubiera visto. Rara vez usaba dos veces el mismo atuendo. Luego de conocerla mejor, comencé a notar que gran parte de la confianza en sí misma provenía de sus ropas, y que sufría un grave caso de "ojos de elevador". Parecía que cada vez que hablaba con otra muchacha, la veía de pies a cabeza para ver si su atuendo era tan bonito como el suyo, lo que generalmente le daba un complejo de superioridad. Estaba centrada en las cosas, lo que a mí realmente me molestaba.

Una vez leí un refrán que describe esto mucho mejor que yo: "Si lo que soy es lo que tengo, y lo que tengo se pierde, ¿entonces quién soy?"

Centrado en la pareja

Quizá ésta sea la trampa en la que más fácil se cae. Quiero decir: ¿quién no estuvo alguna vez centrado en un novio o novia en alguna época?

Imaginemos que Brady centra su vida en su novia, Tasha. Ahora, veamos la inestabilidad que crea en Brady.

ACCIONES DE TASHA	REACCIONES DE BRADY
Hace un comentario hiriente.	"Se me echó a perder el día".
Coquetea con el mejor amigo de Brady.	"Fui traicionado. Detesto a mi amigo".
"Creo que debería salir con otras personas".	"Mi vida está acabada. Ya no me quieres más".

Lo irónico es que mientras más centras tu vida en alguien, menos atractivo eres para esa persona. ¿Cómo es esto? Primero que nada, si estás centrado en alguien, ya no es difícil obtenerte. Segundo, es molesto que alguien forme toda su vida emocional alrededor de ti. Puesto que la seguridad proviene de ti y no de su interior, siempre necesitan tener esas molestas pláticas de "qué hacemos ahora".

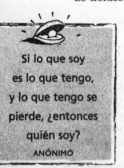

Si lo que soy es lo que tengo, y lo que tengo se pierde, ¿entonces quién soy?

ANÓNIMO

Cuando comencé a salir con la que ahora es mi esposa, una de las cosas que más me atrajo de ella es que no centraba su vida en mí. Nunca olvidaré el momento en que me rechazó (con una sonrisa y sin ninguna disculpa) para una cita muy importante. ¡Me encantó! Ella era una persona por cuenta propia, y tenía su fortaleza interna. Sus estados de ánimo eran independientes de los míos.

Generalmente puedes saber que una pareja está centrada el uno en el otro porque están siempre rompiendo y volviéndose a juntar. Aunque su relación se deteriora, sus vidas emocionales e identidades están tan entrelazadas que nunca pueden desprenderse el uno del otro.

Créeme: serás un mejor novio o novia si no estás centrado en tu pareja. La independencia es más atractiva que la dependencia. Además, centrar tu vida en otra persona no demuestra que la ames, sino que sólo dependes de ella.

Ten tantas novios o novias como quieras, pero no te obsesiones o te centres en ellos porque, aunque hay algunas excepciones, estas relaciones son por lo general tan estables como un yoyo.

Centrado en la escuela

Entre jóvenes, centrar la vida en la escuela es más común de lo que crees. Lisa, de Canadá, lamenta haberse centrado durante tanto tiempo en la escuela:

Fui tan ambiciosa y centrada en la escuela que no disfruté de mi juventud. No sólo fue poco saludable, sino que también fue egoísta, porque lo único que me preocupaba era yo misma y mis logros.

En secundaria ya estudiaba tanto como un estudiante universitario. Quería ser neurocirujana, sólo porque era la cosa más difícil que se me ocurría. Me levantaba a las seis todas las mañanas, y no me acostaba antes de las dos de la madrugada, para tener mejores calificaciones.

Sentía que los maestros y compañeros esperaban eso de mí. Siempre se sorprendían si mis calificaciones no eran perfectas. Mis padres hicieron lo posible porque no me tomara las cosas tan en serio, pero mis propias expectativas eran tan grandes como las de mis maestros y compañeros.

Ahora me doy cuenta de que pude lograr lo que quería sin trabajar tanto, y que además me habría podido divertir.

Nuestra educación es vital para nuestro futuro, y debe ser toda una prioridad. Pero debemos tener cuidado en no ofrecernos como voluntarios y que las clases y tareas se apoderen de nuestras vidas. Los jóvenes centrados en la escuela con frecuencia se obsesionan tanto con obtener buenas calificaciones, que olvidan que el verdadero propósito de la escuela es aprender. Como miles de jóvenes lo demostraron, nos puede ir extremadamente bien en la escuela, y aun así tener un saludable equilibrio en la vida.

Gracias a Dios que nuestro valor no es medido por nuestras calificaciones.

Centrado en los padres

Tus padres pueden ser la mayor fuente de amor y guía, y debes respetarlos y honrarlos, pero centrar tu vida en ellos y vivir para agradarles, por encima de todo lo demás, puede convertirse en una verdadera pesadilla. (No les digas a tus padres lo que acabo de decir, o podrían quitarte el libro... Sólo estoy bromeando.) Lee lo que le sucedió a esta muchacha de Louisiana:

Estudié mucho ese semestre. Sabía que mis padres estarían muy contentos: seis dieces y un nueve. Pero lo único que podía ver en sus ojos era decepción. Lo único que querían saber por qué un nueve no era un diez. Hice todo lo que pude para no llorar. ¿Qué querían de mí?

Ése fue mi primer año en la preparatoria, y pasé los dos años siguientes tratando de hacer que mis padres estuvieran orgullosos de mí. Jugaba basquetbol y esperaba que estuvieran orgullosos, pero nunca venían a verme jugar. En cada semestre recibía mención honorífica, pero tras un rato, lo único que esperaban de mí era sólo diez. Iría a la universidad para ser maestra, pero se ganaba poco dinero con eso, y mis padres consideraban que me iría mejor estudiando otra cosa, y eso hice.

Emmmm... Creo que necesito ir a trabajar, mi amor.

Toda decisión que tomara era precedida por las preguntas "¿qué es lo que querrían papá y mamá que hiciera? ¿Estarían orgullosos? ¿Me amarían?" Pero no importaba lo que hiciera: nunca era suficiente. Basé toda mi vida en las metas y aspiraciones que mis padres pensaban que eran buenas, y eso no me hizo feliz. Viví durante tanto tiempo para agradar a mis padres, que sentí que perdí el control. Me sentí inútil, inválida y sin importancia.

Un día me di cuenta de que de todas formas no obtendría la aprobación de mis padres, y que si no me preocupaba por mí misma, me destruiría. Necesitaba hallar un centro que no dependiera del tiempo, que fuera inmutable y real, un centro que no gritara, desaprobara o criticara. Así, comencé a vivir mi propia vida, según los principios que yo pensa-

ba que me darían felicidad, como honestidad (conmigo misma y mis padres), fe en una vida más feliz, esperanzas por el futuro y seguridad en mi propia capacidad. Al principio, tuve que fingir que era fuerte, pero tras un tiempo me hice realmente fuerte.

Finalmente me valí por mí misma y me alejé de ellos, y esto hizo que me vieran como era realmente, y por ello me amaron. Se disculparon por todas las presiones que pusieron sobre mí y expresaron su amor. Tenía 18 años cuando mi padre me dijo por primera vez "te quiero", pero fueron las palabras más dulces que había escuchado, y bien valieron la espera. Me sigue preocupando lo que piensen mis padres, y aún me veo influida por sus opiniones pero, finalmente, me hice responsable de mi propia vida y de mis actos, y trato de agradarme a mí misma antes que a los demás.

Otros posibles centros

La lista de posibles centros puede seguir. *Centrado en deportes/pasatiempos* es importante. ¿Cuántas veces no hemos visto a alguien centrado en deportes que forma su identidad alrededor de ser un gran atleta, sólo para sufrir una herida que termina con su carrera? Sucede todo el tiempo. Y al pobre tipo no le queda otra que reconstruir su vida desde cero. Lo mismo sucede con pasatiempos o intereses, como la danza, el debate, el teatro, la música o los clubes.

¿Y qué hay con *centrarse en héroes*? Si formas tu vida alrededor de una estrella de cine o de rock, un atleta famoso o un político poderoso, ¿qué sucede si mueren, hacen algo muy tonto o terminan en la cárcel? ¿Dónde quedas tú?

A veces incluso podemos *centrarnos en enemigos* y formar nuestras vidas alrededor de odiar a un grupo, persona o idea, como el Capitán Garfio, cuya existencia entera giraba alrededor de odiar a Peter Pan. Éste es con frecuencia el caso con las pandillas y con los divorcios turbulentos. ¡Qué mal centro es!

Centrarse en el trabajo es una enfermedad que generalmente aflige a personas maduras, pero también ocurre en jóvenes. La adicción al trabajo es impulsada por una necesidad compulsiva de tener más cosas, como dinero, coches, posición social o reconocimiento, que nos nutre durante una temporada, pero que en general no nos satisface plenamente.

Otro centro común es *centrarnos en nosotros mismos*, o pensar que el mundo gira alrededor nuestro y de nuestros problemas. Esto con frecuencia resulta en que nos preocupamos tanto de nuestra propia condición, que nos desentendemos de las personas que nos rodean y necesitan.

Como puedes ver, todos estos y muchos otros centros de la vida no nos dan la estabilidad que necesitamos. No estoy diciendo que no debamos aspirar a la excelencia en algo como la danza o el debate, o aspirar a desarrollar excelentes relaciones con nuestros amigos y padres. Debemos hacerlo. Pero hay una línea muy fina entre tener una pasión por algo, y basar toda nuestra existencia en ello. Y ésa es la línea que no deberíamos cruzar.

Centrado en principios: *lo verdadero*

En caso de que comiences a preguntártelo, hay un centro que realmente funciona. ¿Qué es? (Que suenen los tambores, por favor.) Es *centrarse en principios*. Todos conocemos los efectos de la gravedad. Lanza una pelota hacia arriba y ésta cae. Es una ley o principio natural. Del mismo modo en que hay principios que rigen el mundo físico, también hay principios que rigen el mundo humano. Los principios no son religiosos. No son de Estados Unidos ni de China. No son tuyos o míos. No están puestos a discusión. Se aplican igualmente a todos, ricos o pobres, reyes o campesinos, hombres o mujeres. No pueden comprarse ni venderse. Si vives según ellos, obtendrás la excelencia. Si vas en contra de ellos, fracasarás (oye, eso es muy dramático). Es así de simple.

Algunos ejemplos: la honestidad es un principio. El servicio es un principio. El amor es un principio. Trabajar bien es un principio. Respeto, gratitud, moderación, justicia, integridad, lealtad y responsabilidad son principios. Hay muchos y muchos más. No son difíciles de identificar. Del mismo modo en que la brújula siempre señala hacia el norte, nuestro corazón siempre podrá reconocer los verdaderos principios.

Por ejemplo, piensa en el principio del trabajo. Si aún no has pagado el precio, podrás arreglártelas por un rato, pero finalmente los problemas te alcanzarán.

Recuerdo una vez que se me invitó a jugar en un torneo de golf con mi entrenador de futbol universitario. Él era un gran jugador de golf. Todos, incluyendo a mi entrenador, esperaban de mí que fuera tan buen golfista como ellos. Después de todo, yo era un atleta universitario, y todos los atletas universitarios deberían ser buenos golfistas. ¿Correcto? No.

¿Saben? Soy pésimo en el golf. Sólo lo he jugado algunas veces en mi vida, y ni siquiera sé cómo sostener el palo de golf correctamente.

Yo estaba muy nervioso de que todos supieran lo malo que era en el golf. Especialmente mi entrenador. Así, esperaba que pudiera engañarlo, y a todos los demás, para que pensaran que yo en realidad era buen jugador. En el primer hoyo había una pequeña multitud congregada. Yo fui el primero en tirar. ¿Por qué yo? Cuando me acerqué a golpear la pelota, recé por un milagro.

Swooooossssshhhhh. ¡Funcionó! ¡Un milagro! ¡No podía creerlo! Tuve un buen tiro y la pelota fue directo hasta la parte media del campo.

Me volví y sonreí a los demás, y actué como si siempre fuera así: "Gracias. Muchas gracias".

Pude engañarlos. Pero sólo me estaba engañando a mí mismo, porque aún faltaban otros 17 hoyos y medio. De hecho, sólo necesité de cinco tiros más para que todos, incluyendo mi entrenador, se dieran cuenta de que yo era una calamidad en el golf. No pasó mucho tiempo para que el entrenador intentara enseñarme cómo tirar con el palo. Quedé expuesto. ¡Ay!

No se puede fingir que se juega el golf, que se afina una guitarra o que se habla árabe si no se paga el precio para ser bueno en esto. No hay atajos. El trabajo es un principio. Como lo dijo Larry Bird, el gran jugador de la NBA: "Si no haces la tarea, no podrás hacer tiros libres".

Los principios nunca fallan

Se necesita fe para vivir según los principios, especialmente cuando se tiene a las personas cerca y se avanza en la vida mintiendo, estafando, siendo indulgente, manipulando y sirviéndonos sólo a nosotros mismos. Sin embargo, lo que no se ve es que ir en contra de principios *siempre* nos deja expuestos a fin de cuentas.

Tómese el principio de la honestidad. Si eres un mentiroso, quizá puedas salirte con la tuya un tiempo, incluso durante años. Pero te verás en problemas si quieres hallar a un mentiroso que logró el éxito *a la larga.* Como lo observó Cecil B. DeMille acerca de su película clásica *Los diez mandamientos*: "Es imposible que podamos romper las leyes. Contra las leyes, sólo podemos rompernos nosotros mismos".

A diferencia de los demás centros examinados, los principios nunca nos fallarán. Nunca hablarán a nuestras espaldas. No desaparecen un día. No sufren de heridas que terminan con carreras deportivas. No favorecen a nadie por el color de la piel, el sexo, la riqueza o los rasgos físicos. Una vida centrada en principios es simplemente el fundamento más estable, inmóvil e indestructible sobre el que podemos formarnos, y todos lo necesitamos.

Para entender por qué los principios siempre funcionan, sólo imagina vivir con base en lo opuesto: deshonestidad, holgazanería, indulgencia, ingratitud, egoísmo y odio. No puedo imaginar algo bueno que derive de esto. ¿Tú puedes?

> Es imposible que podamos romper las leyes. Contra las leyes, sólo podemos rompernos nosotros mismos.
>
> CECIL B. DEMILLE
> DIRECTOR DE CINE

Irónicamente, que los principios sean primero es la clave para poder hacer mejor las cosas en los demás centros. Si vives según los principios del servicio, el respeto y el amor, por ejemplo, cuentas con más posibilidades de tener más amigos y de un noviazgo más estable. Que los principios sean primero es también la clave para llegar a ser una persona de carácter.

Decide hoy mismo hacer de tus principios el centro de tu vida o paradigma. En cualquier situación que te veas, pregunta: "¿Cuál es el principio que está en juego aquí?" Para cualquier problema busca el principio que lo resuelva. Si te sientes desgastado y con la vida en contra, tal vez deberías intentar el principio del *equilibrio.*

Si nadie confía en ti, el principio de la *honestidad* podría ser la cura que necesitas. En la siguiente anécdota de Walter MacPeek, el principio en juego era la *lealtad:*

Uno de dos hermanos que luchaban en el mismo batallón en Francia cayó por una bala nazi. El que sobrevivió solicitó autorización a su mayor para rescatar a su hermano.

—Posiblemente esté muerto —replicó el oficial—, y no tiene caso que arriesgues la vida para traer su cuerpo.

Pero finalmente aceptó. En cuanto el soldado llegó a las líneas, con su hermano en hombros, el hombre herido murió.

—¿Ya ves? —dijo el oficial—. Arriesgaste tu vida por nada.

—No —replicó Tom—. Hice lo que él esperaba de mí, y tuve mi recompensa. Cuando me arrastré hasta él y lo tomé en mis brazos, me dijo: "Tom, sabía que vendrías... simplemente sentí que vendrías".

En los siguientes capítulos descubrirás que cada uno de los 7 Hábitos se basa en uno o dos principios básicos. Y es de ahí de donde obtienen su poder.

En pocas palabras, son los principios los que gobiernan.

★★★
PRÓXIMAS ATRACCIONES

A continuación hablaremos de cómo hacernos ricos, de un modo en el que posiblemente nunca pensaste. ¡Adelante!

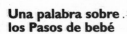

Una palabra sobre los Pasos de bebé Una de las películas favoritas de mi familia es *¿Qué pasa con Bob?*, con Bill Murray y Richard Dreyfuss. Es la historia de un tipo disfuncional, lleno de fobias, inmaduro y con cerebro de hormiga llamado Bob que nunca deja en paz a nadie. Se acerca al doctor Marvin, un famoso psiquiatra, que no encuentra cómo deshacerse de él, y finalmente le da un ejemplar de su libro *Pasos de bebé*. Le dice a Bob que la mejor forma de resolver sus problemas es no abarcar mucho y apretar poco, sino dar "pasos de bebé" para llegar a sus objetivos. ¡Bob está encantado! Ya no tiene que preocuparse por cómo llegar al consultorio del doctor Marvin, lo cual le resulta muy complicado. Ahora, Bob sólo tiene que dar pasos de bebé para salir del consultorio, y luego dar pasos de bebé hasta llegar al elevador, y así sucesivamente.

En adelante sugeriré algunos pasos de bebé al final de cada capítulo: pasos pequeños y fáciles que pueden darse inmediatamente para aplicar lo que se acaba de leer. Aunque pequeños, estos pasos pueden convertirse en poderosos medios para ayudarte a lograr tus metas generales. Así, acompaña a Bob (en realidad es muy simpático si acepta el hecho de que es inamovible) y da algunos pasos de bebé.

PASOS DE BEBÉ

1 La próxima vez que te veas al espejo, di algo positivo de ti mismo.

2 Muestra agradecimiento por el punto de vista que alguien te dio hoy. Puedes decir algo como: "Oye, esa idea es muy buena onda".

3 Piensa en algún paradigma limitante que puedas tener de ti mismo, tal como "No soy extrovertido". Luego, haz algo hoy que contradiga totalmente ese paradigma.

4 Piensa en un ser querido o amigo que actúe de forma extraña últimamente. Piensa en las razones que pudieran hacerlo actuar de ese modo.

5 Cuando no tienes nada que hacer, ¿en qué piensas más tiempo? Recuerda que lo más importante para ti se convertirá en tu paradigma o centro de vida.

¿Qué ocupa mi tiempo y energía? _____

_____

6 ¡La Regla de Oro es la que gobierna! Comienza hoy a tratar a los demás tal como quieres que te traten a ti. No seas impaciente, no te quejes de las sobras, ni hables mal de alguien, a menos que quieras el mismo tratamiento.

7 Busca algún lugar tranquilo en donde puedas estar solo. Piensa en las cosas que te sean más importantes.

8 Escucha cuidadosamente las letras de las canciones que escuchas con más frecuencia. Evalúa si están en armonía con los principios en los que crees.

9 Cuando hagas tus labores en casa o en el trabajo, por la noche, prueba el principio del trabajo. Haz un poco más de lo que se espera de ti.

10 La próxima vez que estés en una situación difícil y no sepas qué hacer, plantéate: "¿Qué principio debería aplicar (por ejemplo, honestidad, amor, lealtad, trabajo, paciencia)?" Luego, sigue el principio y no mires hacia atrás.

SEGUNDA PARTE

La Victoria Privada

La cuenta de banco personal
Comenzar con quien está en el espejo

Hábito 1: Ser Proactivo
Yo soy la fuerza

Hábito 2: Comenzar con el fin en la mente
Controla tu destino, o lo hará otra persona

Hábito 3: Poner Primero lo Primero
El poder de querer y no querer

La cuenta de banco personal

COMENZAR CON QUIEN ESTÁ EN EL ESPEJO

¡Bienvenido! Antes de que tengas victorias en las arenas públicas de la vida, debes ganar tus batallas internas. Todo cambio se inicia en ti mismo. Nunca olvidaré cómo aprendí esta lección.

—¿Qué te pasa? Me decepcionas. ¿Dónde está el Sean que conocí alguna vez en la preparatoria? —me regañaba el entrenador—. ¿De veras quieres estar aquí?

Yo estaba aturdido:

—Sí, claro.

—No me engañes. Sólo estás haciendo los movimientos, pero no pones el corazón en ello. Será mejor que te corrijas, o los lanzadores más jóvenes te pasarán y ya nunca volverás a jugar aquí.

Estaba en mi segundo año en la Universidad Brigham Young (BYU) durante el entrenamiento de futbol antes de la temporada. Al egresar de la preparatoria fui aceptado por varias universidades, pero opté por la BYU porque tenía la tradición de producir los mejores lanzadores de Estados Unidos, como Jim Mc-Mahon y Steve Young, que llegaron a ser profesionales y fueron factores importantes en las victorias de

> Comenzaré con el hombre en el espejo.
> Le pediré que cambie su forma de ser,
> y ningún mensaje podría ser más claro. Si quieres hacer del mundo un mejor lugar mírate a ti mismo, y luego produce el cambio.
>
> SIEDAH GARRETT
> Y GLEN BALLARD

sus equipos en los juegos del Super Tazón. Aunque por entonces yo era un lanzador de liga menor, quería ser el siguiente gran profesional.

Cuando el entrenador me dijo que era "pésimo en el campo", me cayó como un balde de agua fría. Lo que realmente me molestaba era que tenía razón. Aun cuando pasaba largas horas entrenando, no estaba verdaderamente comprometido. No estaba dando todo de mí, y yo lo sabía. Tenía que tomar una decisión muy difícil: renunciar al futbol, o triplicar mi compromiso. Durante las siguientes semanas libré una guerra dentro de mi mente, y me enfrenté con muchos temores y dudas sobre mí mismo. ¿Tenía lo que realmente se necesita para ser el lanzador principal? ¿Podría tolerar la presión? ¿Era lo suficientemente corpulento? Pronto me quedó en claro que estaba asustado, que me asustaba competir, estar en el campo, y que temía hacer el intento y quizá fracasar. Y todos estos miedos me impedían dar todo de mí.

Leí una gran cita de Arnold Bennett que describe lo que finalmente decidí respecto al dilema: "La verdadera tragedia es la del hombre que nunca en su vida se impulsa para un esfuerzo supremo, nunca utiliza todo su potencial, nunca llega a su plena estatura".

Como nunca me gustó la tragedia, decidí impulsarme para un esfuerzo supremo. Así, me comprometí a dar todo de mí. Decidí ya no tener dudas y poner todo sobre la mesa. No sabía si alguna vez tendría la oportunidad de estar en profesional, pero si no era así, por lo menos haría la lucha.

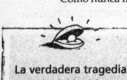

La verdadera tragedia es la del hombre que nunca en su vida se impulsa para un esfuerzo supremo, nunca utiliza todo su potencial, nunca llega a su plena estatura.

ARNOLD BENNETT

Nadie me oyó decir: "Me comprometo". No hubo ningún aplauso. Fue simplemente una batalla privada que libré y gané en mi interior a lo largo de varias semanas.

Una vez que me comprometí plenamente, todo cambió. Comencé a correr riesgos y a mejorar en el campo. Tenía el corazón puesto en ello. Y los entrenadores lo notaron.

Cuando comenzó la temporada y los juegos se sucedieron una tras otro, me quedé en la banca. Aunque frustrado, seguí mejorando y trabajando mucho.

El gran juego del año sería a mediados de la temporada. Jugaríamos contra el equipo de la Fuerza Aérea a nivel nacional, transmitido por la estación televisiva ESPN, ante 65 000 fanáticos. Una semana antes del juego, el entrenador me pidió que fuera a su oficina y me dijo que yo sería el lanzador en el partido. Sobra decir que fue la semana más larga de mi vida.

Finalmente llegó el día del juego. Al iniciarse el partido, tenía la boca tan seca que apenas podía hablar. Pero tras unos minutos me tranquilicé e hice que nuestro equipo ganara. Incluso fui nombrado "el jugador más valioso del partido" por ESPN. Después, muchas personas me felicitaron por la victoria y el desempeño. Eso fue maravilloso. Pero realmente no entendían.

No sabían la historia real. Pensaban que la victoria había ocurrido en el campo, ese día, frente al público. Yo mismo sabía que sucedió meses antes, en la privacía de mi propia mente, cuando decidí enfrentar mis temores, dejar de tener dudas e impulsarme para un esfuerzo supremo. Derrotar a la Fuerza Aérea fue un desafío mucho más fácil que vencerme a mí mismo. Las victorias privadas son siempre antes que las victorias públicas. Como dice el refrán: "Conocemos al enemigo, y está en nuestro interior".

Vamos, olvídate de las tablas de multiplicar. ¡Hagamos algo de álgebra!

● DE ADENTRO HACIA AFUERA

Gateamos antes de caminar. Aprendemos aritmética antes que álgebra. Necesitamos componernos a nosotros mismos antes de poder componer a los demás. Si quieres producir un cambio en tu vida, el lugar inicial está en ti mismo, y no en tus padres, tu pareja o tu profesor. Todo cambio se inicia en ti. Todo va de adentro hacia afuera. No de afuera hacia adentro.

Veamos lo que escribió un obispo anglicano:

> Cuando era joven y libre, y mi
> imaginación no tenía límites, soñaba
> en cambiar el mundo;
>
> al hacerme más viejo y sabio, me percaté de
> que el mundo no podía cambiar.
>
> Entonces decidí limitar mi perspectiva
> y cambiar sólo a mi país.
> Pero también parecía inamovible.
>
> Al entrar en mis años postrimeros, en un último
> intento desesperado, busqué cambiar
> sólo a mi familia, a mis seres más queridos,
> pero tampoco pude hacerlo.
>
> Y ahora, al yacer en mi lecho de muerte,
> me doy cuenta (quizá por primera vez) de
> que al cambiarme a mí mismo primero,
> mediante el ejemplo habría influido
> en mi familia, y con su apoyo y aliento,
> mejorado a mi país, y posiblemente
> hasta hubiese cambiado al mundo.

De eso trata precisamente este libro. Cambiar del interior hacia afuera, comenzando con la persona que está en el espejo. Este capítulo ("La cuenta de banco personal") y lo que se describe sobre los Hábitos 1, 2 y 3 tratan sobre ti y tu carácter, o la victoria privada. Los siguientes cuatro capítulos, "La cuenta de banco de las relaciones" y los Hábitos 4, 5 y 6 tratan acerca de relaciones, o la victoria pública.

Antes de iniciar con el Hábito 1, examinemos cómo puedes comenzar inmediatamente a formar confianza en ti mismo y lograr una victoria privada.

La cuenta de banco personal

La forma en que te sientes contigo mismo es como una cuenta de banco. Llamémosla cuenta de banco personal (CBP). Es como una cuenta de cheques o de ahorros en un banco, puedes hacer depósitos y retiros con las cosas que piensas, dices y haces. Por ejemplo, cuando me comprometo ante mí mismo, me siento en control. Es un depósito. Por otra parte, cuando no cumplo con una promesa que me hice, me siento decepcionado y hago un retiro.

Así, pregúntate algo: ¿cómo está tu CBP? ¿Cuánta confianza y fe tienes en ti mismo? ¿Tienes fondos o estás en quiebra? Los síntomas que aparecen a continuación podrían ayudarte a evaluar tu posición.

Posibles síntomas de una mala CBP
- Sucumbes fácilmente a la presión de tus compañeros.
- Luchas con sentimientos de depresión e inferioridad.
- Te preocupas demasiado por lo que piensan los demás de ti.
- Actúas de forma arrogante para ocultar tus inseguridades.
- Te autodestruyes al abusar de las drogas, la pornografía, el vandalismo o las pandillas.
- Sientes fácilmente envidia, en especial cuando alguien cercano a ti tiene éxito.

Posibles síntomas de una CBP saludable
- Defiendes tu posición y te resistes a la presión de tus compañeros.
- No te preocupa demasiado el ser popular.
- Ves la vida como una experiencia en general positiva.
- Confías en ti mismo.
- Estás impulsado por metas.
- Te alegran los éxitos de los demás.

Si tu cuenta de banco personal está en malas condiciones, no te desalientes. Basta con que empieces hoy mismo a hacer depósitos de uno, cinco, diez o veinticinco pesos. Finalmente, recuperarás tu confianza. Los depósitos pequeños durante un largo periodo es la forma de obtener una CBP saludable y rica.

Con la ayuda de varios grupos de jóvenes compilé una lista de seis depósitos que pueden ayudarte a mejorar tu CBP. Desde luego, con cada depósito, hay un retiro igual y opuesto.

Cumplir con promesas hechas a nosotros mismos	Romper promesas personales
Realizar pequeños actos generosos	Ver sólo por uno mismo
Ser amable con uno mismo	Darse de golpes
Ser honesto	Ser deshonesto
Renovarse	Desgastarse
Aprovechar nuestros talentos	Descuidar nuestros talentos

● CUMPLIR CON PROMESAS HECHAS A NOSOTROS MISMOS

¿Alguna vez tuviste amigos o compañeros que pocas veces te cumplen? Dicen que te llamarán y no lo hacen. Prometen recogerte para ir al juego y lo olvidan. Tras un tiempo, ya no confías en ellos. Sus compromisos nada significan. Lo mismo ocurre cuando haces y rompes continuamente promesas ante ti mismo, tales como "comenzaré a levantarme a las seis de la mañana" o "haré la tarea en cuanto llegue a casa". Tras un tiempo, ya no confías en ti mismo.

Debemos tratar los compromisos con nosotros mismos con la misma seriedad con que los hacemos ante las personas más importantes de nuestras vidas. Si sientes que ya no ejerces el control en tu vida, concéntrate en aquello que sí puedes controlar: *tú mismo*. Hazte una promesa y cúmplela. Empieza con compromisos pequeños, que sepas que puedas cumplir, como alimentarte de modo más saludable. Luego de formar la confianza en ti mismo, puedes pasar a depósitos más difíciles y más cuantiosos, tales como romper con un novio que te maltrata, o no molestar a tu hermana por haber usado tu ropa nueva.

● REALIZAR PEQUEÑOS ACTOS GENEROSOS

Un psiquiatra escribió que si alguna vez nos sentimos deprimidos, lo mejor es hacer algo por los demás. ¿Por qué? Porque nos mantiene dirigidos hacia fuera, y no hacia el interior. Es difícil sentirse deprimido al servir a los demás. Irónicamente, un producto secundario de ayudar a los demás es que nosotros mismos nos sentimos muy bien.

Recuerdo que una vez estaba en un aeropuerto, esperando mi vuelo. Me sentía muy emocionado porque tenía un boleto de primera clase. En primera clase los asientos son más anchos, la comida tiene buen sabor y el personal del avión es realmente agradable. De hecho, tenía el mejor asiento: el 1A. Antes de abordar, noté que una mujer

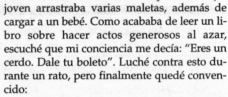

joven arrastraba varias maletas, además de cargar a un bebé. Como acababa de leer un libro sobre hacer actos generosos al azar, escuché que mi conciencia me decía: "Eres un cerdo. Dale tu boleto". Luché contra esto durante un rato, pero finalmente quedé convencido:

—Disculpe, pero creo que este boleto de primera clase le servirá más a usted. Sé lo difícil que es volar con bebés. Cambiemos boletos.

—¿Está seguro?

—Sí. Realmente no hay problema. De todos modos, yo trabajaré durante todo el vuelo.

—Muchas gracias. Realmente es muy generoso —me dijo, e intercambiamos boletos.

Al abordar el avión, me sorprendió lo que me hizo sentir ver cómo ocupaba el asiento 1A. De hecho, bajo tales circunstancias, el asiento 24B o lo que estuviera ocupando no me pareció tan malo. En cierto momento, durante el vuelo, sentí curiosidad por ver cómo le estaba yendo y no pude resistirlo. Dejé el asiento, fui a la sección de primera clase y me asomé por la cortina que separa la clase turista de aquélla. Ahí estaba con su bebé, ambos dormidos en un cómodo y ancho asiento 1A. Me sentí maravillosamente bien. Creo que debo seguir haciendo este tipo de cosas.

La dulce anécdota que me contó una joven llamada Tawni es otro ejemplo del goce del servicio:

Hay una muchacha en nuestro barrio que vive en un dúplex con sus padres y no tienen mucho dinero. Durante los últimos tres años, cuando la ropa me queda chica, mi mamá y yo se la regalamos. Yo le diría algo como: "Pensé que te gustaría", o "Me gustaría que usaras esto".

Cuando usó algo que le regalé, me gustó mucho. Cuando ella decía: "Gracias por la nueva blusa", yo le respondía: "¡Ese color te queda muy bien!" Intenté ser sensible para no hacerla sentir incómoda, o dar la impresión de que pensaba que era pobre. Me hace sentir bien el saber que estoy ayudándola a tener una mejor vida.

No te encierres en ti mismo y saluda a la persona más solitaria que conozcas. Escribe una nota de agradecimiento a alguien que produjo una diferencia en tu vida, como un amigo, un maestro o el entrenador. La próxima vez que estés en una caseta de cobro, paga por el coche que esté detrás de ti. El dar otorga vida no sólo a los demás, sino también a ti mismo. Me encanta lo siguiente de *El hombre que nadie conoce*, de Bruce Barton, que ilustra muy bien esta cuestión:

> *Existen dos mares en Palestina. Uno es fresco, y los peces viven en él. El verdor adorna sus orillas. Los árboles extienden sus ramas sobre él y hacen crecer sus raíces sedientas para beber de sus aguas curativas.*
>
> *[...] El río Jordán forma este mar con aguas bullentes, bajando desde las colinas. Así, ríe a la luz del sol. Y los hombres construyen sus casas cerca de él, y los pájaros anidan; y todo tipo de vida es más feliz por el solo hecho de que existe.*
>
> *El río Jordán fluye hacia el sur y desemboca en otro mar. Aquí no hay peces, no hay hojas que se muevan, no hay cantos de aves, tampoco risas de niños. Los viajeros eligen otra ruta y pasan por la zona sólo si es necesario. El aire es pesado sobre sus aguas, y los hombres, las bestias y las aves no pueden beber. ¿Qué es lo que produce esta gran diferencia entre mares vecinos? No es el río Jordán. Lleva las mismas aguas buenas a ambos. Tampoco el suelo sobre el que están, como tampoco el lugar que los rodea. Ésta es la diferencia: el mar de Galilea recibe, pero no encierra al Jordán. Por cada gota que entre, otra gota sale. El dar y recibir son en igual medida.*
>
> *El otro mar es más atrevido, guardando celosamente lo que entra. No es tentado por ningún impulso de generosidad. Cada gota que recibe, la guarda. El mar de Galilea da y vive. El otro mar no da. Se le conoce como Mar Muerto.*
>
> *Existen dos tipos de personas en el mundo. Hay dos mares en Palestina.*

- ## SER AMABLE CON UNO MISMO

Ser amable significa muchas cosas. Significa no esperar ser perfecto para mañana en la mañana. Si tardas un poco más, como nos ocurre a muchos de nosotros, debes ser paciente y darte tiempo para desarrollarte.

Significa aprender a reírnos de las cosas tontas que hacemos. Tengo un amigo, Chuck, que es extraordinario cuando se trata de reírse de sí mismo, y nunca toma la vida con demasiada seriedad. Siempre me sorprendió cómo esta actitud de esperanza atrae a multitud de amigos. Ser amable también significa perdonarte cuando te equivocas. ¿A quién no le ha pasado? Debemos aprender de nuestros errores, pero tampoco debemos castigarnos por eso. El pasado es tan sólo eso: el pasado. Averigua cuál fue el error, y por qué. Haz reparaciones si es necesario. Luego olvídalo y continúa. No hagas hechizos.

"Una de las claves para la felicidad —dice Rita Mae Brown— es tener mala memoria".

A un barco que navega durante varios años se le adhieren miles de percebes que están en la quilla y finalmente lo hacen pesar demasiado, convirtiéndose en una amenaza para su seguridad. De tal modo, este barco necesita que se le quiten los percebes, y el modo menos caro y fácil es que el barco atraque en un puerto de agua dulce, sin aguas saladas. En poco tiempo los percebes se aflojan y se caen. El barco entonces puede volver al mar, aliviado de su carga.

> Sé siempre una versión de primera clase de ti mismo, en lugar de una versión de segunda clase de otra persona.
>
> JUDY GARLAND,
> CANTANTE Y ACTRIZ

¿Cargas con percebes en forma de errores, lamentaciones y dolor por tu pasado? Tal vez necesites entrar en agua fresca durante un rato. Deshacerte de las cargas y darte una segunda oportunidad podría ser el depósito que necesitas en este momento.

El "aprender a amarte a ti mismo" verdaderamente, tal como lo canta Whitney Houston, "es el amor más grande de todos".

● **SER HONESTO**

El otro día busqué la palabra *honesto* en el diccionario de sinónimos, y éstos son algunos de los que hallé: virtuoso, incorruptible, moral, con principios, amante de la verdad, firme, sincero, real, correcto, bueno, decente, genuino. No son malas palabras con las que podríamos estar asociados, ¿verdad?

La honestidad viene en muchas versiones: primero está la honestidad con nosotros mismos. ¿Lo que ve la gente es el artículo genuino, o nuestra imagen viene a través de espejos y humo? Descubrí que cada vez que me engaño y trato de ser algo que no soy realmente, me siento inseguro y hago un retiro en la CBP. Me encanta cómo lo dice la cantante Judy Garland: "Sé siempre una versión de primera clase de ti mismo, en lugar de una versión de segunda clase de otra persona".

Luego está la honestidad en nuestras acciones. ¿Eres honesto en la escuela, con tus padres y con tu jefe? Si fuiste deshonesto en el pasado, y creo que todos lo fuimos, intenta ser honesto ahora, y nota cómo ello te hace sentir bien. Recuerda que no puedes hacer las cosas mal y sentirte bien. Esta anécdota de Jeff es un buen ejemplo:

En mi primer año de universidad había tres muchachos en la clase de geometría a quienes no les iba bien en matemáticas. Yo era muy bueno en la materia. Les cobraba tres dólares por cada examen que les ayudaba a aprobar. Los exámenes eran de opción múltiple, así que escribía en un papel las respuestas correctas y se las daba.

Al principio sentía que estaba ganando dinero, una especie de buen trabajo. Nunca pensé en cómo podría perjudicarnos a todos. Tras un rato me di cuenta de que no debía continuar, porque no los estaba ayudando realmente. No estaban aprendiendo, y con el tiempo sólo empeorarían. Y, ciertamente, engañar no me estaba ayudando tampoco.

Se necesita valor para ser honesto cuando todos los demás se salen con la suya haciendo trampas en las pruebas, mintiendo a sus padres y robando en el trabajo. Recuerda que todo acto de honestidad es un depósito en tu CBP y te dará fuerza. Como dice el refrán: "Mi fuerza es como la fortaleza de diez hombres, porque mi corazón es puro". La honestidad es siempre la mejor política, aun cuando esto no esté de moda.

● RENOVARSE

Necesitas tomar tiempo para ti mismo, para renovarte y descansar. Si no lo haces, perderás la chispa de la vida.

Tal vez conozcas la película *El jardín secreto*, basado en el libro del mismo título. Es la historia de una niña llamada Mary, que va a vivir con su tío rico, luego de que sus padres mueren en un accidente. Su tío es un hombre frío y distante desde que su esposa murió años antes. Intentando escapar de su pasado, ahora pasa la mayor parte de su tiempo viajando al extranjero. Tiene un hijo que se siente miserablemente mal, es enfermizo y está confinado a una silla de ruedas. El muchacho vive en una oscura recámara de la vasta mansión.

Luego de vivir en estas deprimentes condiciones durante algún tiempo, Mary descubre un hermoso jardín cerca de la mansión, que está cerrado desde hace años. Al hallar una entrada secreta, comienza a visitar el jardín a diario para escapar de su entorno. Se convierte en su refugio, su jardín secreto.

Pasa poco tiempo hasta que comienza a traer a su primo inválido al jardín. La belleza del jardín parece ejercer un hechizo sobre él, porque aprende a caminar y recupera su felicidad. Un día, el distante tío de Mary, al volver de un viaje, escucha a alguien que juega en el jardín prohibido, y furioso, corre para ver de quién se trata. Para su sorpresa, ve a su hijo, sin silla de ruedas, riendo y jugando en el jardín. Se siente tan abrumado con la sorpresa y la felicidad, que llora y abraza a su hijo por primera vez en años. La belleza y magia del jardín unieron nuevamente a esta familia.

Todos necesitamos un lugar al que podamos escapar, un santuario, donde podamos renovar nuestros espíritus. Y no necesita ser un jardín de rosas, la cima de una montaña, o una playa. Puede ser tu recámara o incluso el baño, un lugar para que puedas estar solo. Theodore, de Canadá, tenía su propio escondite:

Cada vez que me siento muy tenso, o cuando no me estoy llevando bien con mis padres, voy al sótano. Ahí tenía un palo de hockey, una pelota y una pared de concreto en la que podía desahogar mis frustraciones. Tiraba la pelota durante media hora y volvía a subir, sintiéndome como nuevo. Fue muy bueno para mi forma de jugar hockey, pero fue aún mejor para mis relaciones familiares.

Arian me contó de su refugio. Cada vez que se ponía tenso, entraba al auditorio de su preparatoria por una puerta trasera. Sólo en el auditorio silencioso, oscuro y amplio, se escapaba del ruido, lloraba a gusto o descansaba.

Allison encontró su propio jardín:

Mi padre murió en un accidente industrial, cuando yo era pequeña. No conozco los detalles, porque siempre tuve miedo de hacer demasiadas preguntas a mi mamá sobre esto. Tal vez se deba en realidad a que creé esta imagen perfecta de él en mi mente, y no quiero que cambie. Para mí, es el ser humano perfecto que me protegería si estuviera aquí. Él está conmigo todo el tiempo en mis pensamientos, e imagino cómo actuaría y me ayudaría si estuviera aquí.

Cuando realmente lo necesito voy a la resbaladilla de mi escuela primaria. Tengo esta sensación tonta de que si puedo llegar al lugar más alto, podré encontrarlo. Así, subo hasta arriba de la resbaladilla y me quedo ahí. Hablo con él en mis pensamientos, y puedo sentir cómo me responde. Quiero que me toque, pero desde luego no puede hacerlo. Voy ahí cada vez que algo realmente me molesta, y hablo de mis penas con él.

Además de hallar un refugio, hay muchas otras formas de renovarte y formar tu CBP. El ejercicio puede hacerlo, como ir a caminar, correr, bailar, o golpear una bolsa de boxeo. Algunos jóvenes hablan de ver películas antiguas, tocar un instrumento, pintar con los dedos o hablar con amigos que les dan ánimos. Muchos otros descubrieron que escribir diarios hace maravillas.

El Hábito 7, Afilar la Sierra, trata sobre cómo debemos tomar tiempo para renovar nuestro cuerpo, corazón, mente y alma. Hablaremos más al respecto cuando lleguemos a ese punto. Así que tengan paciencia.

● **APROVECHA TUS TALENTOS**

Descubrir y luego desarrollar un talento, pasatiempo, o interés especial puede ser uno de los más grandes depósitos que puedes hacer en tu CBP.

¿Por qué, cuando pensamos en talento, se nos aparecen imágenes de los talentos "tradicionales", como el atleta, el bailarín o el académico que gana premios? A decir verdad, los talentos son muy variados. No vayas a lo pequeño. Puedes tener el don de la lectura, escribir, o la oratoria. Puedes tener el don de ser creativo, aprender rápido o que puedes aceptar a los demás tal como son. Puedes tener capacidades organizativas, musicales o de liderazgo. No importa dónde estén tus talentos, sea ajedrez, teatro o coleccionar algo, hacer lo que te guste y para lo que tengas talento, es maravilloso. Es una forma de autoexpresión. Y, como lo describe esta muchacha, forma autoestima.

Tal vez te mueras de risa si te digo que tengo talento y amor hacia las hierbas. No hablo de la hierba que se fuma, sino de hierbas y flores que crecen en todas partes. Me di cuenta de que siempre me fijaba en ellas, en tanto que los demás querían cortarlas.

Así, comencé a recogerlas y finalmente pude hacer con ellas hermosas imágenes, tarjetas postales y objetos de arte. Pude alegrar a más de un alma triste con una de mis tarjetas personalizadas. Con frecuencia se me pide hacer arreglos florales para otros, y hablar de mis conocimientos sobre cómo conservar plantas. Me dio mucha felicidad y confianza el hecho de saber que tengo un don especial y el aprecio hacia algo que la mayoría ignora. Pero esto va aún más lejos: me enseñó que si hay tantas cosas en las simples hierbas, debe haber muchas más cosas en todo lo demás de la vida. Me hizo ver a profundidad. Me convirtió en una exploradora. Y en realidad soy tan sólo una muchacha normal.

Mi cuñado Bryce refirió cómo desarrollar un talento le ayudó a formar la confianza en sí mismo, y a hallar una carrera en la que pudiera producir una diferencia. Su historia tiene como escenario la cordillera montañosa Teton que se extiende sobre las planicies de Idaho y Wyoming. El monte Grand Teton, el mayor de la cordillera, se alza 4 199 metros sobre el nivel del mar.

De muchacho, Bryce tenía un lanzamiento de pelota de beisbol perfecto. Hasta su trágico accidente. Un día, mientras jugaba con un rifle BB, accidentalmente se disparó al ojo. Temiendo que la cirugía pudiera afectar de modo permanente su visión, los médicos dejaron la esquirla en su ojo.

Meses después, cuando Bryce volvió a jugar beisbol, comenzó a ser ponchado siempre. Había perdido su percepción de la profundidad, y gran parte de su visión en un ojo, y ya no podía juzgar la bola. Dijo: "Yo era un jugador estrella un año antes, y ahora ni siquiera podía darle a la pelota. Estaba convencido de que nunca más podría hacer otra cosa. Fue un gran golpe a mi seguridad".

Los dos hermanos mayores de Bryce eran buenos en muchas cosas, y él se preguntaba qué haría ahora, dada su nueva limitación. Puesto que vivía cerca de las montañas Teton, decidió probar con el alpinismo. Así, fue a la tienda local del ejército y compró cuerda de nylon, un piolet, estacas y otros artefactos necesarios. Estudió libros sobre alpinismo y aprendió a hacer nudos, ponerse el arnés y cómo ascender. Su primera experiencia real en montañismo fue subir por la chimenea de un amigo. Poco después comenzó a escalar algunas de las cumbres menores que rodean al monte Grand Teton.

Bryce pronto notó que tenía talento para ello. A diferencia de muchos de sus compañeros montañistas, su cuerpo era fuerte y ligero, y parecía estar perfectamente formado para la ascensión en rocas.

Luego de entrenar durante varios meses, Bryce finalmente escaló el monte Grand Teton solo. Le tomó dos días. Alcanzar su meta fue excelente para formar seguridad en sí mismo.

Era difícil conseguir compañeros de ascensión, por lo que Bryce comenzó a entrenarse solo. Viajaba a los Teton, corría hasta la base de la ascensión, escalaba, y luego volvía. Lo hizo con tanta frecuencia que llegó a ser muy bueno. Un día, un amigo suyo, Kim, le dijo:

—Oye, tú podrías romper el récord del monte Grand Teton.

Le explicó a Bryce: un alpinista veterano, llamado Jock Glidden, había fijado el récord en el monte al escalar hasta la cima y de vuelta en cuatro horas y 11 minutos. "Eso es absolutamente imposible", pensó

Bryce. "Me gustaría conocer algún día a este tipo". Pero conforme Bryce continuó haciendo estas ascensiones, sus tiempos se hicieron cada vez más rápidos y Kim siguió diciéndole:

—Tú podrías ir tras el récord. Tienes capacidad.

En una ocasión, Bryce finalmente conoció a Jock, el superhombre con el récord invencible. Bryce y Kim estaban en la tienda de Jock cuando Kim, por sí mismo un buen montañista, dijo a Jock:

—Él está pensando en batir tu récord.

Jock miró hacia el cuerpo de Bryce, de 62 kilos, y rió vivamente, como diciendo: "Ni lo sueñes, enano". Bryce se sintió devastado, pero rápidamente se recuperó. Y Kim siguió diciéndole: "Puedes hacerlo. Sé que puedes".

Por la madrugada del 26 de agosto de 1981, llevando una pequeña mochila anaranjada y una chamarra ligera, Bryce corrió hasta la cima del Grand Teton y volvió en cuestión de tres horas, 47 minutos y cuatro segundos. Se detuvo sólo dos veces: una para sacarse piedras de los zapatos, y otra para firmar el registro en la cima, para comprobar que estuvo ahí. ¡Se sintió maravillosamente! ¡En verdad pudo romper el récord!

Unos cuantos años después, Bryce recibió una sorpresiva llamada de Kim:

—Bryce, ¿te enteraste? Rompieron tu récord.

Desde luego, también le dijo:

—Podrías recuperarlo. ¡Sé que puedes hacerlo!

Un hombre llamado Creighton King, que recientemente había ganado el maratón Pike's Peak en Colorado, corrió hasta la cima y volvió en tres horas, 30 minutos, nueve segundos.

El 26 de agosto de 1983, exactamente dos años después de su última hazaña en la montaña y diez días después de que se rompió su récord, Bryce estaba en el estacionamiento a las faldas del monte Grand Teton, con zapatos nuevos, listo y ansioso para romper el récord de King. Iban con él algunos amigos, parientes, Kim y un equipo de la emisora de televisión local para filmar su carrera.

Como antes, sabía que la parte más difícil de la ascensión sería el aspecto mental. No quería convertirse en uno de los dos o tres que mueren cada año intentando escalar el monte.

El periodista deportivo Russel Weeks describe la carrera hacia el Grand Teton de este modo:

"Desde el estacionamiento se inicia una carrera de unos 15 o 16 kilómetros por senderos, a través de un cañón, subiendo por dos morrenas glaciales, dos vados, una grieta entre dos picos, y luego una ascensión de 200 metros por el muro oeste del monte, hasta la cima. La diferencia de altitudes entre el estacionamiento y la cima es de unos 5 000 metros. Las guías especializadas del alpinismo afirman que los últimos 200 metros de la ascensión duran tres horas".

Bryce comenzó a correr. Al ascender por la montaña, el corazón le martillaba y le ardían las piernas. La concentración fue intensa. Escalando los últimos 200 metros en 12 minutos, llegó a la cúspide en una hora y 53 minutos, y puso su tarjeta de verificación bajo una roca. Sabía que si quería romper el récord de King, debía hacerlo al bajar. El descenso se hizo tan empinado en algunos momentos, que llegó a dar pasos de entre tres y cinco metros. Pasó junto a algunos amigos que luego le dijeron que tenía el rostro morado por falta de oxígeno. Un grupo de alpinistas aparentemente sabía que quería romper el récord, porque al pasar le gritaron, animándolo.

Entre vítores, Bryce volvió al estacionamiento con las rodillas sangrando, los zapatos deshechos y un horrendo dolor de cabeza, tres horas, seis minutos y 25 segundos después de salir. ¡Había hecho lo imposible!

Se corrió la voz rápidamente y Bryce llegó a ser conocido como el mejor montañista del lugar.

—Me dio una identidad —dice Bryce—. Todos quieren ser famosos por algo, y yo también. Mi capacidad para escalar me dio algo sobre lo que podía trabajar y fue una gran fuente de autoestima. Fue mi forma de expresarme a mí mismo.

Hoy en día, Bryce es fundador y presidente de una compañía muy famosa que produce mochilas de alto rendimiento para montañistas y corredores de montaña. Lo que es más importante, Bryce se gana la vida haciendo lo que más le gusta, y en lo que mejor es, y utiliza este talento para bendecir su vida y la de muchos otros. Por cierto: sigue teniendo el récord. (Que esto no te dé ideas extrañas.) Además, Bryce sigue teniendo la esquirla en el ojo.

Así, amigos míos, si necesitan una inyección de confianza, comiencen a hacer algunos depósitos en su CBP a partir de hoy. Sentirán los resultados instantáneamente. Recuerden que no necesitan escalar una montaña para hacer un depósito. Hay un millón de formas más, que también son más seguras.

PRÓXIMAS ATRACCIONES
A continuación hablaremos de las muchas formas en que tú y tu perro son distintos. Sigue leyendo, y entenderás a qué me refiero.

Cumple las promesas que te haces a ti mismo

1 Despiértate a la hora que planificaste durante tres días seguidos.

2 Busca una labor fácil que se necesite hacer ese día, como lavar ropa o leer un libro para la tarea de literatura. Decide cuándo lo harás. Luego, cumple con tu palabra y hazlo.

Realiza actos de servicio al azar

3 En algún momento de hoy, haz una buena acción anónima, como escribir una nota de agradecimiento, sacar la basura o hacer la cama de otra persona.

4 Observa a tu alrededor y encuentra algo que puedas hacer para producir una diferencia, como limpiar un parque en tu barrio, ofrecerte como voluntario en un centro para jubilados o leer a alguien que no puede hacerlo.

Aprovecha tus talentos

5 Anota un talento que te gustaría desarrollar este año. Escribe los pasos específicos que te llevarán a lograrlo.

El talento que quiero desarrollar este año: _____

Cómo puedo llegar a hacerlo: _____

_____

_____

_____

6 Haz una lista de los talentos que más admiras en otras personas.

Persona: Talentos que admiro:

_____

_____

_____

_____

_____

_____

LA CUENTA DE BANCO PERSONAL

PASOS DE BEBÉ

Sé amable contigo mismo

7 Piensa en algún aspecto de tu vida en el que te sientas inferior. Ahora respira hondo y anímate diciendo: "No es el fin del mundo".

8  Trata de pasar todo un día sin hablar negativamente de ti. Cada vez que te sorprendas menospreciándote, deberás sustituirlo con tres pensamientos positivos sobre ti mismo.

Renuévate

9 Decide por alguna actividad divertida que te anime y hazla hoy mismo. Por ejemplo, pon música y baila.

10 ¿Te sientes aletargado? Levántate ahora mismo y da una vuelta rápida a la manzana.

Sé honesto

11 La próxima vez que tus padres te pregunten sobre lo que estás haciendo, explícales detalladamente. No excluyas información para engañar o distorsionar.

12 Por un solo día intenta no exagerar ni usar eufemismos.

HABITO 1

Ser
Proactivo

**Yo soy
la
fuerza**

Crecer en mi casa era a veces muy difícil. ¿Por qué? Porque mi padre siempre me hacía tomar la responsabilidad de todas las cosas de mi vida.

Cada vez que yo decía algo como: "Papá, mi novia a veces me vuelve loco", sin excepción replicaba: "¡Vamos, Sean! Nadie puede volverte loco a menos que se lo permitas. Es tu elección. Tú elegiste volverte loco".

> La gente es tan feliz como ella misma decide.
>
> **ABRAHAM LINCOLN, PRESIDENTE DE E. U.**

O si decía: "Mi nuevo maestro de biología es un desastre, nunca aprenderé nada", mi papá respondía: "¿Y por qué no vas con tu maestro y le das algunas sugerencias? Cambia de maestro. Toma clases particulares si es necesario. Si no aprendes biología, Sean, será tu propia culpa, y no de tus profesores".

Nunca me soltaba. Siempre me desafiaba, asegurándose de que nunca culpara a los demás por mi propia forma de actuar. Afortunadamente, mi madre me permitía culpar a los demás y a otras cosas por mis problemas, porque de otro modo me habría vuelto realmente loco.

Muchas veces le respondía a gritos: "¡Estás equivocado, papá! No elegí volverme loco. Ella ME HIZO volver loco. Ahora, déjame en paz".

Como ves, la idea de mi papá de que somos responsables de nuestras vidas fue para mí, siendo adolescente, una píldora muy amarga. Pero, en retrospectiva, veo la sabiduría de lo que él hacía. Quería que aprendiera que existen dos tipos de personas en este mundo, los *proactivos* y *los reactivos*, quienes toman la responsabilidad de sus vidas y quienes culpan; aquellos que hacen que las cosas sucedan, y aquellos a quienes las cosas les sucedieron.

El Hábito 1, Ser Proactivo, es la clave para desarrollar los demás hábitos, y por eso es el primero. El Hábito 1 dice: "Yo soy la fuerza, yo soy el capitán de mi vida. Puedo elegir mi actitud. Soy responsable de mi propia felicidad o infelicidad. Yo estoy en el asiento del conductor de mi destino y no soy sólo un pasajero".

Ser proactivo es el primer paso hacia lograr la victoria privada. ¿Te imaginas hacer álgebra antes de aprender a sumar y restar? Nunca sucederá. Lo mismo sucede con los 7 Hábitos. No puedes tener los hábitos 2, 3, 4, 5, 6 y 7 antes del Hábito 1. Eso se debe a que hasta que sientes que estás a cargo de tu propia vida, ninguna cosa es posible, ¿o no?

Ser proactivo o ser reactivo... la decisión es tuya

Cada día tú y yo tenemos unas 100 oportunidades de elegir si ser proactivos o reactivos. En cualquier día dado, el clima es malo, no puedes hallar un empleo, tu hermana se pone tu blusa, pierdes una elección en la escuela, tu amigo habla a tus espaldas, alguien te dice cosas desagradables, tus papás no te dan permiso de usar el coche (sin que haya razón), te multan en un estacionamiento y repruebas un examen. ¿Qué harás al respecto? ¿Tienes el hábito de reaccionar a este tipo de cosas cotidianas, o eres proactivo? La decisión es tuya. Realmente lo es. No necesitas responder en la forma en que lo hacen los demás, o como la gente piensa que deberías actuar.

¿Cuántas veces manejando en carretera alguien se te atraviesa, haciendo chirriar los frenos? ¿Qué haces? ¿Gritas e insultas? ¿Haces gestos obscenos con la mano? ¿Esto arruina tu día? ¿Pierdes el control de la vejiga?

¿O simplemente lo olvidas? Ríete de eso. Continúa.

La decisión es tuya.

Reactivo ▼

Proactivo ▲

Las personas reactivas toman decisiones con base en impulsos. Son como una lata de refresco. Si la vida las sacude un poco, la presión se acumula y de pronto explotan.

—¡Oye, imbécil! ¡Sal de mi carril!

Las personas proactivas toman decisiones con base en valores. Piensan antes de actuar. Reconocen que no pueden controlar todo lo que les sucede, pero sí pueden controlar lo que pueden hacer al respecto. A diferencia de los reactivos, que están llenos de gas carbónico, los proactivos son como el agua. Sacúdelos todo lo que quieras, quítales la tapa y nada pasa. No hay burbujas, no hay presión, no hay chorros de líquido. Son calmados, frescos y siempre ejercen el control.

—No dejaré que ese tipo me altere y me arruine el día.

Una excelente forma de comprender la mente proactiva es comparar las respuestas proactivas y las reactivas ante situaciones que suceden todo el tiempo

Escena 1:

Oyes a tu mejor amiga hablando de ti frente a un grupo. No sabe que tú te enteraste. Apenas cinco minutos antes, esta misma amiga te hablaba de cosas dulces. Te sientes lastimada y traicionada.

Decisiones reactivas
- Dile las cosas en la cara, y luego pégale.
- Entra en depresión profunda porque te sientes muy mal por lo que dijo.
- Decide que es una mentirosa de dos caras, y aplícale la ley del hielo durante dos meses.
- Difunde terribles rumores sobre ella. Después de todo, ella te lo hizo a ti.

Decisiones proactivas
- Perdónala.
- Habla con ella y dile calmadamente lo que sientes.
- Ignórala y dale una segunda oportunidad. Date cuenta de que tiene debilidades, igual que tú, y que en ocasiones tú también hablas a sus espaldas, sin que por ello tengas malas intenciones.

Escena 2:

Tienes un empleo en una tienda desde hace un año, y siempre fuiste muy eficiente y muy comprometido con el trabajo. Hace tres meses llegó un nuevo empleado. Recientemente, recibió el tan codiciado turno de la tarde del sábado, el que tú tanto esperabas.

Decisiones reactivas
- Pasa la mitad de tus horas de vigilia quejándote con todos sobre lo injusta que fue esta decisión.
- Vigila al nuevo empleado, y descubre sus debilidades.
- Convéncete de que tu supervisor está conspirando contra ti y quiere sacarte.
- Comienza a hacerte más lento mientras estás en tu turno.

Decisiones proactivas
- Habla con tu supervisor y pregúntale por qué el nuevo empleado obtuvo el mejor turno.
- Sigue siendo un empleado trabajador.
- Entérate de lo que puedes hacer para mejorar tu desempeño.
- Si decides que estás en un empleo sin perspectivas, comienza a buscar uno nuevo.

● **ESCUCHA TU PROPIO LENGUAJE**

Generalmente puedes notar la diferencia entre las personas proactivas y las reactivas por el tipo de lenguaje que usan. El lenguaje reactivo por lo común suena así:

"Ése soy yo. Siempre fui así". Lo que realmente están diciendo es: *No me hago responsable de mis actos. No puedo cambiar. Estoy predeterminado a ser así.*

"Si mi jefe no fuera tan estúpido, las cosas serían distintas". Lo que realmente están diciendo es: *Mi jefe es la causa de todos mis problemas, y no yo.*

"Muchas gracias; me arruinaste el día". Lo que realmente están diciendo es: *No puedo controlar mis propios estados de ánimo. Tú sí.*

"Si fuera a otra escuela, tuviera mejores amigos, ganara más dinero, viviera en un departamento distinto, tuviera un novio... entonces sería feliz". Lo que realmente están diciendo es: *No controlo mi propia felicidad, sino las "cosas". Debo tener cosas para ser feliz.*

Puedes notar que el lenguaje reactivo nos quita el poder y se lo da a alguien o algo. Como mi amigo John Bytheway explica en su libro *Lo que me hubiera gustado saber en preparatoria*, cuando eres reactivo es como dar a otra persona el control remoto de tu vida y decirle: "Toma, cambia mi estado de ánimo cada vez que quieras". El lenguaje proactivo, por otra parte, te devuelve el control remoto. Quedas entonces libre para elegir en qué canal quieres estar.

LENGUAJE REACTIVO	LENGUAJE PROACTIVO
Intentaré	Lo haré
Así soy	Puedo mejorar
Nada puedo hacer	Examinemos nuestras opciones
Tengo que hacerlo	Lo elegí
No puedo	Debe haber una solución
Me arruinaste el día	No permitiré que tu mal estado de ánimo se me contagie

● EL VIRUS DE LA VICTIMITIS

Algunas personas sufren de un virus contagioso al que llamo "victimitis". Quizá ya lo conozcas. La gente infectada con victimitis piensa que los demás están en contra de ella y que el mundo les debe algo, lo cual no es cierto. Me gusta como lo establece el escritor Mark Twain: "No andes diciendo que el mundo te debe la vida. El mundo nada te debe. Él llegó primero".

Hace tiempo jugué futbol con un tipo que, desafortunadamente, se infectó con la enfermedad. Sus comentarios me volvían loco:

"Podría comenzar, pero los entrenadores tienen algo contra mí".

"Estaba a punto de interceptar el balón, pero algo me lo impidió".

"Pude haber corrido mejor las 40 yardas, pero los zapatos se me zafaron".

"Sí, claro —pensaba—. Y yo sería el presidente si mi papá no fuera calvo". Nunca me sorprendió que nunca jugara. En su mente el problema siempre estaba "afuera". Nunca consideró que tal vez su actitud era el problema.

Adriana, una estudiante con mención honorífica de Chicago, creció en una casa plagada de victimitis:

Soy negra, y estoy orgullosa de ello. El color de la piel nunca me impidió nada y aprendí mucho de maestros y asesores blancos y negros. Pero en mi casa es distinto. Mi mamá, quien domina en la familia, tiene 50 años, proviene del sur de Estados Unidos y sigue actuando como si la esclavitud acabara de ser abolida. Le parece una amenaza que me vaya bien en la escuela, como si yo me estuviera uniendo a los "blancos". Sigue diciendo cosas como: "Ese tipo nos impide hacer esto y lo otro. Nos mantiene encerrados, y no nos deja hacer nada".

Y siempre le contesto: "Nadie te está impidiendo hacer nada, sólo tú misma, porque sigues pensando de ese modo". Hasta mi novio sigue cayendo en la actitud de "el hombre blanco que me impide hacer todo". Cuando recientemente intentaba comprar un coche y la venta no se hizo, dijo, frustrado: "El hombre blanco no quiere que obtengamos nada". Casi perdí los estribos, y le dije que esa forma de pensar era tonta. Pero esto sólo hizo que él sintiera que yo estaba del lado del blanco.

Sigo convencida de que la única persona que nos puede impedir hacer las cosas es uno mismo.

Además de sentirse víctimas, los reactivos:
- Se ofenden fácilmente.
- Culpan a los demás.
- Se enojan y dicen cosas que después lamentan.

- Se quejan y lloran.
- Esperan a que las cosas les sucedan.
- Cambian únicamente cuando no les queda otra.

● PAGAR EL PRECIO DE SER PROACTIVO

Los proactivos son de un tipo totalmente distinto. Las personas proactivas:

- No se ofenden fácilmente.
- Toman la responsabilidad de sus decisiones.
- Piensan antes de actuar.
- Vuelven a hacer el intento cuando sucede algo malo.
- Siempre hallan la forma de que las cosas sucedan.
- Se concentran en las cosas en las que pueden hacer algo, y no se preocupan por aquello donde no tienen ningún control.

Recuerdo que una vez conseguí un nuevo empleo, y trabajaba con un tipo llamado Randy. No sabía cuál era su problema, pero por alguna razón no le caía bien y quería que me enterara de ello. Me decía cosas ásperas e insultantes. Hablaba constantemente a mis espaldas y hacía que los demás se pusieran en mi contra. Pasado el tiempo, cuando regresé de vacaciones, un amigo me advirtió:

—Sean, si supieras lo que Randy dice de ti. Será mejor que te cuides.

En ciertos momentos quise hacer papilla a este tipo, pero de algún modo logré mantener la calma e ignorar sus ataques estúpidos. Cada vez que me insultaba, me propuse tomar como desafío personal tratarlo bien a cambio. Tenía fe en que las cosas finalmente funcionarían, si actuaba de este modo.

En cuestión de meses las cosas comenzaron a cambiar. Randy se dio cuenta de que no entraría en su juego, y se portó mejor. Incluso una vez me dijo:

—Intenté ofenderte, pero nunca te sientes insultado.

Luego de estar en la empresa durante un año, nos hicimos amigos y comenzamos a respetarnos el uno al otro. De haber reaccionado ante sus ataques —lo cual era mi instinto felino—, estoy seguro de que hoy no seríamos amigos. Con frecuencia basta con una sola persona para crear una amistad.

Mary Beth descubrió por ella misma los beneficios de ser proactiva:

Una vez en la escuela, durante una clase, hablamos sobre proactividad, y me preguntaba cómo aplicarla. Un día, trabajando en la caja de un supermercado, marcaba las cosas que un tipo compró, cuando de pronto me dijo que lo que acababa de marcar no era suyo. Mi primera reacción fue decirle: "¡Imbécil!", y luego poner la barra entre las cosas que él había comprado y las del otro cliente. "¿Por qué no me lo dijiste antes?" Así, tuve que borrar todo, llamar al supervisor para que diera autorización, mientras que él estaba ahí, creyéndose muy chistoso. Mientras tanto, yo comenzaba a enojarme más y más. Por si fuera poco, todavía se quejó por el precio que le marqué por el brócoli.

Para mi horror, descubrí que tenía razón. Había puesto el código equivocado en la caja para el brócoli. Ahora estaba todavía más enojada y sentí la tentación de insultarlo por mi propio error. Pero entonces saltó a mi mente: "Sé proactiva".

Así, le dije:

—Tiene razón, señor. Fue mi culpa. Corregiré el precio. Sólo me tomará unos segundos.

También recordé que ser proactiva no significa prestarse a abusos, por lo que le recordé cortésmente que para evitar en el futuro este tipo de cosas, debía poner la barra que separa las cosas que compran los demás.

Me sentí muy bien. Me disculpé, pero también dije lo que quería decir. Se trataba de algo simple, pero me dio mucha más confianza en este hábito.

En este punto seguramente estás dispuesto a dispararme y decir: "Vamos, Sean. No es tan fácil". No discutiré esto. Ser reactivo es mucho más fácil. Es fácil perder la calma. Eso no requiere de ningún control. Y también es fácil quejarse. Indudablemente, ser proactivo es más difícil.

Pero recuerda que no necesitas ser perfecto. En la realidad, tú y yo no somos totalmente proactivos o reactivos, sino posiblemente nos encontramos en un punto medio. La clave es adquirir el hábito de ser proactivo para que puedas viajar en piloto automático y ni siquiera necesites pensar en ello. Si eliges ser proactivo 20 de 100 veces cada día, intenta serlo ahora 30 de cada 100 veces. Luego 40. Nunca subestimes la gran diferencia que producen los pequeños cambios.

• PODEMOS CONTROLAR SÓLO UNA COSA

El hecho es que no podemos controlar todo lo que nos sucede. No podemos controlar el color de nuestra piel, quién ganará en las finales de la NBA, dónde nacimos, quiénes son nuestros padres, cuál será nuestra próxima beca, o cómo nos tratan los demás. Pero hay una cosa que sí *podemos* controlar: *cómo reaccionamos a lo que nos sucede.* ¡Y esto es lo importante! Es por eso que necesitamos dejar de preocuparnos por las cosas que no podemos controlar, y comenzar a pensar en las que sí podemos.

Imagínate dos círculos. El interior es tu círculo de control. Incluye cosas sobre las que podemos ejercer control, tales como nosotros mismos, nuestras actitudes, nuestras decisiones, nuestras reacciones a todo lo que nos sucede. Alrededor del círculo de control está el del no control. Incluye las miles de cosas sobre las que nada podemos hacer.

Ahora bien, ¿qué sucede si gastamos nuestro tiempo y energía preocupándonos por cosas que no podemos controlar, como un comentario grosero, un error del pasado, o el clima? ¡Adivinaste! Sentiremos que tenemos aún menos control, que somos víctimas. Por ejemplo, si tu hermana te molesta y siempre te quejas de sus debilidades (algo sobre lo que no tienes control), entonces eso no arreglará el problema. Sólo te hace achacarle tus problemas y perder el poder sobre ti mismo.

Renatha me contó una anécdota que ilustra bien todo esto. Una semana antes de un esperado partido de volibol, se enteró de que la mamá de una jugadora del equipo contrario se había burlado de la capacidad de juego de Renatha, quien, en vez de ignorar los comentarios, se enojó y pasó el resto de la semana enfurecida. Cuando llegó el juego, su única meta era demostrar a esta señora que era buena jugadora. Para no hacer un relato de episodios, te diré que Renata jugó muy mal, pasó gran parte del tiempo en la banca y su equipo perdió el juego. Estaba tan concentrada en algo que no podía controlar (lo que se había dicho de ella), que perdió control de lo único que podía, es decir, de ella misma.

Las personas proactivas, por otra parte, se concentran en otras cosas: en las que pueden controlar. Así, al actuar experimentan paz interna y tienen más poder sobre sus vidas. Aprenden a sonreír y a vivir con las muchas cosas en las que nada pueden hacer. Tal vez no les gusten, pero saben que no tiene caso preocuparse.

• CONVERTIR FALLAS EN TRIUNFOS

La vida a veces nos da malas cartas para jugar, y depende de nosotros controlar cómo respondemos. Cada vez que tenemos un fracaso, es una oportunidad para convertirlo en un triunfo, como lo ilustra esta anécdota de Brad Lemley de la revista *Parade*:

"No es lo que te sucede en la vida, sino lo que haces al respecto", o así lo dice W. Mitchell, un millonario, el famoso orador, ex alcalde, paracaidista y navegante de ríos. Y logró todo esto después de sus accidentes. Si conocieras a Mitchell te parecería difícil de creer. El rostro de este tipo es un rompecabezas de injertos de piel de todos colores, los dedos de sus manos son muñones, o ni siquiera eso, y sus piernas paralizadas están inmóviles e inútiles bajo sus pantalones. Mitchell dice a veces que la gente trata de adivinar cómo fue herido. ¿Un accidente de coche? ¿Vietnam? La verdadera historia es más asombrosa de lo que cualquiera podría imaginar. El 19 de junio de 1971, estaba en la cúspide del mundo. Un día antes había comprado una hermosa motocicleta. Esa misma mañana había piloteado solo un avión por primera vez. Era joven, sano y popular.

"Esa tarde me subí a la motocicleta para ir a trabajar —recuerda—, y en un cruce choqué con un camión de lavandería. La motocicleta cayó, me aplastó el codo y me fracturó la pelvis; el tanque de combustible de la motocicleta se abrió. La gasolina se derramó, el calor del motor la encendió y se me quemó 65% del cuerpo".

Afortunadamente, un hombre de reacciones rápidas de un lote de coches usados cercano roció a Mitchell con un extinguidor y le salvó la vida.

Aun así, Mitchell tenía el rostro quemado, los dedos estaban negros, calcinados y torcidos, y sus piernas no eran más que carne al rojo vivo. Era común que los que lo visitaban por primera vez lo miraran y se desmayaran. Estuvo inconsciente durante dos semanas.

Durante cuatro meses se le practicaron 13 transfusiones, 16 operaciones de injerto de piel y muchas otras cirugías. Cuatro años después, tras pasar meses en rehabilitación y años aprendiendo a adaptarse a sus nuevas limitaciones, sucedió lo impensable. Mitchell estuvo en un extraño accidente de aviones, y quedó paralizado de la cintura para abajo. "Cuando le cuento a los demás que fueron dos accidentes separados —me dice—, apenas pueden creerlo".

Tras el accidente que lo dejó paralizado, Mitchell recuerda que conoció a un paciente de 19 años en el gimnasio del hospital.

"Él también quedó paralizado. Había sido montañista, esquiador, una persona activa en deportes al aire libre, y estaba convencido de que su vida había acabado. Finalmente, fui con él y le dije: '¿Sabes? Antes de que todo esto me sucediera, había diez mil cosas que podía hacer. Ahora hay nueve mil. Puedo pasarme el resto de mi vida lamentándome por las mil que perdí, pero prefiero concentrarme en las nueve mil que me quedan'".

Mitchell dice que su secreto es doble. Primero está el amor y aliento de amigos y parientes, y lo segundo es una filosofía personal que recabó de varias fuentes. Se dio cuenta de que no era necesario tener la noción social de que se debe ser guapo y sano para ser feliz. "Yo me encargo de mi propia nave espacial" dice, enfático. "Aquí es hacia arriba, y aquí es hacia abajo. Podría elegir considerar esta situación como un fracaso o como un punto inicial".

Me gusta cómo lo dice Helen Keller: "Se me dio mucho. No tengo tiempo para pensar en aquello que me fue negado".

Aunque la mayoría de nuestros infortunios no sean tan severos como los de Mitchell, todos sufriremos algunos. Tal vez nos deje una novia, perdamos una elección en la escuela, seamos golpeados por una pandilla, o que no seamos aceptados en la escuela que queríamos, o podríamos caer gravemente enfermos. Espero y creo que serás proactivo y fuerte en esos momentos cruciales.

Te voy a contar uno de mis grandes infortunios. Dos años después de llegar a ser el lanzador estelar de la universidad, sufrí una herida grave en la rodilla, caí hacia atrás, y perdí mi posición. Recuerdo vívidamente cómo el entrenador me llamó a su oficina justo antes de iniciarse la temporada, para decirme que darían el puesto a otra persona.

Considéralo una oportunidad para crecer.

Me sentí enfermo. Había trabajado toda mi vida para llegar hasta esta posición. Era mi último año universitario. Se supone que esto no debía suceder.

Como jugador de reserva, debí tomar una decisión. Podía quejarme, hablar mal del nuevo jugador y sentir lástima por mí mismo. O podía aprovechar al máximo la situación.

Afortunadamente, decidí afrontar la situación. Ya no estaba anotando puntos, pero podría ayudar de otras formas. Así, me tragué el orgullo y comencé a apoyar al nuevo jugador y al resto del equipo. Trabajé mucho y me preparé para cada juego como si yo fuera el jugador. Y, lo que es más importante, opté por mantener mis ánimos en alto.

¿Fue fácil? Para nada. Muchas veces me sentí un fracaso. Sentarme juego tras juego, luego de ser el lanzador estelar, fue humillante. Y mantener una buena actitud fue una lucha constante.

¿Fue la decisión correcta? Definitivamente, sí. Me aplané las asentaderas en la banca todo el año, pero contribuí con el equipo de otros modos. Y, lo que es más importante, asumí la responsabilidad de mi actitud. Ni siquiera puedo describirte la diferencia tan positiva que esta decisión tan singular produjo en mi vida.

- ## SUPERAR LOS MALTRATOS Y ABUSOS

Una de las mayores dificultades es lidiar con el maltrato. Nunca olvidaré la mañana que pasé con un grupo de jóvenes que sufrieran abuso sexual de niños, y que fueron víctimas de violación o que fueron maltratados emocional o físicamente de otros modos.

Heather me contó esta historia:

Se abusó sexualmente de mí a los 14 años. Sucedió cuando estaba en una feria. Un muchacho de la escuela se me acercó y me dijo: "Necesito hablar contigo, ven conmigo por unos minutos". Nunca sospeché nada, porque este muchacho era mi amigo y siempre fue muy agradable. Dimos una larga caminata y terminamos en las tribunas de la preparatoria. Fue ahí donde me forzó y me violó.

Me dijo todo el tiempo: "Si se lo dices a alguien, nadie te creerá. De todos modos, querías que esto sucediera". También me dijo que mis padres se avergonzarían de mí. Lo mantuve en secreto durante dos años.

Finalmente, estaba asistiendo a una sesión de ayuda en donde personas que sufrieron abusos contaron sus anécdotas, y de pronto una muchacha se paró y narró una historia similar a la mía. Cuando dijo el nombre del muchacho que abusó de ella, comencé a llorar, porque era el mismo que me había violado. Resultó que éramos seis las que fuimos víctimas de él.

Afortunadamente, Heather ya se está recuperando y halló una tremenda fortaleza al formar parte de un grupo de jóvenes que trata de ayudar a otras víctimas de abusos. Al superarlo, ella también impidió que otras personas fueran lastimadas por el mismo muchacho.

Desafortunadamente, la historia de Bridgett es también muy común:

A los cinco años un familiar abusó sexualmente de mí. Demasiado atemorizada para contárselo a alguien, intenté enterrar mi enojo y mi dolor. Ahora que me reconcilié con lo que sucedió, veo mi vida en retrospectiva y puedo ver cómo afectó todo. Había intentado ocultar algo terrible, y terminé ocultándome a mí misma. No fue sino hasta 13 años después, cuando finalmente enfrenté la pesadilla de mi niñez.

Muchas personas pasaron por la misma experiencia que yo, o por algo parecido. La mayoría lo oculta. ¿Por qué? Algunos temen por sus vidas. Otros quieren protegerse a sí mismos o a alguien más. Pero sea cual sea la razón, ocultarlo no es la solución. Sólo deja una herida tan profunda en el alma que parece no haber modo de curarla. Afrontarlo es la única forma de cerrar esa herida sangrante. Busca a alguien con quien puedas hablar, alguien con quien te sientas cómoda, alguien en quien puedas confiar. Es un proceso largo y difícil, pero una vez que lo pasas, sólo entonces puedes comenzar a vivir.

Si tú sufriste abusos, no es tu culpa. Y la verdad debe ser dicha. El abuso cunde en el secreto. Al decírselo a otra persona, puedes dividir inmediatamente tu problema a la mitad. Habla con un ser querido, un amigo en quien confíes, ve a una sesión de ayuda, o visita a un terapeuta profesional. Si la primera persona con la que hablas de tus problemas no es receptiva, no te des por vencido. Sigue hablando de ello hasta que halles a alguien que te ayude. Hablar de tu secreto con otra persona es un importante paso para el proceso de curar y perdonar. Sé proactivo. Toma la iniciativa para hacerlo. No necesitas vivir con esta carga un día más. (Puedes consultar los teléfonos que aparecen en la Central de información en Estados Unidos, para obtener ayuda o información.)

• CONVERTIRSE EN UN AGENTE DEL CAMBIO

Una vez pregunté a un grupo de jóvenes: ¿quiénes son sus modelos? Una chica habló de su madre. Un muchacho, de su hermano. Y así sucesivamente. Hubo alguien que quedó en silencio. Le pregunté a quién admiraba. Me dijo, entre dientes: "No tengo ningún modelo". Lo único que quería hacer era asegurarse de no ser como las personas que supuestamente deberían ser sus modelos. Por desgracia, tal es el caso de muchos jóvenes. Vienen de familias con problemas, y tal vez no tienen a nadie a quién seguir como inspiración.

Lo que más asusta de esto es que los malos hábitos como el abuso, el alcoholismo y la dependencia a menudo se transmiten de padres a hijos y, como resultado, las familias disfuncionales se repiten a sí mismas.

Por ejemplo, si tú sufriste maltratos cuando niño, las estadísticas muestran que es muy probable que tú también abuses de tus hijos. A veces estos problemas se remontan a generaciones atrás. Tal vez provengas de una larga línea de adictos al alcohol o a las drogas. Tal vez provengas de una larga línea de dependencia de la asistencia social. Tal vez nadie en tu familia egresó de una universidad o siquiera de la preparatoria.

Las buenas noticias son que puedes detener ese círculo vicioso. Dado que eres proactivo, puedes impedir que estos malos hábitos se transmitan. Puedes convertirte en un "agente del cambio" y heredar buenos hábitos a las futuras generaciones, comenzando con tus propios hijos.

Una joven tenaz, llamada Hilda, me habló de cómo se convirtió en un agente de cambio en su familia. Nunca se valoró la educación en su hogar, e Hilda podía notar las consecuencias. Dice:

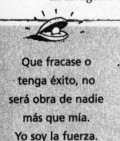

Que fracase o tenga éxito, no será obra de nadie más que mía. Yo soy la fuerza.

ELAINE MAXWELL

"Mi mamá trabajaba en una fábrica de ropa, ganaba muy poco dinero, y mi padre ganaba poco más que el sueldo mínimo. Los oía discutir por el dinero y por cómo pagar la renta. Ninguno de mis padres llegó más allá del sexto año de primaria".

Hilda recuerda que, de niña, su padre no podía ayudarla con la tarea, porque no leía el inglés. Esto fue muy difícil para ella.

Cuando Hilda cursaba la secundaria, su familia se regresó de California a México. Hilda entendió al poco tiempo que ahí había pocas opciones educativas para ella, por lo que pidió volver a Estados Unidos para vivir con su tía. Durante los siguientes años hizo grandes sacrificios para seguir estudiando.

"Era difícil estar en un cuarto pequeño con mi primo —dice—, y debía compartir mi cama y trabajar para pagar la renta, así como ir a la escuela, pero valió la pena.

"Aun cuando tuve un hijo y me casé en la preparatoria, seguí yendo a la escuela y trabajando para terminar mi educación. Quería demostrar a mi papá, sin importar nada, que él se equivocaba cuando decía que nadie de nuestra familia llegaría a tener una profesión".

Hilda dentro de poco obtendrá un título universitario en finanzas. Y quiere que sus valores educativos se transmitan a sus hijos: "Aún hoy, cada vez que puedo, cuando no estoy en la escuela, me siento en el sofá y le leo a mi hijo. Le estoy enseñando a hablar inglés y español. Y trato de ahorrar para su educación. Algún día necesitará que le ayude en las tareas, y yo estaré ahí para ayudarlo y leerle".

Entrevisté a otro muchacho de 16 años, llamado Shane, del Medio Oeste, que también es un agente de cambio en su familia. Shane vive con sus padres y dos hermanos en un sector de clase baja. Aunque sus padres siguen juntos, constantemente discuten y se acusan el uno al otro por tener amantes. Su padre maneja un camión, y nunca está en casa. Su mamá fuma hierba con su hija de 12 años. El hermano mayor reprobó dos años seguidos de preparatoria, y finalmente desertó. En cierto momento, Shane perdió la esperanza.

Justo cuando pensó que había llegado al fondo, tuvo una clase de desarrollo de personalidad en la escuela (que enseñaba los 7 Hábitos), y comenzó a ver que había cosas que podía hacer para ejercer control sobre su vida y crearse un futuro.

Afortunadamente, el abuelo de Shane era propietario del departamento de la planta alta del edificio donde vivía su familia, y Shane le pagó una renta de 100 dólares al mes para vivir en ese departamento. Ahora tiene su propio santuario y puede cerrarle el paso a aquello que no quiere que venga del piso de abajo. Dice Shane:

"Las cosas ya mejoraron para mí. Me trato a mí mismo mejor, y me demuestro respeto. Mi familia no se respeta mucho. Aunque nadie en mi familia llegó a la universidad, fui aceptado en tres universidades distintas. Todo lo que hago ahora es por mi futuro. Mi futuro será distinto. Sé que no me quedaré sentado con mi hermana de 12 años para fumar hierba".

Tienes en tu interior el poder para elevarte por encima de todo lo que te fue transmitido. Tal vez no tengas la opción de cambiarte de casa para escaparte de todo como lo hizo Shane, pero puedes, figurativamente, pasarte a otro lugar en tu mente. Sin importar cuán grave sea tu predicamento, puedes convertirte en un agente de cambio y crear una nueva vida para ti mismo y para todo lo subsiguiente.

● DESARROLLA TUS MÚSCULOS PROACTIVOS

El siguiente poema es un gran resumen de lo que significa tomar la responsabilidad de la propia vida, y cómo una persona puede pasar gradualmente de un marco de referencia reactivo a otro proactivo.

AUTOBIOGRAFÍA EN
CINCO BREVES CAPÍTULOS

Hay un hoyo en la banqueta
Portia Nelson

I
Camino por la calle.
Hay un profundo hoyo en la banqueta.
Caigo.
Estoy perdida... indefensa.
No es mi culpa.
Salir me toma una eternidad.

II
Paso por la misma calle.
Hay un profundo hoyo en la banqueta.
Finjo que no lo veo.
Vuelvo a caer.
No puedo creer que estoy en el mismo lugar.
Pero no es mi culpa.
Me lleva mucho tiempo salir.

III
Paso por la misma calle.
Hay un profundo hoyo en la banqueta.
Puedo verlo.
Sigo cayendo en él. Es un hábito.
Pero tengo los ojos abiertos.
Sé dónde estoy.
Es mi culpa. Salgo inmediatamente.

IV
Paso por la misma calle.
Hay un profundo hoyo en la banqueta.
Doy un rodeo.

V
Camino por otra calle.

Tú también puedes tomar la responsabilidad de tu propia vida y alejarte de agujeros y trampas desarrollando tus músculos proactivos. ¡Es un hábito "revolucionario" que te ahorrará problemas con más frecuencia de la que podrías imaginarte!

¡Nada puede contra el "hombre proactivo"!

PUEDES HACER

Ser proactivo en realidad significa dos cosas. Primero, puedes tomar la responsabilidad de tu vida. Segundo, asumes una actitud "puedo hacer". Puedo hacer es muy distinto de "no puedo hacer". Echa un vistazo.

Toman la iniciativa para que las cosas sucedan	Esperan a que algo les suceda
Piensan en soluciones y opciones	Piensan en problemas y barreras
Actúan	Otros toman decisiones por ellos

HÁBITO
1

Si piensas en términos de "puedo hacer", y si eres creativo y persistente, te sorprenderá lo que puedes lograr. En la universidad se me decía que para cumplir con los requisitos de idiomas, "tendría" que tomar una clase que no me interesaba, y que para mí no tenía ningún significado. Sin embargo, en vez de tomar esta clase, decidí crear la mía propia. Así, preparé una lista de libros para leer, las tareas que haría y busqué a un maestro que me apoyara. Luego fui con el director de la escuela y presenté mi caso. Aceptó mi idea y terminé mis requisitos de idiomas tomando un curso hecho por mí mismo.

El aviador estadounidense Elinor Smith una vez dijo: "Desde hace mucho tiempo noté que las personas con logros pocas veces se quedan en su lugar y esperan a que las cosas les sucedan. Salieron e hicieron que las cosas pasaran".

Esto es verdad. Para llegar a las metas de tu vida necesitas tomar la iniciativa. Si te sientes mal porque nadie te invita a salir, no te quedes sentado, quejándote; haz algo al respecto. Busca la forma de relacionarte. Sé amistoso y trata de sonreír mucho. Invita tú a los demás a salir. Tal vez no sepan que eres fantástico.

No esperes a que el trabajo perfecto te caiga en las manos; búscalo. Envía tu currículum, forma redes, ofrécete como voluntario para trabajar sin sueldo. Si estás en una tienda y necesitas ayuda, no esperes a que el vendedor te encuentre, búscalo.

Muchas personas confunden el "puedo hacer" con ser insistente, agresivo o irritante. Es incorrecto. El "puedo hacer" es valiente, persistente e ingenioso. Otros piensan que las personas "puedo hacer" tienen sus propias reglas. No es así. Los pensadores "puedo hacer" son creativos, emprendedores y extremadamente ingeniosos.

Pía, una compañera de trabajo, me contó la siguiente historia. Aunque ocurrió hace muchos años, el principio del "puedo hacer" es el mismo:

Yo era una periodista novata en una gran ciudad europea, trabajando tiempo completo como reportera para la agencia de noticias *United Press International*. No tenía mucha experiencia y siempre estaba nerviosa porque temía no poder cumplir con las expectativas que se tenían de los periodistas varones, más veteranos y maduros. Los Beatles llegarían a la ciudad, y para mi sorpresa fui nombrada para cubrir su estancia. (Mi editor no sabía que eran muy famosos.) Por ese entonces eran los más populares en Europa. Cientos de muchachas se desmayaban en sus presentaciones, y yo iría a cubrir su rueda de prensa.

La conferencia resultó ser muy emocionante y me sentí muy bien ahí, pero, claro, todos escribirían la misma nota. Necesitaba algo más interesante, algo que realmente llegara a primera plana. No podía desperdiciar esta oportunidad. Uno por uno, todos los reporteros experimentados regresaron a sus salas de redacción para escribir sus notas, y Los Beatles se fueron a sus camerinos. Yo me quedé en mi lugar. Debía pensar en alguna forma de hablar con ellos. No había tiempo qué perder.

Fui al recibidor del hotel, tomé el teléfono y marqué a la planta alta. Supuse que estarían ahí. Respondió su gerente. "Habla Pía Jensen, de United Press International. Quisiera hablar con Los Beatles", dije, muy confiada. (¿Qué podía perder?)

Para mi sorpresa, dijo: "Sube".

Temerosa y sintiendo que me había sacado la lotería, pasé al elevador y subí a la suite. Fui llevada a un lugar tan grande como un salón, y ahí estaban Ringo, Paul, John y George. Me tragué el nerviosismo y la inexperiencia, e intenté actuar como una reportera cosmopolita.

Pasé las dos horas siguientes riendo, escuchando, hablando, escribiendo y divirtiéndome como nunca. Me trataron de maravilla, y me dieron toda la atención del mundo.

A la mañana siguiente, mi nota apareció en la primera plana del principal diario del país. Mis entrevistas extensas con cada uno de Los Beatles aparecieron como información principal en la mayoría de los diarios del mundo, pocos días después. Cuando Los Rolling Stones llegaron a la ciudad después de eso, ¿adivinan a quién enviaron? A mí, una reportera joven, mujer y sin experiencia. Utilicé el mismo recurso con ellos, y volvió a funcionar. Poco tiempo después noté todo lo que podía lograr siendo agradablemente insistente. En mi mente se fijó un patrón y me convencí de que todo era posible. Con esta actitud, generalmente obtenía la mejor nota y mi carrera periodística tuvo toda una nueva dimensión.

George Bernard Shaw, el dramaturgo inglés, sabía todo lo que se puede saber sobre "puedo hacer". Escucha cómo lo dijo: "Las personas siempre culpan de lo que son a las circunstancias. Yo no creo en circunstancias. Quienes avanzan en este mundo son los que se elevan y buscan las circunstancias que quieren, y si no pueden hallarlas, las producen".

Veamos cómo Denise pudo crear las circunstancias que quería:

Sé que es poco común que una chica quiera trabajar en una biblioteca, pero realmente quería ese empleo, más que nada, y no estaban contratando a nadie. Iba todos los días a la biblioteca y leía, platicaba con mis amigos, y, para no estar en casa, ¿qué mejor lugar para trabajar que uno que ya conocía? Aunque no tenía un empleo ahí, conocí a los empleados y me ofrecí como voluntaria para eventos especiales, y en poco tiempo ya era de las personas habituales en el lugar. Me sirvió de mucho. Cuando finalmente abrieron una plaza, yo fui su primera elección y hallé uno de los mejores empleos que tuve alguna vez.

● SÓLO OPRIME "PAUSA"

Cuando alguien te trata mal, ¿de dónde obtienes el poder para resistirte a contraatacar? Para comenzar: oprime el botón de pausa. Sí, oprime el botón de pausa a tu vida, del mismo modo en que lo harías con el control remoto. "Si recuerdo bien, el botón de pausa está en la parte media de la frente". A veces la vida se mueve tan rápido que reaccionamos en forma instantánea a todo, simplemente por costumbre. Si puedes aprender a hacer una pausa, ejercer control y pensar de qué modo reaccionar, tomarás decisiones más prudentes. Es cierto: tu infancia, padres, genes y tu entorno *influyen en ti* para que actúes de cierto modo, pero no pueden obligarte a hacer todo. No estás predeterminado; *eres libre para elegir*.

Mientras tu vida esté en pausa, abre tu caja de herramientas (con la que naciste) y utiliza tus cuatro herramientas humanas para decidir qué hacer. Los animales no tienen estas herramientas, y por eso eres más inteligente que tu perro. Estas herramientas son el autoconocimiento, la conciencia, la imaginación y la voluntad independiente. Podrías llamar a esto tus herramientas de precisión.

 AUTOCONOCIMIENTO: *Puedo apartarme de mí mismo y observar mis pensamientos y acciones.*

 CONCIENCIA: *Puedo escuchar mi voz interna para distinguir lo que está bien de lo que está mal.*

 IMAGINACIÓN   *Puedo contemplar nuevas posibilidades*

 VOLUNTAD INDEPENDIENTE: *Tengo el poder de elegir.*

Ilustremos estas herramientas imaginando a una joven llamada Rosa y a su perro, Woof, cuando salen a pasear:

—Ven, amigo. ¿Qué te parece si salimos? —dice, mientras Woof salta por todas partes, moviendo la cola.

Fue una semana difícil para Rosa. No sólo acaba de terminar con su novio, Eric, sino que ella y su madre apenas se dirigen la palabra.

Mientras pasea por la calle, Rosa comienza a pensar en la semana anterior. "¿Sabes qué? —murmura para sí misma—, romper con Eric realmente fue muy difícil. Posiblemente por eso me porté tan grosera con mamá, y desahogué en ella todas mis frustraciones".

¿Ves lo que está haciendo Rosa? Está tomando distancia de ella misma y evalúa y mide sus acciones. Este proceso se conoce como **autoconocimiento**. *Es una herramienta que todos los humanoides poseen. Utilizando su conciencia de sí misma, Rosa pudo reconocer que permitía que su ruptura con Eric afectara la relación con su madre.*

Esta observación es el primer paso para cambiar la forma como trató a su madre.

Mientras tanto, Woof ve a un gato e instintivamente corre frenético tras él.

Aunque Woof es un perro leal, no tiene ninguna conciencia de sí mismo. Ni siquiera sabe que es un perro. Es incapaz de tomar distancia de sí mismo y decir: "¿Sabes? Desde Suzy (su amiga vecina se mudó), desquito mi enojo con todos los gatos del barrio".

Mientras continúa con su paseo, los pensamientos de Rosa comienzan a deambular. Apenas y puede esperar para el concierto de la escuela del día siguiente, cuando actuará como solista. La música es su vida. Rosa se imagina a sí misma cantando en el concierto. Se ve a sí misma deslumbrando al público, y luego haciendo una reverencia para recibir una estridente ovación de todos sus amigos y maestros... y, desde luego, de los muchachos más guapos.

*En esta escena, Rosa utiliza otra de sus herramientas humanas, la **imaginación**. Es un don notable. Nos permite escapar de nuestras actuales circunstancias y crear nuevas posibilidades en nuestras mentes. Nos da la oportunidad de visualizar nuestros futuros y soñar lo que nos gustaría hacer.*

Mientras Rosa tiene visiones de grandeza, Woof está muy ocupado en escarbar en la tierra para encontrar un gusano.

La imaginación de Woof está tan viva como una roca. Cero. No puede pensar más allá del momento. No puede contemplar nuevas posibilidades. ¿Podrías imaginarte a Woof pensando: "Algún día haré que Lassie parezca poca cosa"?

—Hola, Rosa, ¿qué estás haciendo? —saluda Heide, que se acerca a ella y le habla desde su coche.

—Hola, Heide —responde, sorprendida, al volver a poner los pies en la tierra—. Me asustaste. Estoy sacando a pasear a Woof.

—Oye, oí hablar de ti y de Eric. Mala onda.

A Rosa le molesta que Heide hable de Eric. No es asunto suyo. Aunque tiene la tentación de ser tajante con Heide, sabe que es nueva en la escuela y busca desesperadamente amigas. Rosa siente que ser cálida y amistosa es lo correcto.

—Sí, cortar con Eric fue difícil. ¿Cómo te está yendo, Heide?

Rosa acaba de utilizar su herramienta humana llamada con-
ciencia. Es una "voz interna" que siempre nos ayuda a distin-
guir lo bueno de lo malo. Cada uno de nosotros lo tiene. Y cre-
cerá o se encogerá dependiendo de si seguimos sus indica-
ciones.

Mientras tanto, Woof se detiene para hacer una
"escala técnica" en la barda del señor Newman, que está
recién pintada.

Woof no tiene absolutamente ningún sentido moral del bien y del mal.
Después de todo, es un perro. Y los perros harán todo lo que sus instintos les
pidan hacer.

El paseo de Rosa con Woof termina. Al abrir la puerta de su casa,
oye que su madre la llama desde la estancia:

—¿Dónde estuviste, Rosa? Te estuve buscando.

Rosa ya se decidió a no perder la calma, así que, aunque quiere gritarle
"Déjame en paz", responde, serena:

—Salí a pasear con Woof, mamá.

"¡Woof, Woof! Ven acá de inmediato —grita Rosa cuando
Woof sale corriendo por la puerta para perseguir al repartidor de periódicos.

En tanto que Rosa utiliza la cuarta herramienta humana, la
voluntad independiente *para controlar su enojo, Woof, a quien*
se le dijo que no persiguiera al repartidor de periódicos, es vencido
por sus instintos. La fuerza de voluntad es el poder para actuar. Nos dice que
tenemos el poder de elegir, controlar nuestras emociones y sobreponer nuestros
hábitos e instintos.

Como puedes ver en el ejemplo anterior, usamos o no usamos nuestras cuatro herramientas humanas todos los días. Mientras más las usamos, más fuertes se hacen y más poder tenemos
para ser proactivos. Sin embargo, si no las utilizamos, entonces tendemos a reaccionar por
instinto, como un perro, y no a actuar
por elección como un humano.

• HERRAMIENTAS HUMANAS EN ACCIÓN

Dermell Reed una vez me habló de su respuesta proactiva a una crisis
familiar, que cambió su vida para siempre. Dermell fue criado en uno de
los peores barrios de East Oakland, el cuarto en una familia de siete hijos.
Nadie en la familia Reed había estudiado la preparatoria y Dermell no
sería el primero. Dermell se sentía muy inseguro de su futuro. Su familia
luchaba. Su calle estaba llena de pandillas y traficantes de drogas.
¿Alguna vez podría salir? Aún viviendo con sus padres, en una quieta

noche de verano antes de su último año de preparatoria, Dermell oyó varios disparos.

—Era cosa de todos los días oír disparos, y por eso no le puse atención —comentó Dermell.

De pronto, uno de sus amigos, que había sido herido en la pierna, entró al edificio y comenzó a gritar que Kevin, el hermano menor de Dermell, acababa de recibir un tiro y había muerto.

—Estaba enojado, alterado, herido, y acababa de perder a alguien a quien no volvería a ver en mi vida —me contó Dermell—. Apenas tenía 13 años. Y lo mataron en una trifulca. No puedo explicar cómo siguió la vida después de eso. Fue cuesta abajo para toda la familia.

La reacción natural de Dermell fue matar al asesino. Después de todo, Dermell fue criado en las calles y ésta era la única forma de compensar a su hermano muerto. La policía seguía tratando de entender quién lo hizo, pero Dermell lo sabía. En una brumosa noche de agosto, unas cuantas semanas después de la muerte de Kevin, Dermell consiguió una pistola calibre .38 y salió a las calles para vengarse de Tony "Tono Gordo" Davis, el vendedor de *crack* que mató a su hermano.

—Estaba oscuro. Davis y sus amigos no pudieron verme. Ahí estaban, sentados, hablando, riendo, divirtiéndose, y yo estaba a unos 15 metros de ellos, oculto tras un coche con un arma cargada. Estaba ahí, pensando: "Bastaría con jalar este gatillo y matar al tipo que asesinó a mi hermano". Gran decisión.

En este punto, Dermell oprimió el botón de pausa y se calmó. Utilizando su *imaginación*, pensó en su pasado y su futuro.

—Pensé en mi vida en cuestión de segundos. Sopesé mis opciones. Pensé en las posibilidades de escapar, de que no me atraparan, de que la policía investigara quién era yo. Pensé en las veces en que Kevin venía a verme jugar futbol. Siempre me dijo que yo llegaría a ser un jugador profesional. Pensé en mi futuro, en ir a la universidad. Pensé en lo que quería hacer con mi vida.

Manteniendo la pausa, Dermell escuchó a su *conciencia*.

—Tenía un arma en la mano, estaba conmocionado, y creo que mi lado bueno me aconsejó que me detuviera, fuera a casa y siguiera en la escuela. Si me vengaba, estaría tirando por la borda mi futuro. Yo no iba a ser mejor que el tipo que mató a mi hermano.

Utilizando *voluntad independiente*, Dermell en vez de sucumbir a su enojo y tirar su vida por la borda, se paró, volvió a casa y juró que terminaría la universidad por su hermano muerto.

Nueve meses después, Reed recibió mención honorífica y se graduó de bachiller. Los demás de su escuela no podían creerlo. Cinco años después, Reed llegó a ser estrella de futbol universitario, además de recibir un título.

Como Dermell, cada uno de nosotros afrontará uno o dos desafíos extraordinarios, y podemos decidir si hacer frente a esos desafíos, o ser avasallados por ellos.

Elaine Maxwell resume toda esta cuestión en forma excelente:

"Si tengo éxito o si fracaso, no será obra de nadie más que mía. Yo soy la fuerza; puedo vencer cualquier obstáculo ante mí, o puedo perderme en el laberinto. Es mi decisión; mi responsabilidad; gane o pierda, sólo yo tengo la llave de mi destino".

Es como uno de esos antiguos comerciales de la Volkswagen: "En el camino de la vida, hay pasajeros y hay conductores... ¡se necesitan más conductores!"

Así, te preguntaré: "¿Estás en el asiento del conductor de tu vida, o eres sólo un pasajero? ¿Estás dirigiendo tu sinfonía, o simplemente estás tocando? ¿Estás actuando como una lata de refresco, o como una botella de agua?

Una vez dicho todo, *¡la decisión es tuya!*

PRÓXIMAS ATRACCIONES

En los siguientes capítulos te llevaré a un paseo que nunca olvidarás y que se llama El Gran Descubrimiento. Vamos. ¡Es una emoción por minuto!

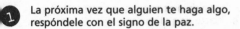

PASOS DE BEBÉ

1 La próxima vez que alguien te haga algo, respóndele con el signo de la paz.

2 Pon atención a las palabras que digas este día. Registra cuántas veces usas lenguaje reactivo, como "Tú me orillas a hacerlo", "Tengo que hacerlo", "Por qué no pueden ellos", "No puedo"...

El lenguaje reactivo que más uso: _____

_____

_____

3 Haz algo hoy que siempre quisiste hacer pero nunca te atreviste. Abandona tu zona de seguridad y hazlo. Invita a alguien a salir, alza la mano en clase, o únete a un equipo.

4 Escríbete en una nota: "No permitiré que: _____

_____

decida cómo me sentiré". Pega la nota en tu casillero, en tu espejo o en tu agenda, y consúltala con frecuencia.

5 En la próxima fiesta no te quedes sentado, esperando a que la diversión llegue a ti. Búscala. Párate y preséntate ante una persona desconocida.

6 La próxima vez que recibas una calificación que consideres injusta, no te enojes ni llores; haz una cita con el maestro para discutirlo, y ve qué puedes aprender.

7 Si te enojas con tus padres o con algún amigo, sé el primero en disculparte.

HÁBITO 1

PASOS DE BEBÉ

8 Identifica algo en tu círculo de no control que siempre te preocupe. Ahora decide olvidarte de ello.

Cosa que no puedo controlar y que siempre me preocupa:

_____

_____

9 Oprime el botón de pausa antes de reaccionar ante alguien que se tropiece contigo en un corredor, te insulte o te agreda.

10 Utiliza tus herramientas de conciencia de ti en este momento, preguntándote: "¿Cuál es mi peor hábito?" Decídete a hacer algo al respecto.

Mi peor hábito: _____

_____

Qué haré al respecto: _____

_____

_____

_____

HABITO 2

Comenzar con el **fin** en la **mente**

Controla tu **destino,**
O LO HARÁ OTRA PERSONA

—**¿Podría,** por favor, decirme cómo salir de aquí?

—Eso depende mucho de a dónde quieras ir —respondió el gato.

—No me importa a dónde —dijo Alicia.

—Entonces, no importa hacia dónde vayas —repuso el gato.

DE *ALICIA EN EL PAÍS DE LAS MARAVILLAS*

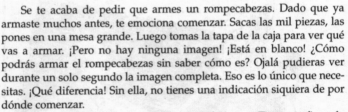

Se te acaba de pedir que armes un rompecabezas. Dado que ya armaste muchos antes, te emociona comenzar. Sacas las mil piezas, las pones en una mesa grande. Luego tomas la tapa de la caja para ver qué vas a armar. ¡Pero no hay ninguna imagen! ¡Está en blanco! ¿Cómo podrás armar el rompecabezas sin saber cómo es? Ojalá pudieras ver durante un solo segundo la imagen completa. Eso es lo único que necesitas. ¡Qué diferencia! Sin ella, no tienes una indicación siquiera de por dónde comenzar.

Ahora piensa en tu propia vida y tus mil piezas. ¿Tienes un fin en la mente? ¿Tienes una clara imagen de qué quieres ser dentro de un año? ¿…dentro de cinco años? ¿O vas a ciegas?

El Hábito 2, Comenzar con el fin en la mente, significa desarrollar una clara imagen del lugar al que quieres llegar en tu vida. Significa decidir cuáles son tus valores y fijar metas. El Hábito 1 dice que eres el conductor de tu vida, y no el pasajero. El Hábito 2 dice que, puesto que tú eres el conductor, debes decidir a dónde ir y hacer un mapa a fin de poder llegar.

"Espera un momento, Sean" —podrías estar pensando—. No sé cuál es el fin que tengo en mente. No sé que es lo que quiero ser cuando crezca". Si te hace sentirte mejor, yo ya soy adulto, y aún no sé qué quiero ser. Al decir que debes comenzar teniendo el fin en la mente, no estoy hablando de decidir cada detalle de tu futuro, como elegir tu carrera o decidir con quién te casarás. Simplemente estoy hablando de pensar más allá del día de hoy, y decidir qué dirección quieres darle a tu vida, para que cada paso que des esté siempre en la dirección correcta.

Comenzar con el fin en la mente: qué significa

Tal vez no te des cuenta de ello, pero lo haces todo el tiempo. Es decir, comenzar con el fin en la mente. Dibujas un plano antes de construir una casa. Lees una receta antes de hacer un pastel. Haces una descripción general antes de escribir un trabajo (o por lo menos así lo creo). Es parte de la vida.

Tengamos una experiencia de comenzar con el fin en la mente en este momento, utilizando tu herramienta de la imaginación. Busca un lugar en donde puedas estar solo, sin interrupción.

Muy bien. Ahora, despeja tu mente de todo. No te preocupes por la escuela, amigos, familia, o el acné de tu frente. Concéntrate conmigo, respira profundo y abre tu mente.

En tu imaginación, visualiza a alguien que se acerca a ti desde una distancia de media manzana. Al principio no puedes ver quién es. Conforme esta persona se acerca más y más, de pronto descubres, aunque no lo creas, que eres tú mismo. Pero no eres tú como eres hoy, sino como *te gustaría ser* dentro de un año.

Ahora piénsalo bien.

¿Qué hiciste con tu vida durante el último año?

¿Cómo te sientes contigo mismo?

¿Cuál es tu aspecto?

¿Qué características posees? (Recuerda que eres tú como te *gustaría ser* dentro de un año.)

Ahora ya puedes flotar de vuelta a la realidad. Si realmente hiciste el experimento, es posible que te pusieras en contacto con tu yo más profundo. Tienes ya una idea de lo que te es más importante, y lo que te gustaría lograr para el próximo año. Eso se llama "comenzar con el fin en la mente". Y no duele.

Como Jim lo comprendió, ésta es una poderosa forma de ayudarte a hacer realidad tus sueños:

> *Descubrí algo que realmente me ayuda cuando me siento frustrado o deprimido. Voy a algún lugar a donde pueda permanecer a solas, cierro los ojos y visualizo mentalmente dónde quiero estar, y a dónde quiero llegar cuando sea adulto. Trato de ver toda la imagen de la vida de mis sueños, y luego automáticamente comienzo a pensar en lo que se necesita para llegar ahí, qué necesito cambiar. Inicié esta técnica cuando estaba en tercero de secundaria, y hoy estoy a punto de hacer realidad algunas de estas visualizaciones.*

De hecho, pensar más allá de hoy puede ser muy emocionante y, como lo afirma este egresado de preparatoria, te ayuda a hacerte cargo de tu propia vida:

Nunca planeé una sola cosa. Hago las cosas en cuanto surgen. La idea de tener un fin en la mente nunca, lo que se llama nunca, entró a mi mente. Pero me gusta mucho aprender, porque de pronto me vec a mí mismo pensando más allá del aquí y el ahora. No sólo estoy planeando mi educación, también pienso en cómo quisiera criar a mis hijos, cómo quiero enseñar a mi familia, y qué tipo de vida hogareña tener. Me estoy haciendo cargo de mí mismo y sin ir hacia donde sopla el viento.

¿Por qué es tan importante poseer un fin en la mente? Te daré dos buenas razones. La primera es que estás en un cruce crítico de la vida, y los caminos que elijas hoy podrán afectarte para siempre. Lo segundo es que si no decides tu propio futuro, alguien lo hará por ti.

• EL CRUCERO DE LA VIDA

Examinemos la primera razón importante. De modo que estás aquí. Eres joven. Eres libre. Tienes toda la vida ante ti. Estás en el crucero de la vida y tienes que elegir qué caminos tomar:

    ¿Quieres ir a la universidad?
    ¿Cuál será tu actitud frente a la vida?
    ¿Deberías ingresar a ese equipo?
    ¿Qué tipo de amigos quieres tener?
    ¿Te unirás a una pandilla?
    ¿Con quién quieres salir?
    ¿Quieres tener sexo antes del matrimonio?
    ¿Beberás, fumarás, usarás drogas?
    ¿Qué valores elegirás?
    ¿Qué clase de relación quieres tener con tu familia?
    ¿Qué quieres defender?
    ¿Cómo podrías contribuir en tu comunidad?

Los caminos que elijas hoy pueden moldearte para siempre. El que tengamos que tomar tantas decisiones cruciales, siendo tan jóvenes y llenos de hormonas, es algo que nos asusta y al mismo tiempo nos emociona, pero así es la vida. Imagina una cuerda de 80 metros que se extiende ante ti. Cada metro representa un año de tu vida. La adolescencia dura sólo siete años, un tramo corto de la soga, pero esos siete afectan a los 61 restantes, para bien o para mal, de forma muy intensa.

¿Qué hay con los amigos?

Tomemos como ejemplo los amigos que elijas. ¡Qué poderosa influencia pueden ejercer sobre tu actitud, reputación y dirección! La necesidad de ser aceptado y ser parte de un grupo es muy importante. Pero con demasiada frecuencia elegimos a nuestros amigos con base en quién nos acepte. Y eso no siempre es bueno. Por ejemplo, para ser aceptado por los que usan drogas, lo único que necesitas hacer es usarlas tú mismo.

Es difícil, pero a veces es mejor no tener amigos durante un tiempo, que tener los amigos equivocados. El grupo equivocado puede llevarte por todo tipo de caminos en los que realmente no te gustaría estar. Y volver sobre tus pasos puede ser un viaje largo y difícil. Tengo un amigo íntimo que afortunadamente tuvo suficiente sentido común para abandonar a sus amigos y buscar nuevos, y me habló de lo siguiente:

El verano antes de mi último año de preparatoria, tenía un muy buen amigo llamado Jack. Un mes antes de que se iniciara la escuela, fue a Europa, y para mi sorpresa volvió con una poderosa droga llamada hashish. Ninguno de nosotros había experimentado antes con drogas. Comenzó a invitarme a usar esta droga con un grupo de nuevos "amigos". También inició el "Club 24", en donde nos sentábamos en círculo y bebíamos 24 botellas de cerveza, una tras otra, hasta terminarlas. Sabía que no había ningún futuro en nada de esto, y finalmente me autodestruiría si continuaba utilizando estas drogas. Sin embargo, era mi mejor amigo desde la primaria y yo no tenía muchos más amigos. No quería ser un solitario, pero tampoco quería terminar hacia donde Jack se dirigía.

Recuerdo que finalmente decidí (entristecido) que era demasiado arriesgado seguir con él. Así, en mi último año de preparatoria comencé a hacer nuevos amigos. Al principio me sentía torpe, no me adaptaba, y me sentía mal estando solo. Pero tras unos cuantos meses hice amigos entre gente que tenía valores similares a los míos, y con los que me divertía mucho.

Mi viejo amigo Jack se convirtió en un drogadicto, apenas si pudo terminar la preparatoria, y finalmente se ahogó en una alberca estando drogado. Fue muy triste, pero me sentí agradecido porque tuve el valor de tomar la decisión correcta y pensar a largo plazo en un momento crítico de mi vida.

Si tienes problemas para hacer buenos amigos, recuerda que ellos no siempre deben tener tu misma edad. Una vez hablé con alguien que parecía tener muy pocos amigos en la escuela, pero tenía un abuelo que lo escuchaba y que era su gran amigo. Esto parecía llenar el hueco de amistad que tenía en su vida. En pocas palabras, sé prudente al elegir a tus amigos, porque gran parte de tu futuro depende de con quién te llevas.

¿Qué hay con el sexo?

Sí, ¿qué hay con el sexo? ¡Hablemos de una importante decisión con enormes consecuencias! Si esperas hasta el "calor del momento" para elegir qué camino seguir, entonces será demasiado tarde. Tu decisión ya fue tomada. Necesitas decidir ahora mismo. El camino que elijas afectará tu salud, tu autoestima, lo rápido que crezcas, tu reputación, con quién te casarás, tus hijos en el futuro, y mucho más. Piensa en esta decisión... cuidadosamente. Una forma de hacer esto es imaginar cómo quieres sentirte en tu boda. ¿Cómo sientes que tu futura pareja está llevando su vida en este momento?

En una reciente encuesta, se clasificó al cine como uno de los pasatiempos favoritos de los jóvenes. A mí me encanta, así que en eso estoy contigo. Pero sería cuidadoso con los valores que promueve. Las películas mienten, especialmente cuando se trata de cuestiones como el sexo. Glorifican el acostarse con alguien y tener aventuras de una sola noche, sin reconocer los riesgos y consecuencias potenciales. Las películas no te muestran la realidad, que puede alterar tu vida, de contraer enfermedades como el sida o los males venéreos, o quedar embarazada y tener que lidiar con todo lo que eso conlleva. No te hablan de cómo es vivir con sueldo mínimo, porque tuviste que salir de la preparatoria (y el padre de la criatura desapareció hace mucho y no envía dinero), o cómo es pasar tus fines de semana cambiando pañales y cuidar de un bebé en lugar de ir con tu equipo de volibol, ir a bailar, o simplemente ser joven.

Somos libres para elegir nuestros caminos, pero no podemos elegir las consecuencias de esto. ¿Alguna vez fuiste a una resbaladilla con agua? Puedes elegir la resbaladilla por la que quieras bajar, pero una vez ahí, ya no puedes detenerte. Tienes que vivir con las consecuencias... hasta el final. Una joven de Illinois me habló de esta anécdota:

Pasé por un mal año, en segundo de preparatoria, e hice de todo: beber, consumir drogas, tipos mayores, malas compañías, etcétera. Principalmente porque me sentía frustrada e infeliz. Sólo duró un año, pero aún sigo pagando los errores que cometí. Nadie lo olvida y es difícil tratar con un pasado del que no estás orgullosa. Me siento como si siempre me perseguirá. Todo tipo de gente va con mi novio y le dice: "Oí decir que tu novia bebe, fuma y es fácil". Cosas de ese tipo. Pero lo peor es posiblemente el hecho de que cada vez que tengo un problema de alguna clase, inmediatamente pienso: "Quizá si no hubiera hecho eso, todo estaría bien".

¿Qué hay con la escuela?

Lo que hagas con tu educación escolar también puede moldear tu futuro de forma muy importante. La experiencia de Krista nos muestra lo gratificante que puede ser comenzar con un fin en la mente:

> *En primer año de preparatoria decidí tomar un curso avanzado de historia de Estados Unidos. Al final del año escolar tendría la oportunidad de hacer el examen nacional y obtener créditos para la universidad.*
>
> *Durante todo ese año escolar el instructor nos bombardeó con tareas. Era difícil mantener el ritmo, pero estaba decidida a que me fuera bien en la clase, y también a aprobar el examen nacional. Con este fin en la mente, fue fácil dedicar todos mis esfuerzos a cada tarea.*
>
> *Una de ellas fue particularmente difícil. El instructor pidió a cada estudiante que viera un documental sobre la guerra civil y escribiera algo sobre cada segmento. La serie duró diez días, y cada segmento duraba dos horas. Como estudiante de preparatoria activa, era difícil tener tiempo, pero lo logré. Entregué el reporte y descubrí que fui una de los pocos estudiantes que pudo ver la serie.*

HÁBITO **2**

> *Finalmente llegó el día del examen. Todos estábamos nerviosos y el aire se sentía tenso. El sinodal anunció: "Comiencen". Respiré hondo, y finalmente abrí el sobre de la primera sección del examen: opción múltiple. A cada pregunta, gané más confianza. ¡SABÍA las respuestas! Terminé esta sección varios minutos antes de que el maestro dijera: "Dejen los lápices".*
>
> *A continuación debíamos escribir un ensayo. Nerviosa, abrí el sobre con el manual del ensayo, y examiné rápidamente las preguntas. Respondí una que tenía que ver con la guerra civil, utilizando referen-*

cias de mis lecturas, así como del documental. Me sentí calmada y confiada al terminar el examen.

Varias semanas después recibí mis resultados por correo: ¡Aprobada!

¿QUIÉN DIRIGE?

La otra razón por la cual debes crear una visión es que si no la tienes, alguien lo hará en tu lugar. Como lo dice Jack Welch, ex adolescente y actual ejecutivo comercial: "Controla tu propio destino, o lo hará alguien más".

"¿Quién?", podrías preguntar.

Tal vez tus amigos, tus padres o los medios de comunicación. ¿Quieres que tus amigos te digan qué debes defender? Tal vez tengas buenos padres, ¿pero quieres que ellos hagan los planos de tu vida? Sus intereses podrían ser muy distintos de los tuyos. ¿Quieres adoptar los valores que se muestran en las telenovelas, en las revistas o en la pantalla grande?

Ahora podrías estar pensando: "Pero no me gusta pensar mucho en el futuro. Me gusta vivir el momento, e ir con la corriente". Estoy de acuerdo en parte con *vivir el momento*. Debemos disfrutarlo y no tener la cabeza demasiado en las nubes. Pero estoy en desacuerdo con *ir con la corriente*, dejar tu vida a la inercia. Si decides ir con la corriente, terminarás hacia donde la corriente va, que generalmente es cuesta abajo, y que termina en un pantano y una vida de infelicidad. Como una hoja al viento. Terminarás haciendo lo que hacen los demás, que podría no ser tu fin. "El camino hacia ninguna parte es en realidad una vida a ninguna parte".

Sin tener tu propio fin en la mente, con frecuencia sigues a cualquiera que está dispuesto a dirigir, incluso hacia cosas que no te llevarán muy lejos. Me acuerdo de una experiencia que tuve una vez en una carrera de diez kilómetros. Yo estaba con algunos corredores, esperando el inicio de la carrera, pero nadie sabía dónde estaba la línea de partida. Entonces algunos corredores comenzaron a caminar como si lo supieran. Todos, incluyéndome a mí, comenzamos a seguirlos. Supusimos que sabían hacia dónde iban. Tras caminar poco más de un kilómetro, de pronto nos dimos cuenta de que, como un rebaño de borregos, seguíamos a algún tipo que no tenía idea de a dónde ir. Resultó que la línea de partida estaba justo donde estábamos antes.

Nunca supongas que el rebaño sabe hacia dónde va, porque generalmente no es así.

El enunciado de misión personal

(S)i es importante vivir con un fin en la mente, ¿cómo poder hacerlo? El mejor modo que conozco es escribir un enunciado de misión personal, que es como un credo personal que afirma lo que es tu vida. Es como un plano de tu vida. Los países tienen constituciones que funcionan exactamente como un enunciado de misión. Y la mayoría de las empresas, como Microsoft y Coca Cola, tienen sus enunciados de misión. Pero creo que funcionan mejor con las personas en lo individual.

¿Por qué no escribes tu propio enunciado de tu misión personal? Muchos jóvenes lo hacen. Como verás, son de todo tipo y variedad. Algunos son largos y otros son breves. Algunos son poemas, y otros son canciones. Algunos adolescentes usan su cita favorita como enunciado de misión. Otros tienen una película o fotografía.

Te mostraré algunos enunciados de misión de jóvenes.

La primera es de una joven llamada Beth Haire:

Antes que nada, siempre seré fiel a Dios.

No subestimaré el poder de la unidad familiar.

Nunca abandonaré a un verdadero amigo,
y también apartaré tiempo para mí misma.

Cruzaré mis puentes en cuanto llegue a ellos
(divide y vencerás).

Iniciaré todos los desafíos con optimismo,
en vez de hacerlo con dudas.

Siempre conservaré una autoimagen positiva y mucha autoestima,
sabiendo que todas mis intenciones se inician
con la autovaloración.

Mary Beth Sylvester tomó su enunciado de misión de la canción "Las nuevas ropas del emperador", de Sinéad O'Connor:

Viviré según mi propia política.
Dormiré con la conciencia limpia.
Dormiré en paz.

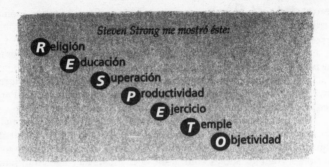

Steven Strong me mostró éste:

Religión
Educación
Superación
Productividad
Ejercicio
Temple
Objetividad

Conocí a un muchacho llamado Adam Sosne, de Carolina del Norte, que conocía los 7 Hábitos y estaba en "ascuas" con sus planes para el futuro. No es ninguna sorpresa que tuviera un enunciado de misión, que me mostró:

ENUNCIADO DE MISIÓN

- Ten confianza en ti mismo, y en todos los que te rodean.
- Sé generoso, cortés y respetuoso con los demás.
- Fija metas que puedas alcanzar.
- Nunca pierdas de vista estas metas.
- Nunca des por hechas las cosas simples de la vida.
- Aprecia las diferencias de los demás, y considera sus diferencias como una gran ventaja.

- Haz preguntas.
- Aspira cada día a lograr la interdependencia.
- Recuerda que antes de que puedas cambiar a otro, primero debes cambiarte a ti mismo.
- Habla con tus actos, y no con tus palabras.
- Aparta tiempo para ayudar a los que son menos afortunados que tú, o a quienes tuvieron un mal día.
- Lee los 7 Hábitos diariamente.

Lee este enunciado de misión todos los días.

¿Qué puede hacer por ti un enunciado de misión? Toneladas de cosas. Lo más importante que hará es abrirte los ojos a lo que realmente es importante, y te ayudará a tomar decisiones apropiadas. Una alumna de tercero de preparatoria me indicó cómo produjo una gran diferencia en su vida el escribir su enunciado de misión:

Durante mi primer año de preparatoria no podía concentrarme en nada porque tenía novio. Quería hacer todo para él y que fuera feliz, y entonces, naturalmente, surgió el tema del sexo: yo no estaba preparada para esto, y se convirtió en un asunto que constantemente ocupaba mi mente. Sentí que no estaba lista y que no quería tener sexo, pero todos los demás me decían: "Hazlo".

Entonces participé en una clase de desarrollo de personalidad en la escuela, donde me enseñaron a escribir un enunciado de misión. Comencé a escribir y luego me di cuenta de que escribía y escribía, y seguía añadiendo cosas. Me dio dirección, y sentí que tenía un plan y una razón para hacer lo que hacía. Realmente me ayudó a apegarme a mis normas y no hacer algo para lo que todavía no estaba lista.

Un enunciado de misión personal es un árbol con raíces muy profundas. Es estable y no va de un lugar a otro, pero también está vivo y crece continuamente.

Necesitas un árbol con raíces profundas para ayudarte a sobrevivir a todas las tormentas de la vida que te zarandeen. Y como quizá ya notaste, la vida es cualquier cosa menos estable. Piénsalo. La gente es voluble. Tu novio te ama un minuto, y al siguiente rompe contigo. Eres el mejor amigo de alguien un día, y al siguiente habla a tus espaldas.

Piensa en todos los eventos que no puedes controlar. Debes moverte. Pierdes el trabajo. El país está en guerra. Tus padres se están divorciando.

Las modas van y vienen. Los suéteres son populares un año, y al siguiente no lo son. La música rap es lo importante. El rap finalmente no sirve para nada.

En tanto que todo a tu alrededor cambia, un enunciado de misión personal puede ser el árbol de profundas raíces que nunca se mueve. Puedes lidiar con el cambio y los vaivenes de la vida si tienes un tronco firme y sólido al que puedes aferrarte.

DESCUBRIENDO TUS TALENTOS

Una importante parte de desarrollar un enunciado de misión personal es descubrir para qué eres bueno. Una cosa que tengo segura es que todos tenemos algún talento, don, algo que hacemos bien. Algunos talentos, como cantar como un ángel, atraen mucha atención. Pero hay muchos otros, tal vez no tan atractivos, pero igual de importantes, si no es que más: cosas como ser hábil para escuchar, hacer reír a los demás, dar, perdonar, dibujar, o simplemente ser agradable.

Otra verdad es que todos florecemos en momentos distintos. Así, si floreces tardíamente, no te preocupes. Te tomará un rato descubrir tus talentos.

Tras esculpir una hermosa estatua, se preguntó a Miguel Ángel cómo podía hacerlo. Respondió diciendo que la escultura ya estaba en el bloque de granito desde un principio; él simplemente quitaba lo demás.

Del mismo modo, Victor Frankl, un famoso psiquiatra judeo-austriaco que sobrevivió a los campos de concentración de la Alemania nazi, pensaba que no inventamos nuestros talentos en la vida, sino que más bien los detectamos. En otras palabras, nacemos ya con los talentos, y sólo necesitamos descubrirlos.

Nunca olvidaré mi experiencia cuando hallé un talento que pensé que nunca tendría. Para cumplir con una tarea del taller de literatura del profesor Williams, en el primer curso de literatura, le entregué, muy emocionado, mi primer cuento de preparatoria, titulado: "El viejo y el pescado". Era la misma historia que mi papá me contaba por las noches, cuando era niño. Yo pensaba que la había inventado. No se molestó en decirme que lo había plagiado directamente de la novela *El viejo y el mar* de Ernest Hemingway. Quedé azorado cuando me devolvió mi cuento con la anotación: "Parece un poco trillado. Como *El viejo y el mar* de Hemingway". "¿Y quién es este Hemingway?", pensé. "¿Y cómo plagió a mi papá?" Fue un mal inicio para cuatro años de clases de literatura más bien aburridas, que para mí eran tan divertidas como un montón de tierra.

No fue sino hasta la universidad, en una clase sobre cuento con un notable profesor, cuando comencé a detectar mi pasión por la literatura. Aunque no lo creas, incluso me recibí en literatura. Al profesor Williams le habría dado un infarto.

El Gran Descubrimiento

(S)e trata de una actividad* muy divertida que te ayuda a ponerte en contacto con tu yo más profundo y te prepara para escribir un enunciado de misión. Al pasar por esto, responde a las preguntas con sinceridad. Puedes escribir las respuestas en el libro, si así lo quieres. Si no te sientes de humor para escribirlas, simplemente piénsalas. Cuando termines, tendrás una mejor noción de lo que te inspira, lo que te gusta hacer, a quién admiras y hacia dónde quieres llevar tu vida.

---

* Para hojas de trabajo adicionales para el Gran Descubrimiento, favor de llamar al 1-800-952-6839, de Salt Lake City, Utah, E. U.

EL
GRAN
DESCUBRIMIENTO

¡Comienza aquí!

1 Piensa en la persona que produjo una diferencia positiva en tu vida. ¿Qué cualidades tiene esa persona que te gustaría desarrollar?

_____
_____
_____
_____
_____

2 Imagínate a 20 años de hoy: estás rodeado por las personas más importantes de tu vida. ¿Quiénes son y qué están haciendo?

_____
_____
_____
_____
_____
_____
_____

3 Si pusieran una viga de acero (de 15 centímetros de ancho) entre dos rascacielos, ¿qué es lo que te haría cruzarla? ¿Mil dólares? ¿Un millón? ¿Tu mascota? ¿Tu hermano? ¿Fama? Piénsalo con cuidado...

_____
_____
_____

6 Describe un momento en que te sentiste profundamente inspirado.

_____

_____

_____

_____

_____

_____

5 Haz una lista de las diez cosas que más te gusta hacer, como cantar, bailar, leer revistas, dibujar, leer libros, soñar despierto... ¡cualquier cosa que te encante hacer!

1 _____

2 _____

3 _____

4 _____

5 _____

6 _____

7 _____

8 _____

9 _____

10 _____

4 Si pudieras pasar un día en una gran biblioteca, estudiando lo que te gustara, ¿qué sería? _____

7 Dentro de siete años, el periódico de tu localidad publica un artículo acerca de ti y quiere entrevistar a tres personas: alguno de tus padres, hermano o hermana, y un amigo. ¿Qué te gustaría que dijeran de ti?

_____
_____
_____
_____

8 Piensa en algo que te represente: una rosa, una canción, un animal... ¿Por qué te representa?

_____
_____
_____
_____

9 Si pudieras pasar una hora con cualquier personaje que vivió alguna vez, ¿quién sería? ¿Por qué esa persona? ¿Qué le preguntarías?

_____
_____
_____
_____

Mira lo que encontré. ¡Soy yo!

Bueno con los números
Bueno con las palabras
Pensamiento creativo
Atletismo
Hacer que las cosas
  sucedan
Captar necesidades
Mecánico
Artístico
Trabaja bien con las
  personas
Memoriza cosas
Tomar decisiones
Construir cosas
Aceptar a los demás
Predecir lo que sucederá

Hablar
Escribir
Bailar
Escuchar
Cantar
Sentido del humor
Compartir
Música
Trivia

10 Todos tenemos uno o más talentos. ¿En cuál de los anteriores eres bueno? O escribe algunos que no aparezcan en la lista anterior.

_____
_____
_____
_____

¡Casi llegas!

Comenzar con tu enunciado de misión

(A)hora que ya te tomaste el tiempo necesario para pasar por el Gran Descubrimiento, tienes ya un buen punto inicial para desarrollar un enunciado de misión. Hice una lista de cuatro métodos fáciles para ayudarte a escribir tu propio enunciado de misión. Podrías hacer el intento con alguna de ellas, o combinar las cuatro en cualquier forma que te parezca adecuada. Son tan sólo sugerencias, así que puedes sentirte en libertad de utilizar tu propio método.

Método 1: La colección de citas. Escribe de una a cinco citas favoritas en una hoja de papel. La suma de estas citas se convertirá en tu enunciado de misión. Para algunos, las grandes citas son muy inspiradoras, y este método les funciona muy bien.

Método 2: La tormenta de ideas. Durante 15 minutos, escribe lo más rápido que puedas sobre tu misión. No te preocupes por lo que salga. No corrijas lo que escribas. Simplemente sigue escribiendo y no dejes de hacerlo. Vierte todas tus ideas en el papel. Si te atoras, reflexiona sobre las respuestas que diste al Gran Descubrimiento. Entonces pondrás en marcha tu imaginación. Cuando tu mente esté lo suficientemente despejada, tómate otros 15 minutos para corregir, arreglar y poner orden en tu explosión de ideas.

El resultado es que en tan sólo 30 minutos tendrás un borrador de tu enunciado de misión. Luego, durante las siguientes semanas, podrás revisarlo, añadirle algo, esclarecerlo, o hacer cualquier cosa que necesites, para sentirte inspirado por él.

Método 3: El retiro. Aparta un tiempo prolongado, como toda una tarde, y ve al lugar que más te guste y donde puedas estar solo. Piensa mucho en tu vida y en lo que quieres hacer con ella. Revisa tus respuestas al Gran Descubrimiento. Obtén ideas de los ejemplos de enunciado de misión que hay en este libro. Tómate tu tiempo y construye tu propio enunciado de misión utilizando cualquier método que te parezca bueno.

Método 4: El gran flojo. Si realmente eres flojo, utiliza el lema del ejército de Estados Unidos: "Sé todo lo que puedas", y tómalo como enunciado de misión personal. (Sólo estoy bromeando.)

Un gran error es pasar demasiado tiempo tratando de hacer un enunciado de misión perfecto, y no se empieza nunca. Sería mejor que comenzaras con un borrador imperfecto, y lo corrigiera después.

Otro gran error es tratar de hacer que el enunciado de misión sea como los de los demás. Eso no funciona. Los enunciados de misión pueden tener muchas formas: poemas, canciones, citas, una imagen, muchas palabras, una sola palabra, un *collage* de fotografías de revistas. No existe una sola forma correcta de hacerlo. No lo estás escribiendo para los demás, sino para ti mismo. No lo estás escribiendo para tu maestro de literatura, y no será calificado por nadie. Éste es *tu* documento secreto. ¡Hazlo cantar! La pregunta más importante que puedes hacerte es: "¿Realmente me inspira?" Si respondes que sí, entonces lo hiciste bien.

Una vez escrito, ponlo en un lugar en donde puedas tenerlo a la mano, como en tu diario o en el espejo. O puedes reducirlo, enmicarlo y ponerlo en tu cartera o bolsa. Luego consúltalo con frecuencia o, lo que es mejor, memorízalo.

Aquí hay dos ejemplos más de enunciados de misión de jóvenes, cada uno muy distinto en estilo y extensión:

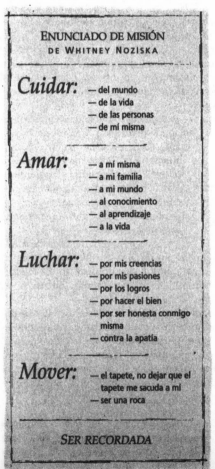

ENUNCIADO DE MISIÓN
DE WHITNEY NOZISKA

Cuidar:
— del mundo
— de la vida
— de las personas
— de mí misma

Amar:
— a mí misma
— a mi familia
— a mi mundo
— al conocimiento
— al aprendizaje
— a la vida

Luchar:
— por mis creencias
— por mis pasiones
— por los logros
— por hacer el bien
— por ser honesta conmigo misma
— contra la apatía

Mover:
— el tapete, no dejar que el tapete me sacuda a mí
— ser una roca

SER RECORDADA

Este otro fue escrito por Katie Hall. Es breve, pero para ella lo significa todo:

Mi
ENUNCIADO
DE MISIÓN

NADA MENOS

HÁBITO 2

● **TRES ADVERTENCIAS**

Al comenzar con el fin en la mente y desarrollar un enunciado de misión personal, ten cuidado con posibles problemas.

Advertencia #1: Etiquetas negativas. ¿Alguna vez fuiste marcado por los demás de forma negativa? ¿Por tu familia, maestros o amigos?

"Ustedes los que son de ese barrio son todos iguales. Siempre se meten en problemas".

"Eres el tipo más flojo que conozco. ¿Por qué no te paras y haces algo, para variar?"

"Ahí va Suzy. Es una perdida".

Estoy seguro que tu escuela tiene sus propias etiquetas. En mi escuela estaban los vaqueros, los cerebritos, los cabezas huecas, los guapos, los fiesteros, los matados, las nenas, los tarados, los gorilas y muchos otros grupos. Yo estaba marcado en la categoría de los gorilas. El término "gorila" significaba que te gustaban los deportes, estabas metido en ti mismo y tenías un cerebro de hormiga.

Las etiquetas son una fea forma de prejuicio. Si divides la palabra "prejuicio", ¿qué obtienes? Pre-juzgar. ¿No es interesante? Cuando marcas a alguien lo estás pre-juzgando; eso significa sacar conclusiones de alguien sin conocerlo. No sé contigo, pero no soporto que alguien me juzgue injustamente y que no me conoce.

Tú y yo somos demasiado complejos para ser encajonados en categorías, como si fuéramos ropa en un almacén, como si hubiera sólo muy pocos tipos distintos de personas en el mundo, en vez de millones de individuos únicos en su tipo.

Si fuiste etiquetado falsamente, puedes vivir con eso. El verdadero peligro surge cuando comienzas a creer tú mismo en las etiquetas, porque éstas son como paradigmas. Lo que ves es lo que obtienes. Por ejemplo, si se te etiquetó como flojo, y comienzas a creer que de veras lo eres, se convertirá en una creencia que se cumpla a sí misma. Actuarás con base en la etiqueta. Sólo recuerda: no eres ninguna etiqueta.

Advertencia #2: El síndrome "estoy perdido". Otra cosa que debes cuidar es cuando cometes un error, o tres, y te sientes tan mal por lo que hiciste, que piensas: "Estoy perdido. Lo eché a perder. ¿A quién le importa qué sucederá ahora?" En este punto, con frecuencia comenzarás a autodestruirte, y a abandonar todo.

Déjame decir esto: nunca estás perdido. Parece que muchos jóvenes pasan por un momento en donde pierden algo, experimentan, y hacen un montón de cosas de las que no están orgullosos... casi como si probaran las fronteras de la vida. Si cometiste errores, entonces eres normal. Todo joven los comete. Todo adulto los comete. Pero recobra la compostura tan pronto como puedas, y estarás bien.

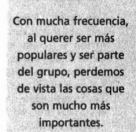

Con mucha frecuencia, al querer ser más populares y ser parte del grupo, perdemos de vista las cosas que son mucho más importantes.

Advertencia #3: La pared equivocada. ¿Alguna vez trabajaste mucho para obtener algo que querías, para descubrir una vez que lo tienes que te sientes vacío? Con mucha frecuencia, al querer ser más populares y ser parte del grupo, perdemos de vista las cosas que son mucho más importantes, como el respeto hacia nosotros mismos, la verdadera amistad y la tranquilidad. Con frecuencia estamos tan ocupados ascendiendo por la escalera del éxito, que nunca nos tomamos el tiempo necesario para ver si la escalera está recargada contra la pared adecuada. No tener un fin en mente es el problema. Pero tener un fin en mente que nos hace ir hacia la dirección equivocada puede ser un problema aún mayor.

Antes jugaba futbol con un tipo que era increíble. Tenía todo en su favor, incluyendo ser el capitán del equipo y poseer el cuerpo más fuerte de todos. En cada juego emocionaba a sus admiradores con heroicos esfuerzos y espectaculares hazañas atléticas. Sus admiradores lo veneraban, los muchachos lo idolatraban y las mujeres lo adoraban. Lo tenía todo. O así parecía.

Pero aun cuando brillaba en el campo, no le estaba yendo bien en el mundo exterior. Él lo sabía. Y yo también, porque crecí con él. Conforme aumentaba su fama, lo vi alejarse de los principios y perder su dirección. Se había ganado la admiración de la multitud, pero comprometió algo mucho más importante: su personalidad. Realmente no importa cuán rápido vamos, o cuán bien nos vemos, si nos dirigimos hacia la dirección equivocada.

¿Cómo puedes saber si tu escalera está apoyada contra la pared correcta? Detente, tómate un momento ahora mismo y pregúntate: "¿la vida que llevo me dirige hacia la dirección adecuada?" Sé totalmente sincero al hacer esta pausa y escuchar a tu conciencia, a esa voz interna. ¿Qué te está diciendo?

HÁBITO 2

Nuestras vidas no siempre necesitan cambios de dirección de 180 grados. Es más frecuente que necesitemos sólo pequeños desplazamientos. Pero los pequeños cambios pueden producir enormes diferencias en el destino. Imagina lo siguiente: si quisieras volar de Nueva York a Tel Aviv, en Israel, e hicieras un cambio de vuelo de un grado hacia el norte, terminarías en Moscú, y no en Tel Aviv.

• VE POR LA META

Una vez que tienes tu misión en su lugar, puedes fijar metas. Las metas son más específicas que el enunciado de misión, y te puede ser útil dividir la misión en trozos más pequeños. Si tu misión personal era comerte toda una pizza, entonces tu meta puede ser cómo rebanarla.

A veces, cuando oímos la palabra *meta* nos sentimos culpables. Nos recuerda todas las metas que deberíamos fijar, y aquellas que echamos a perder. Olvídate de todos los errores que cometiste en el pasado. Sigue el consejo de George Bernad Shaw: "Cuando era joven, observé que nueve de cada diez cosas que hacía eran fracasos. No quería ser un fracaso, así que hice diez veces más trabajo".

He aquí cinco claves para fijar metas.

Clave #1: *Considera el costo*

¿Cuántas veces nos fijamos metas cuando estábamos de humor, pero luego nos dimos cuenta de que no teníamos la fuerza para cumplirlas? ¿Por qué sucede esto? Porque no habíamos considerado el costo.

Imaginemos que te fijas la meta de obtener mejores calificaciones en la escuela este año. Hasta aquí, todo bien. Pero ahora, antes de que comiences, considera el costo. ¿Qué se necesita? Por ejemplo, tendrás que pasar más tiempo estudiando matemáticas y gramática, y menos tiempo con tus amigos. Algunas noches tendrás que quedarte estudiando hasta tarde. Buscar más tiempo para hacer tareas también significará dejar de ver televisión o leer tu revista favorita.

Ahora, luego de determinar el costo, considera los beneficios. ¿Qué podrían traerte las buenas calificaciones? ¿Una sensación de logro? ¿Una beca para la universidad? ¿Un mejor empleo? Ahora pregúntate: "¿Estoy dispuesto a hacer el sacrificio?" Si no es así, entonces no lo hagas. No hagas compromisos que sabes que no cumplirás porque harás retiros de tu cuenta de banco personal.

Un mejor modo es hacer que la meta se componga de partes más pequeñas. En lugar de fijarte la meta de obtener mejores calificaciones en todas tus clases, puedes fijarte la meta de obtener mejores califica-ciones en sólo dos clases. Luego, al siguiente semestre, concéntrate en otra parte. Considerar el costo siempre añadirá un toque de necesario realismo a tus metas.

Clave #2: *Hazlo por escrito*

Alguna vez se dijo: "Una meta no escrita es sólo un deseo". No hay en esto ningún pero que valga, porque una meta escrita tiene diez veces más valor.

Una joven llamada Tammy dijo que escribir sus metas le ayudó a elegir a su pareja adecuada. Tammy había pasado por una relación emo-cionalmente nociva con un tipo llamado Tom, que duró algunos años y en la que se sentía atrapada. Ella se había hecho muy dependiente de él, y se sentía miserablemente mal. Un día, una visita de una amiga espe-cial le dio la chispa interna que necesitaba para producir el cambio. Éste es un fragmento del diario de Tammy cuando tenía 18 años:

Apenas ayer tuve la suficiente fortaleza y voluntad para dejar a Tom y el medio en el que estaba desde hacía dos y medio años. Tuve que hacer un cambio de 180 grados para poder hallar la fortaleza interna para lograrlo. Dibujé una imagen mental del lugar donde quería estar dentro de cinco años, y cómo quería sentirme. Tenía una visión de ser mi propia persona, de tener la fuerza para tomar buenas decisiones para mi vida, y, sobre todo, estar con alguien en una relación buena y saludable. Escribí una lista de las cualidades que quiero en una relación y creo que las escribiré para consultarla en el futuro.

Cualidades de una relación/futuro esposo:

1. Respeto
2. Amor incondicional
3. Honestidad
4. Lealtad
5. Que me apoye en mis metas en la vida
6. Recto (naturaleza espiritual)
7. Divertido/buen sentido del humor
8. Que me haga reír todos los días
9. Que me haga sentir ínte-gra, y no despedazada
10. Buen padre/bueno con los niños
11. Que sepa escuchar
12. Que tenga tiempo para mí, y que quiera lo mejor para mí en la vida.

Ahora que ya tengo esta lista, cuento con una referencia a la cual acudir para saber cómo guiar mi futuro. Me da esperanza el leerla, y me recuerda que hay una mejor manera de vivir.

Tammy conoció después a un tipo fantástico, con quien se casó, y que cumplió con sus requisitos. A veces sí ocurren los finales felices.

Como Tammy lo descubrió, hay algo mágico en escribir las metas. El escribir nos obliga a ser específicos, lo cual es sumamente importante para fijar metas. Como dijo la actriz Lily Tomlin: "Siempre quise ser alguien. Pero debí ser más específica".

Clave #3: ¡Simplemente hazlo!

Una vez leí una historia sobre Cortés y su expedición a México. Teniendo bajo su mando a más de 500 hombres y once barcos, Cortés navegó de Cuba a la costa de Yucatán en 1519. Llegando a tierra, hizo algo en lo que ningún otro líder de expedición había pensado: quemó sus naves. Al despojarse de toda forma de retirada, Cortés comprometió a todas sus fuerzas y a sí mismo con la causa. Ir a conquistar o morir.

"Cada cosa tiene su momento", dice la Biblia. Tiempo de decir: "Haré el intento", y tiempo de decir: "Lo haré". Un tiempo para inventar pretextos, y un tiempo para quemar las naves. Desde luego, hay momentos en que hacer lo mejor que podemos es todo lo que podemos hacer. Pero también piensa que hay un momento para actuar. ¿Le prestarías 2 000 dólares a un socio que te dijera: "Intentaré devolvértelos"? ¿Te casarías si tu pareja, al preguntársele si deseaba ser tu esposo o esposa, dijera: "Haré el intento"?

¿Entiendes de qué se trata?

Una vez escuché una anécdota sobre un capitán y un teniente:

—Teniente, haga favor de enviarme esta carta.

—Haré todo lo que pueda, señor.

—No, no quiero que haga todo lo que pueda. Quiero que entregue esta carta.

—Lo haré o moriré, señor.

—Me malinterpreta, teniente. No quiero que muera. Quiero que entregue esta carta.

Finalmente, el teniente lo entendió y dijo:

—Lo haré, señor.

Una vez que estamos totalmente comprometidos con una labor, nuestro poder para terminarla aumentará. "Si haces una cosa", dijo Ralph Waldo Emerson, "tendrás el poder". Cada vez que me comprometo con una meta, me da la impresión de que tengo miles de horas de poder de voluntad, capacidad y creatividad, que nunca pensé que tenía. Quienes se comprometen, siempre hallan el modo de hacerlo.

El siguiente pasaje de W. H. Murray es uno de mis favoritos de todos los tiempos. Describe lo que sucede en nuestro interior cuando decimos "Lo haré".

Hasta que una persona se compromete, hay dudas, la oportunidad de retroceder, siempre la inefectividad. Existe una verdad elemental, que si la ignoramos acaba con multitud de ideas y espléndidos planes: al momento en que nos comprometemos definitivamente, entonces la providencia también actúa. Comienzan a ocurrir todo tipo de cosas que de otro modo nunca habrían ocurrido, y todo el flujo de eventos surge de esta decisión, poniendo en nuestro favor toda clase de incidentes imprevistos y ayuda material que ningún hombre habría soñado que llegaría a él. Tengo un profundo respeto hacia unos versos de Goethe:

Sea lo que puedas hacer o soñar, puedes iniciarlo.
La audacia tiene genialidad, poder y magia.

En palabras de Yoda, el gran maestro Jedi: "Actúa o no actúes. No existe el intento".

Clave #4: *Utiliza los impulsos momentáneos*

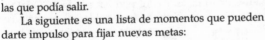 Ciertos momentos de la vida contienen impulso y poder. La clave es aprovechar estos impulsos para fijarnos metas.

Las cosas que se inician y terminan, es decir, los inicios y los finales, llevan su propio impulso. Por ejemplo, cada nuevo año representa un inicio. Romper con la pareja, por otra parte, representa un fin. Qué mal me sentí luego de cortar con mi novia tras dos años de salir juntos. Pero también me acuerdo de la emoción que sentí al crear una nueva lista de muchachas con las que podía salir.

La siguiente es una lista de momentos que pueden darte impulso para fijar nuevas metas:

- Un nuevo año escolar
- Una experiencia profunda
- Romper con alguien
- Un nuevo empleo
- Una nueva relación
- Una segunda oportunidad
- Nacimiento
- Muerte
- Un aniversario
- Un triunfo
- Una falla
- Mudarse a otro lugar
- Una nueva estación
- Graduaciones
- Matrimonio
- Divorcio
- Una nueva casa
- Un ascenso
- Un despido
- Una nueva perspectiva
- Un nuevo día

Por lo regular, las experiencias difíciles también tienen su propio impulso. ¿Conoces el mito del Ave Fénix? Tras cada vida de 500 o 600 años, la hermosa Ave Fénix se hacía quemar en la hoguera. De las cenizas, volvía a resurgir, a renacer. De forma similar, podemos regenerarnos de entre las cenizas de una mala experiencia. Las fallas y tragedias con frecuencia pueden funcionar como trampolín para el cambio.

Aprende a aprovechar el poder de los momentos cruciales, para fijar metas y compromisos cuando estés de humor para hacerlo. Puedes también tener por seguro que el estado de ánimo para hacerlo pasará. Aferrarse al compromiso cuando no te sientas de humor es la verdadera prueba de tu carácter. Como lo dijo alguien alguna vez:

El carácter es la disciplina para llegar a resoluciones mucho después de que haya terminado el espíritu en el que fueron hechas.

Clave #5: *Amárrate*

Mi cuñado, un montañista, una vez nos acompañó a un amigo y a mí hasta el monte Grand Teton, de más de 2 000 metros de altura. ¡Fue aterrador! Al ascender, llegó un momento en que el monte se hizo vertical. En ese punto nos "amarramos" con sogas para ayudarnos en la ascensión y salvarnos la vida si alguno de nosotros caía. En dos ocasiones esa soga me impidió caer más de 300 metros. Créeme que amé esa soga más que nunca. Al ayudarnos el uno al otro y depender de las sogas, finalmente pudimos llegar hasta la cima.

Lograrás muchas más cosas en la vida si te amarras y tomas fuerzas de los demás. Supongamos que te fijaste la meta de estar en buena forma física. Ahora piensa: ¿cómo podrías amarrarte? Tal vez podrías encontrar algún amigo que tuviera la misma meta y ambos pudieran ejercitarse juntos y animarse el uno al otro. O tal vez podrías contarle a tus padres de tu meta, y ellos podrían ayudarte. O tal vez podrías hablar de tu meta con algún entrenador atlético, en la escuela o en el gimnasio, y pedirle consejos. Sé creativo. Amárrate con amigos, hermanos, hermanas, novias, padres, asesores, abuelos, sacerdotes o quien puedas. Mientras más soga tengas, mayores serán tus posibilidades de éxito.

• METAS EN ACCIÓN

Cuando estaba en segundo año de preparatoria llegué a pesar 90 kilos. Mi hermano David, que estaba en primero, apenas pesaba 46 kilos. Teníamos apenas un año de diferencia, y sin embargo le duplicaba el tamaño. Pero David tenía un espíritu del tamaño de una montaña, e hizo cosas increíbles para llegar hasta donde quiso. Ésta es su historia:

Nunca olvidaré cuando quise entrar al equipo de futbol de la preparatoria Provo. Midiendo 1.55 y pesando apenas 45 kilos, era aún más pequeño que el estereotipo del flacucho de 50 kilos. No podía hallar equipo de futbol que me quedara: todo era demasiado grande. Me medí el casco más pequeño, pero aun así tuve que rellenarlo a los lados para que me quedara en la cabeza. Parecía un mosquito con un globo en la cabeza.

No me gustaban las prácticas de futbol, especialmente cuando debíamos estrellarnos de cabeza con los estudiantes mayores. Nos formábamos, unos frente a otros, a unos diez metros de distancia, con los de nuevo ingreso a un lado, y los de segundo de preparatoria al otro. Cuando el entrenador hacía sonar el silbato, debíamos estrellarnos contra nuestros contrincantes, hasta que volviéramos a oír el silbato.

Acostumbraba contar a los jugadores en mi línea para ver cuándo me llegaría el turno, y luego contaba a los jugadores de los estudiantes mayores, para ver quién tendría el privilegio de enseñarme a volar. Me daba la impresión de que siempre terminaba con el tipo más grande y duro como contrincante. "Me harán picadillo", pensaba constantemente. Me formaba, esperaba al silbatazo y un momento después estaba por los aires, volando.

Ese invierno hice el intento en el equipo de lucha libre. Luché en la división de peso mosca. Aun si me pesaba con las ropas puestas y después de comer mucho no conseguía llegar a los 49 kilos reglamentarios. De hecho, era el único tipo del equipo que no necesitaba perder peso para luchar. Mis hermanos pensaban que llegaría a ser buen luchador porque, a diferencia del futbol, la lucha me permitía competir contra tipos de peso semejante. Pero para decirlo en pocas palabras, en cada encuentro salía perdiendo.

En primavera probé en atletismo. Pero la suerte quiso que fuera uno de los tipos más lentos del equipo. No es de sorprender: deberías ver mis piernas, finas como varas.

Un día, tras las prácticas en la pista, ya no pude soportarlo más. Me dije a mí mismo: "Estoy harto de esto". Esa noche, en la privacía de mi habitación, escribí algunas metas que quería lograr durante la preparatoria. Para tener éxito en atletismo, sabía que debía ser más grande y fuerte, por lo que me fijé metas en estos aspectos. Al último año de preparatoria me fijé la meta de medir 1.80, pesar 90 kilos y poder alzar pesas de 125 kilos. En futbol me fijé la meta de ser receptor del equipo. Y en la pista, me fijé la meta de ser el corredor más rápido del estado. También pensé en ser capitán del equipo de futbol y de atletismo.

Muchos sueños bonitos, ¿verdad? Pero en ese momento estaba mirando a la realidad directamente a los ojos. Con mis 45 kilos. Pero seguí con mi plan desde primero a último año de preparatoria.

Te lo ilustraré: como parte de mi proceso para ganar peso, me fijé la regla de nunca tener el estómago vacío. Así, comí constantemente. El desayuno, el almuerzo y la cena eran apenas tres comidas de un día en el que hacía ocho. Hice un pacto secreto con Cary, jugador de futbol de la preparatoria Provo, quien medía 1.87 y pesaba 115 kilos. Me prometió que si lo ayudaba con su tarea de álgebra, él me permitiría almorzar con él todos los días para ganar peso y como protección.

Tomé la decisión de comer lo mismo que él, por lo que siempre, durante el almuerzo, compraba dos raciones, tres porciones de leche y cuatro panes. ¡Seguramente nos veíamos muy chistosos juntos! También tomaba polvo de proteínas con el almuerzo. Mezclaba ese asqueroso polvo en la leche y casi vomitaba cada vez que lo tomaba.

Durante mi segundo año de preparatoria, comencé a practicar con mi buen amigo Eddie, quien también quería ser corpulento. Él añadió otro requisito a mi lista de comidas: diez cucharaditas de crema de cacahuate y tres vasos de leche cada noche, antes de acostarse. Nos fijamos el requisito de ganar un kilo por semana. Si no habíamos ganado peso en el día oficial de la báscula, teníamos impuesto comer o tomar agua hasta que así fuera.

Mi mamá leyó un artículo que decía que si un adolescente dormía diez horas cada noche, en una estancia completamente a oscuras, y bebía dos o tres vasos de leche más por día, crecería unos cinco centímetros más de lo que podría en condiciones normales. Creí en esto y lo seguí rígidamente. Después de todo, necesitaba llegar a mi meta de 1.80 y la altura de mi papá, de 1.75, no me ayudaría en mucho.

—Papá —dije—, quiero el cuarto más oscuro de la casa.

Lo obtuve. Luego puse toallas en la rendija de la puerta y en las ventanas. ¡No permitiría que ninguna luz me tocara!

A continuación me fijé un programa para dormir: me iba a acostar a las 8:45 p.m, y me despertaba hacia las 7:15 a.m. Así tenía diez horas y media de sueño. Finalmente, tomé toda la leche que pude.

También comencé a levantar pesas, correr y jugar a la pelota. Me ejercitaba diariamente cuando menos dos horas. Cuando Eddie y yo alzábamos pesas en el gimnasio, nos poníamos las camisetas más grandes, con la esperanza de que algún día las podríamos llenar. Al principio sólo pude alzar 35 kilos, apenas un poco más que la barra.

Conforme los meses pasaron, comencé a ver resultados. Resultados pequeños. Resultados lentos. Pero resultados al fin y al cabo. Para cuando llegué a segundo año de preparatoria, medía 1.62 y pesaba unos 60 kilos. Había crecido siete centímetros y ganado 15 kilos. Y era mucho más fuerte.

Hubo días en que me sentí un hombre solitario en contra de todo el mundo. Lo odiaba, especialmente cuando los demás me preguntaban: "¿Por qué eres tan flaco? ¿Por qué no comes más?" Tenía ganas de responder: "Imbécil. ¿Tienes idea del precio que estoy pagando?"

Al terminar el segundo año, medía 1.70 y pesaba 72 kilos. Continué con mi programa para subir de peso, seguí corriendo, alzando pesas y desarrollando habilidades. En mis prácticas de atletismo, me juré nunca disminuir el ritmo. Y nunca me perdí una sola práctica, aun si estaba enfermo. De pronto, el sacrificio comenzó a valer la pena. Comencé a crecer mucho, y muy rápido. De hecho, crecí tan rápido que tengo marcas en el pecho, como si me hubiera arañado un oso.

Al llegar a mi último año de preparatoria, había llegado a mi meta de medir 1.80, y apenas me faltaban dos kilos para llegar a los 90 que quería. Llegué a ser receptor del equipo de futbol y también fui elegido capitán.

Mi último año en la preparatoria en atletismo fue aún más gratificante. Nuevamente fui elegido capitán, fui el corredor más rápido del equipo, y uno de los más rápidos del estado.

Al final del año, pesando 90 kilos y pudiendo levantar pesas de 120 kilos, se me otorgó el premio de "mejor cuerpo" por las alumnas de tercer año de preparatoria, el premio que más me gustó.

¡Lo logré! ¡Realmente lo logré! Conseguí casi todas las metas que me fijé esa noche en mi cuarto, años antes. Realmente, como lo escribió Napoleon Hill: "Todo lo que puede concebir y creer la mente del hombre, puede lograrlo su mano".

CONVERTIR DEBILIDADES EN FORTALEZAS

Nota cómo David utilizó las cinco claves para fijarse metas. Consideró el costo, dejó sus metas por escrito y se amarró con su amigo Eddie y otros, fijó las metas durante el impulso del momento (cuando estaba harto de no ser nadie), y tuvo la tenacidad pura de "simplemente hacerlo". Ahora bien, no estoy apoyando el centrarte en tu cuerpo, como le ocurrió a David durante un tiempo. Ni tampoco intento señalar que puedas simplemente querer ser más alto. Sólo trato de demostrar el poder que las metas pueden jugar en tu vida.

Cuando David me habló de esto, me fue claro que ser un debilucho de 45 kilos pudo ser también una cualidad disfrazada. Su aparente debilidad (ser flaco) llegó a ser su fortaleza (lo obligó a desarrollar disciplina y perseverancia). Las personas que no tienen de forma natural los dones físicos, sociales o mentales que desean, deben luchar más. Y una batalla cuesta arriba puede producir cualidades y fortalezas que no habrían podido desarrollar de otro modo. Es así como una debilidad puede convertirse en una fortaleza.

Si no estás dotado de la belleza, músculos, dinero o cerebro que deseas, ¡felicidades! Quizá tengas ventaja con esto. Este poema de Douglas Malloch lo describe bien:

> *El árbol que nunca tuvo que luchar*
> *por el sol, el cielo, el aire y la luz,*
> *que siempre estuvo expuesto a la lluvia*
> *y que siempre tuvo todo con facilidad,*
> *nunca llega a ser rey del bosque*
> *y vive y muere escuálido.*
> *La buena madera no crece fácilmente:*
> *mientras más fuerte sea el viento, más fuerte es el árbol.*

Haz tu vida extraordinaria

La vida es corta. Este punto queda claro en el guión de la película clásica *La sociedad de los poetas muertos*, escrito por Tom Schulman. En el primer día de clases de la Academia Welton, un internado muy tradicionalista, el señor Keating, nuevo profesor de literatura, lleva a sus 25 alumnos al corredor, para que vean las fotografías antiguas de los jóvenes que asistieron a Welton 50 años antes.

"Somos alimento para los gusanos, muchachos —les dice, mientras ven las fotografías antiguas—. Lo crean o no, cada uno de nosotros algún día dejará de respirar, se pondrá frío y morirá. Me gustaría que vieran algunos de los rostros del pasado. Ya pasaron junto a ellos muchas veces, pero no creo que realmente los hayan visto.

"No son muy distintos de ustedes, ¿verdad? El mismo corte de pelo. Llenos de hormonas, como ustedes. Invencibles, tal como se sienten ustedes. El mundo es su caparazón. Piensan que están destinados a hacer grandes cosas, como muchos de nosotros. Sus ojos están llenos de esperanza, como los suyos. ¿Esperaron hasta que fuera demasiado tarde para hacer de sus vidas siquiera un poco de lo que eran capaces? Porque como pueden ver, jóvenes, estos muchachos ahora son fertilizante para las flores. Si escucharan atentamente, podrían oírlos susurrar su legado a ustedes. Acérquense, escuchen. ¿Pueden oírlo?"

Los jóvenes se acercan, curiosos, a las fotografías. El profesor Keating susurra a sus oídos: "Carpe. Carpe. Carpe diem. ¡Conquisten el día, muchachos! *¡Hagan sus vidas extraordinarias!*"

Car-pe. Car-pe. **Carpe diem**

Puesto que tu destino aún no debe determinarse, ¿por qué no lo haces extraordinario y dejas un legado duradero?

Recuerda que, al hacer esto, la vida es una misión, no una carrera. Una carrera es una profesión. Una misión es una causa. Una carrera pregunta: "¿Qué me darás a mí?" Una misión pregunta: "¿Cómo puedo producir una diferencia?" La misión de Martin Luther King fue asegurar los derechos civiles para todos. La misión de Gandhi fue liberar a 300 millones de habitantes de la India. La misión de la Madre Teresa fue vestir a los desnudos y alimentar a los hambrientos.

Éstos son ejemplos extremos. No necesitas cambiar al mundo para tener una misión. Como lo dice la educadora Maren Mouritsen: "La mayoría de nosotros nunca hará grandes cosas. Pero podemos hacer cosas pequeñas de forma grandiosa".

PRÓXIMAS ATRACCIONES

Ya oíste hablar del poder de la voluntad. ¿Pero alguna vez oíste hablar del poder del "no querer"?
¡Eso viene a continuación!

PASOS DE BEBÉ

1 Determina las tres capacidades más importantes que necesites para tener éxito en tu carrera. ¿Necesitas ser más organizado, tener más confianza al hablar en público, escribir mejor?

Las tres capacidades más importantes que necesito para mi carrera:

_____

2 Revisa tu enunciado de misión diariamente durante 30 días (ése es el tiempo que se necesita para desarrollar un hábito). Permite que te guíe en todas tus decisiones.

3 Mírate al espejo y pregunta: "¿Me gustaría casarme con alguien como yo?" Si no es así, trabaja para desarrollar las cualidades que no tienes.

4 Acude a tu asesor escolar y pregúntale sobre oportunidades de carreras. Toma una prueba de aptitudes que te ayude a evaluar tus talentos, habilidades e intereses.

5 ¿Cuál es la principal encrucijada que afrontas en tu vida en estos momentos? ¿Cuál sería el mejor camino que podrías tomar, a la larga?

La principal encrucijada que estoy afrontando:

_____

El mejor camino a tomar: _____

_____

6 Haz una copia del Gran Descubrimiento. Luego pide a un amigo o pariente que lo siga paso a paso.

7 Piensa en tus metas. ¿Las dejaste por escrito? Si no es así, aparta un tiempo para hacerlo. Recuerda que una meta no escrita es tan sólo un deseo.

8 Identifica alguna etiqueta negativa que los demás te pusieron. Piensa en algunas cosas que pudieras hacer para cambiar esa etiqueta.

Etiqueta negativa: _____

Cómo cambiarla: _____

HÁBITO ③

Poner Primero lo Primero

**El poder
del querer y
no querer**

Vi la carrera de coches Indy 500, y estaba pensando que si hubieran salido un poco antes, no tendrían que ir tan rápido.

STEVEN WRIGHT, COMEDIANTE

Estaba escuchando un discurso grabado, cuando el orador comenzó a comparar los desafíos que enfrentan los jóvenes de hoy con los jóvenes de hace 150 años. Escuché con mucho interés. Yo concordaba con la mayor parte de lo que decía, hasta que dijo lo siguiente: "El desafío que enfrentaban los jóvenes de hace 150 años era trabajar mucho. El desafío que los jóvenes de hoy afrontan es la falta de trabajo".

¡Discúlpame!, murmuré. ¿Falta de trabajo? ¿De cuál fumaste? Pienso que los jóvenes de hoy están más ocupados, y tienen que trabajar más que nunca. Lo veo con mis propios ojos todos los días. Entre la escuela, actividades extracurriculares, equipos deportivos, clubes, sociedad de amigos, trabajos de medio tiempo, ayudar a cuidar a un hermano o hermana menor, y así sucesivamente, apenas hay tiempo para respirar. ¿Falta de trabajo? ¡Ja, ja! Ordeñar vacas y arreglar bardas no suena más difícil que lidiar con la multifacética vida del joven moderno.

Afrontémoslo. Tienes mucho que hacer y nunca hay tiempo suficiente. Después de la escuela tienes ensayos, y luego trabajo. También tienes que estudiar para el examen de biología mañana. Y no olvides llamar a tu amigo. Encima de eso, necesitas hacer ejercicio. Hay que pasear al perro. Y tu cuarto es un desastre. ¿Qué harás?

El Hábito 3, Poner Primero lo Primero, puede ayudar. Trata de aprender cómo hacer prioridades y administrar tu tiempo para que las cosas más importantes sean las primeras, y no las últimas. Pero en este hábito hay algo más que solamente administración de tiempo. Poner primero las cosas más importantes también implica aprender a sobreponer tus temores y ser fuerte durante los momentos más difíciles.

En el Hábito 2 decidiste cuáles son tus cosas más importantes. El Hábito 3, entonces, es que sean lo *primero* en tu vida.

Claro que podemos tener una hermosa lista de metas y buenas intenciones, pero llevarlas a cabo, hacerlas ocupar el primer lugar, es lo más difícil. Por eso llamo al Hábito 3 el hábito del *querer* (la fortaleza para decir sí a nuestras cosas más importantes) y al *no querer* (la fortaleza de decir no a cosas menos importantes, y a la presión de los compañeros).

Los tres primeros hábitos están formados uno sobre el otro. El Hábito 1 dice: "Eres el conductor y no el pasajero". El Hábito 2 dice: "Decide dónde quieres ir, y haz un mapa que te lleve hasta allá". El Hábito 3 dice: "¡Llega! No permitas que los obstáculos desvíen tu curso".

EMPACAR MÁS COSAS EN TU VIDA

¿Alguna vez llenaste una maleta, y notaste cuántas cosas más podías meter si doblabas bien tus ropas y las organizabas, en vez de sólo ponerlas adentro? Es toda una sorpresa. Lo mismo ocurre con tu vida. Mientras mejor te organizas, más cosas puedes meter: más tiempo para la familia y los amigos, para la escuela, para ti mismo, más tiempo para las cosas que te son más importantes.

Me gustaría mostrarte un sorprendente modelo llamado los Cuadrantes del Tiempo, que puede ayudarte a acomodar más cosas (especialmente las importantes). Está compuesto de dos ingredientes primarios: "importante" y "urgente".

Importante: Las cosas más importantes, las cosas que deben ir primero, actividades que contribuyen a tu misión y tus metas.

Urgente: Cosas apremiantes, cosas que no pueden esperar, actividades que exigen atención inmediata.

En general pasamos nuestro tiempo en cuatro cuadrantes distintos del tiempo, como se muestra a continuación. Cada cuadrante contiene distintos tipos de actividades y están representadas por un tipo de persona.

Los Cuadrantes del Tiempo

	URGENTE	NO URGENTE
IMPORTANTE	**1 EL MOROSO** • Examen mañana • Amigos lastimados • Llega tarde al trabajo • Proyectos que deben terminarse hoy • El coche se descompone	**2 EL QUE MARCA PRIORIDADES** • Planificación, fijar metas • La tarea que debe entregarse en una semana • Ejercicio • Relaciones • Descanso
NO IMPORTANTE	**3 EL SUMISO** • Llamadas telefónicas que no son importantes • Interrupciones • Los problemas de los demás • Presión de los compañeros	**4 EL FLOJO** • Demasiada televisión • Llamadas telefónicas interminables • Demasiados juegos de computadora • Larga permanencia en el centro comercial • Perder el tiempo

HÁBITO 3

Si aún no lo notaste, vivimos en una sociedad adicta a la urgencia. Es la generación del AHORA. Por eso tenemos gelatina instantánea, arroz precocido, dietas rápidas, comida chatarra, músculos de acero en siete días, programas de televisión de pago por evento, teléfonos celulares, mensajería electrónica, y así sucesivamente. Me recuerda a la niña rica y mimada de la película *Willie Wonka and the Chocolate Factory*, que dice todo el tiempo: "¡Ahora mismo, papá! ¡Ahora! ¡Hazme caballito ahora mismo!"

Las cosas urgentes no son necesariamente malas. El problema es cuando estamos tan centrados en las cosas *urgentes* que nos olvidamos de lo *importante* que no es urgente, como hacer anticipadamente un reporte, ir a pasear a las montañas o escribir una carta importante a un amigo. Todas estas cosas *importantes* son dejadas para después por las cosas *urgentes*, como llamadas telefónicas, interrupciones, visitas inesperadas, plazos que cumplir, los problemas de los demás y otras cosas que debían ser "para ayer".

Al examinar un poco más cada cuadrante, pregúntate: "¿En qué cuadrante estoy pasando la mayor parte de mi tiempo?"

Cuadrante 1: *El moroso*

Comencemos con el C1, cosas que son urgentes e importantes. Siempre habrá cosas del C1 que no podamos controlar y que deban ser hechas, como ayudar a un niño enfermo o cumplir con un plazo importante. Pero también causamos muchos dolores de cabeza tipo C1 porque somos morosos, cuando dejamos para después la tarea y luego tenemos que estudiar toda la noche para un examen, o cuando descuidamos el coche demasiado tiempo tenemos que llevarlo a reparaciones. El C1 es una parte de la vida, pero si pasas demasiado tiempo ahí, créeme que serás un caso de "tensión" y pocas veces podrás actuar según tu pleno potencial.

Conoce al moroso, que se las vive en el C1. Tal vez ya lo conozcas. Su lema es: "Dejaré de ser moroso alguna vez". No esperes que haga una tarea o estudie para un examen sino hasta una noche antes. Tampoco esperes que se tome su tiempo para poner gasolina; generalmente está demasiado ocupado manejando.

El moroso es adicto a la urgencia. Le gusta dejar las cosas para después, y también después, y si no es así, entonces después... hasta que se convierte en crisis. Pero le gusta así porque, como ves, hacer todo a último momento le da un sentido de urgencia. De hecho, su mente no funciona sino hasta que hay una emergencia. Le encanta la presión.

Planificar anticipadamente es algo que no tiene sentido para el moroso porque podría acabar con la emoción de hacer todo al último momento posible.

El moroso me recuerda al comediante que dijo:

"Mi mamá siempre me dijo que yo sería un moroso".

Yo le respondí: "Tienes que esperar".

Puedo simpatizar con el moroso, porque yo era todo un artista de la morosidad en la escuela. Antes pensaba que era buena onda no estudiar todo el semestre, y luego pasar toda la noche en vela y sacar una buena calificación. ¡Cuán tonto de mi parte! Claro que obtenía la calificación, pero no aprendía absolutamente nada, y después lo pagué en la universidad, y de muchas formas en las que sigo pagándolo.

Un joven moroso lo formula de este modo:

Lo que hago es tomarme mi tiempo hasta el final del semestre, y matarme las últimas dos semanas. Si obtengo calificaciones aceptables, no siento que me las gané, porque todos los demás entregaron las cosas a tiempo, y hacen lo que deberían hacer. No están tensos. Así quisiera ser.

Los resultados de estar demasiado tiempo en el C1 son:

- Tensión y angustia.
- Agotamiento.
- Desempeño mediocre.

Cuadrante 2: *El que marca prioridades*

Dejaremos lo mejor para el último.

Cuadrante 3: *El sumiso*

El C3 representa cosas que son urgentes, aunque no importantes. Se caracteriza por tratar de complacer a los demás y responder a todos sus deseos. Este cuadrante es engañoso porque las cosas y personas tienen la apariencia de ser importantes. En verdad, con frecuencia no lo son. Por ejemplo, un teléfono que suena es urgente, pero con frecuencia la conversación es irrelevante o, lo que es peor, es un vendedor. El C3 está lleno de actividades importantes para los demás, pero no importantes para ti, cosas a las que te gustaría negarte, pero no puedes porque temes ofender a alguien.

¿Estudiarás esta noche para tu examen?

¿Quieres ir a pasear esta noche?

Claro, amigo.

Sí, mamá.

¿Estás listo para el ensayo de esta noche?

¡No hay problema!

EL SUMISO

HÁBITO 3

Conoce al sumiso del C3, a quien le cuesta mucho trabajo decir no a cualquier persona o cosa. Pone tanto empeño en agradar a los demás que generalmente termina sin agradar a nadie, incluyéndose a sí mismo. Con frecuencia se pliega a la presión de los compañeros porque le gusta ser popular y no le gustaría quedar solo. Su lema es: "Mañana seré más asertivo, si te parece".

Cuando sus amigos lo visitaron inesperadamente y querían que los acompañara a pasear hasta la madrugada, no pudo reunir valor suficiente para decirles que no. No quería decepcionar a sus amigos. No importó que a la mañana siguiente tendría un importantísimo examen, y necesitaba estudiar y dormir un poco. Aunque le dijo a su hermano que le ayudaría con matemáticas, no pudo resistirse a hacer esa urgente llamada telefónica que le tomó gran parte de la noche, pero que en realidad no era tan importante.

No quería entrar al equipo de natación. Prefería tomar arte. Pero su papá era nadador y, desde luego, no quería decepcionarlo. Creo que todos nosotros, incluyéndome a mí, tenemos un poco del C3 en nuestro interior. Pero no lograremos gran cosa si decimos sí a todo y nunca nos concentramos en lo importante. El comediante Bill Cosby lo dijo bien: "No conozco la llave del éxito, pero la llave del fracaso es intentar agradar a todos". El C3 es uno de los peores cuadrantes en los que se puede estar, porque no tiene columna vertebral. Es débil, e irá hacia donde sopla el viento.

Los resultados de pasar demasiado tiempo en el C3 son:
- Reputación de querer complacer a todos.
- Falta de disciplina.
- Sentir que es la alfombra de todos.

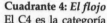

A continuación: "Mujeres que aman a sus plomeros".

Cuadrante 4: *El flojo*

El C4 es la categoría del desperdicio y el exceso. Estas actividades no son importantes ni urgentes.

Conoce al flojo que se las vive en el C4. Todo le gusta en exceso: demasiada televisión, dormir demasiado, juegos de video, o demasiado tiempo en Internet. Dos de sus pasatiempos favoritos son: llamadas telefónicas de tres horas, y vivírsela en los centros comerciales todos los fines de semana.

Es un flojo profesional. Después de todo, para dormir hasta mediodía se necesita mucho talento. Le encantan los *comics*. De hecho, lee varias decenas por semana. Nunca tuvo un empleo. Pero es joven y sano,

¡Buena onda!

FLOJO

así que, ¿para qué trabajar? La escuela, desde luego, es lo último que tiene en mente. Preferiría pasear.

Ir al cine, la trivia en Internet, o simplemente deambular son parte de un estilo de vida saludable. Sólo cuando lo hace en exceso se convierte en una pérdida de tiempo. Ya sabrás cuando cruces esa línea. Ver el primer programa de la televisión tal vez sea lo que necesites para descansar, y eso está bien. Pero luego ver el segundo, el tercero o el cuarto (un programa que ya se repitió seis veces) hasta las dos de la madrugada, convierte una tarde descansada en un desperdicio.

Los resultados de vivir en el C4 son:
- Falta de responsabilidad
- Culpabilidad
- Fragilidad

Cuadrante 2: *El que marca prioridades*

Ahora volvamos al C2. El C2 está hecho de las cosas importantes pero no urgentes, como descansar, formar amistades, hacer ejercicio, planificar anticipadamente y hacer la tarea... ¡a tiempo! Es el cuadrante de la excelencia, el lugar en el que queremos estar. Las actividades del C2 son importantes. ¿Pero son urgentes? ¡No! Y por eso tenemos problemas para hacerlas. Por ejemplo, obtener un buen trabajo de medio tiempo puede ser muy importante. Pero puesto que lo tienes que hacer dentro de algunas semanas y no es urgente, tal vez dejes para después el buscar el empleo hasta que sea demasiado tarde, y de pronto todos los buenos puestos ya tengan a alguien. De haber estado en el C2, habrías planificado anticipadamente y hallado un mejor empleo. No te habría tomado más tiempo, sino sólo más planificación.

Conoce al que hace prioridades. Aunque no es de ningún modo perfecto, básicamente tiene todo bajo control. Revisa todas las cosas que tiene que hacer y luego hace prioridades, asegurándose de que lo más importante se haga primero, y lo último sea lo último. Dado que tiene el hábito simple pero poderoso de planificar anticipadamente, por lo general destaca en todo. Al hacer la tarea a tiempo y escribir con antelación sus ensayos, trabaja en óptimas condiciones y evita la tensión y el agotamiento que son inevitables al hacer las cosas en el último momento. Aparta tiempo para ejercitarse y renovarse, aun si esto significa dejar para después otras cosas. Las personas más importantes en su vida, como sus amigos y familia, son lo primero. Aunque es una lucha, mantenerse equilibrado es lo más importante para él.

Cambia regularmente el aceite de su coche. No espera hasta que el coche se pare para ponerle gasolina. Le encanta ir al cine, explorar Internet y leer novelas de suspenso, pero nunca permite que esas actividades vayan demasiado lejos. Aprendió a decir "no" con una sonrisa. Cuando sus amigos lo visitaron inesperadamente una tarde para ir a una fiesta, dijo: "No, gracias. Mañana tengo un examen terrible. ¿Qué tal si nos vemos la noche del viernes? Veámonos ese día". Sus amigos estuvieron de acuerdo, y secretamente desearon también tener el valor para negarse. Ya aprendió que resistirse a la presión de los compañeros en un principio parece poco popular, pero los demás finalmente lo respetan por eso.

Los resultados de vivir en el C2 son:
- Control de tu vida
- Equilibrio
- Alto desempeño

Así, ¿en qué cuadrante estás pasando la mayor parte de tu tiempo? ¿1, 2, 3 o 4? Puesto que, en realidad, pasamos algo de tiempo en cada cuadrante, la clave es pasar tanto tiempo como sea posible en el C2. Y el único modo de pasar más tiempo en el C2 es reducir la cantidad de tiempo que pasas en los demás cuadrantes. Puede hacerse de este modo:

Reduce el C1 siendo menos moroso. Siempre tendrás que hacer muchas cosas en el C1. Dalo por hecho. Pero si puedes reducir tu morosidad a la mitad haciendo antes las cosas importantes, estarás mucho menos tiempo en el C1. ¡Y menos tiempo en el C1 significa menos tensión!

Di no a las actividades del C3. Aprende a decir no a las cosas poco importantes que te alejan de las que sí tienen importancia. No seas tan interruptible. Tratar de agradar a los demás es como un perro que trata de morderse la cola. Recuerda que cuando dices no, en realidad estás diciendo "sí" a las cosas más importantes.

Reduce las actividades del C4. No dejes de hacer estas cosas, pero hazlas con menos frecuencia. No tienes tiempo que perder. Pasa este tiempo al C2. Necesitas tiempo para descansar y divertirte, pero recuerda que el descanso es C2. El descanso en exceso es C4.

Además de pasar más tiempo en el C2, considera otras dos sugerencias que te ayudarán a manejar mejor tu tiempo, y hacer primero lo primero: consigue una agenda y planifica semanalmente.

• CONSIGUE UNA AGENDA

Para comenzar, recomiendo mucho utilizar una agenda que tenga un calendario y espacio para escribir citas, tareas, cosas pendientes y metas.

Si así lo quieres, puedes hacerte tu propia agenda con un cuaderno de espiral. De tan sólo oír la palabra "agenda", algunos de ustedes ya deben estar pensando: "No quiero estar cargando con otro libro más". Si esto es lo que te molesta, recuerda que las agendas vienen en todos tamaños. Puedes conseguir una agenda de tres kilos, o una libreta que cabe en tu bolsillo.

Otros tal vez estén pensando: "No quiero ser esclavo de una agenda. Me gusta la libertad". Si éste es tu caso, ten en mente que la agenda no fue diseñada para esclavizarte, sino para liberarte. Con una agenda ya no tendrás que pensar en que olvidaste cosas, o que hiciste citas dobles. Te recordará cuándo debes entregar tareas y cuándo vienen los exámenes. Puedes tener ahí toda tu información importante (como números telefónicos, domicilios de Internet, cumpleaños) en un solo lugar, en vez de 50 trozos de papel. Una agenda no es para que sea tu amo, sino una herramienta para ayudarte a vivir.

Planifica semanalmente

Tómate 15 minutos por semana y planifica los siguientes siete días, y tan sólo observa cuál es la diferencia que produce. ¿Por qué semanalmente? Porque generalmente pensamos en términos de semanas, porque la planificación diaria es un enfoque demasiado estrecho, y porque la planificación mensual es un enfoque demasiado amplio. Una vez que consigas alguna agenda, sigue este proceso de planificación semanal de tres pasos.

Paso 1: Identifica tus rocas grandes. Al final o al principio de cada semana, siéntate y piensa en lo que quieres lograr para la semana próxima. Pregúntate: "¿Cuáles son las cosas más importantes que necesito hacer esta semana?" A esto le llamo las "rocas grandes". Son una especie de minimetas y deben estar vinculadas a tu enunciado de misión y metas a largo plazo. No es ninguna sorpresa que casi todas ellas pertenezcan al C2.

Puedes hacer una lista de rocas grandes que puede ser muy similar a esto:

Mis rocas grandes de la semana
- Estudiar para el examen de ciencia
- Terminar de leer el libro
- Asistir al juego de Megan
- Llenar la solicitud de empleo
- Fiesta de Isabella
- Hacer ejercicio tres días

Otra forma de identificar tus rocas grandes es contemplarlas desde los roles más importantes de tu vida, tales como tu rol de estudiante, amigo, miembro de una familia, empleado, individuo y cualquier otra cosa que hagas y que surja con una o dos de las cosas más importantes que quieras hacer en cada rol. Planificar tu vida alrededor de los roles te ayudará a mantenerte en equilibrio.

ROL	MIS ROCAS GRANDES DE LA SEMANA
Estudiante	Comenzar el reporte de historia
Amigo	Cumpleaños de Mario Ponerle más atención
Familiar	Ir con Colleen al centro comercial Llamar a la abuela
Trabajo	Llegar a tiempo al trabajo
Yo	Ir al concierto Escribir en el diario todas las noches
Grupo de debates	Terminar la investigación Practicar aperturas

Al identificar las rocas grandes de la semana, no te dejes llevar. Aunque puedes tener la sensación de que tienes 40 rocas grandes que deben ser hechas, sé realista y estrecha tu enfoque a no más de diez o 15.

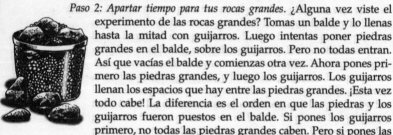

Paso 2: Apartar tiempo para tus rocas grandes. ¿Alguna vez viste el experimento de las rocas grandes? Tomas un balde y lo llenas hasta la mitad con guijarros. Luego intentas poner piedras grandes en el balde, sobre los guijarros. Pero no todas entran. Así que vacías el balde y comienzas otra vez. Ahora pones primero las piedras grandes, y luego los guijarros. Los guijarros llenan los espacios que hay entre las piedras grandes. ¡Esta vez todo cabe! La diferencia es el orden en que las piedras y los guijarros fueron puestos en el balde. Si pones los guijarros primero, no todas las piedras grandes caben. Pero si pones las piedras grandes primero, todo cabe, sean piedras grandes o guijarros. Las piedras grandes representan tus cosas más importantes. Los guijarros representan todas las cosas cotidianas que necesitan tiempo, tales como labores, trabajo, llamadas telefónicas e interrupciones. La moraleja de esto es que si no programas primero tus piedras grandes, entonces no podrás cumplir con eso.

Durante tu planificación semanal, aparta tiempo para las piedras grandes anotándolas en tu agenda. Por ejemplo, podrías decidir que el mejor momento para comenzar el reporte de historia es la noche del martes y el mejor momento para llamar a la abuela es la tarde del domingo. Ahora aparta esos horarios. Es como hacer una reservación. Si una piedra grande como "dar tres elogios diarios esta sema-na" no necesariamente tiene un momento específico, escríbelo en algu-na parte de la agenda, donde puedas verlo.

Si apartas tiempo para las rocas grandes primero, entonces las demás actividades cotidianas también podrán entrar. Y si no es así, ¿qué importa? Es mejor dejar para después guijarros que rocas grandes.

Metas semanales

Mis rocas grandes
  Estudiar para el examen de ciencia
  Terminar de leer el libro
  Asistir al juego de Megan
  Llenar la solicitud de empleo
  Fiesta de Isabella
  Hacer ejercicio tres días

13 7:00 Aerobics

SUNDAY 10 JANUARY
Terminar de leer el libro

11 6:30 Juego de Megan

14

1:00 Levantar pesas
  Estudiar para el examen de ciencia

15 7:00 Aerobics

12
  8:00 Fiesta de Isabella

SATURDAY 16 JANUARY
Llenar la solicitud
de empleo

  Estudiar para el examen de ciencia

Paso 3: Programa todo lo demás. Una vez que tengas programadas tus rocas grandes, programa todas las demás cosas pequeñas, labores coti-dianas y citas. Es aquí a donde van los guijarros. Tal vez quieras ver a futuro en tu calendario y anotar eventos y actividades próximos, como vacaciones, conciertos o cumpleaños.

Adáptate a diario

Teniendo ya tu plan semanal, adapta cada día según sea necesario. Posiblemente necesites cambiar algunas piedras grandes y guijarros de vez en cuando. Haz lo posible por seguir tu plan, pero si no logras todo lo que quisiste hacer, no importa. Aun si sólo realizas una tercera parte

HÁBITO
3

de tus rocas grandes, es un tercio más de lo que podrías lograr sin planificar anticipadamente.

Si este método de planificación semanal te parece demasiado rígido o complicado, no lo descartes totalmente, sino planifica semanalmente *a la ligera*. Por ejemplo, tal vez descubras que sólo quieres programar dos o tres rocas grandes para la semana, y eso es todo.

La cuestión es la siguiente: el simple acto de planificar anticipadamente cada semana te ayudará a concentrarte en tus rocas grandes, y en consecuencia lograr mucho más.

¿Realmente funciona?

¿Realmente funcionan estas cosas de administración del tiempo? Seguro que sí. Personalmente leí muchas cartas de jóvenes que tuvieron mucho éxito con las anteriores sugerencias. He aquí dos comentarios de dos jóvenes que conocieron los cuadrantes del tiempo y comenzaron a utilizar una agenda y planificar por semana:

Jacob:

Recuerdo que vi el diagrama de los cuadrantes del tiempo y dije: "Es verdad. Hago muchas cosas en el último momento". Como la tarea. Si debía entregar una composición, la hacía por la noche del domingo para entregarla el lunes, y si había un examen el viernes, no iba a clases el jueves para estudiar. Estaba en toda una crisis.

Una vez que entendí qué era lo más importante para mí, comencé a hacer prioridades y utilicé una agenda. Si tenía que ir a pescar decía: "Esto otro es más importante. Haré eso primero, y tal vez mañana pueda tomarme todo el día para ir a pescar". Finalmente comencé a estudiar con mayor efectividad, me fue mejor en los exámenes, y todo quedó en su lugar. Mi vida habría sido menos tensa de haber utilizado antes mi tiempo con más efectividad.

Brooke:

Mi nivel de tensión disminuyó porque ya no estoy tratando constantemente de recordar lo que tengo que hacer en los próximos días. Ahora me basta con sacar mi agenda, y todo listo. Si me pongo de mal humor y tensa, veo mi agenda y me doy cuenta de que aún tengo tiempo para hacer todo, especialmente las cosas que más me gustan.

Una de las cosas que no pueden reciclarse es el tiempo perdido. Así, asegúrate de atesorar cada momento. Como dijo la reina Isabel I en su lecho de muerte: "Todo lo que poseo a cambio de un instante".

● LA OTRA MITAD

La administración del tiempo no es todo lo que toca al Hábito 3. Es apenas la mitad. La otra mitad es aprender a sobreponerse al temor y a la presión de los compañeros. Se necesita carácter, valentía, para ser honestos con nuestras cosas más importantes, como nuestros valores, cuando tenemos encima la presión. Una vez pregunté a un grupo de jóvenes: "¿Cuáles son sus cosas más importantes?", a lo cual respondieron, entre otras cosas: "familia", "amigos", "libertad", "diversión", "desarrollo", "confianza", "Dios", "estabilidad", "sentido de pertenecer a algo", "belleza". Cuando les pregunté: "¿Qué les impide hacer que esto sea lo más importante de sus vidas?" No fue sorpresa que las principales respuestas fueran "temor" y "presión de los compañeros". Así, ahora hablaremos de cómo lidiar con esto.

La zona de comodidad y la zona de valentía

Hacer que las cosas más importantes sean primero necesita de valentía, y con frecuencia nos hará salir de nuestra zona de comodidad. Observa el diagrama de las zonas de valentía y comodidad.

Tu zona de comodidad representa cosas con las que estás familiarizado, lugares que conoces, amigos con los que te sientes a gusto, actividades que disfrutas. Tu zona de comodidad está libre de riesgos. Es fácil. No requiere esfuerzos. Dentro de estas fronteras, nos sentimos seguros y a salvo.

Por otra parte, cosas como hacer nuevos amigos, hablar ante un público o aferrarte a tus valores hacen que el pelo se te ponga de punta. ¡Bienvenido a la zona de valentía! ¡Esto incluye aventuras, riesgos y desafíos! Todo aquello que nos hace sentirnos incómodos está aquí. En este territorio nos espera la incertidumbre, la presión, el cambio, la posibilidad de fallar. Pero también es el lugar al que debes ir en busca de oportunidades, y el único en donde alcanzarás tu pleno potencial. Nunca llegarás a él aferrándote a tu zona de comodidad. Eso dalo por seguro.

¿Qué es lo que preguntaste?: "¿Qué tiene de malo disfrutar de nuestra zona de comodidad?"

Nada. De hecho, gran parte de nuestro tiempo debe pasar ahí. Pero hay algo totalmente equivocado en nunca aventurarse en aguas desconocidas. Sabes tan bien como yo que las personas que pocas veces prueban cosas nuevas o despliegan sus alas, viven vidas seguras pero aburridas. ¿Quién quiere eso? "Te pierdes del 100% de las aventuras a las que nunca te atreves", dijo el campeón de hockey Wayne Gretzky. ¿Por qué no demostrar algo de fe en ti mismo, arriesgarte y lanzarte a la zona de valentía de vez en cuando? Recuerda que el riesgo de la vida sin riesgos es el mayor riesgo de todos.

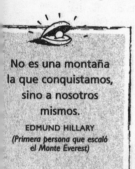

No es una montaña la que conquistamos, sino a nosotros mismos.

EDMUND HILLARY
(Primera persona que escaló el Monte Everest)

Nunca permitas que tus temores decidan por ti

En este mundo hay un montón de emociones enfermas, pero tal vez una de las peores es el *temor*. Cuando pienso en todo lo que no pude hacer en mi vida porque mis temores pudieron más que yo, siento dolor. En la preparatoria estaba enamorado de una hermosa muchacha llamada Sherry, pero nunca la invité a salir porque mis temores me murmuraban: "Tal vez no le gustes". Recuerdo que renuncié al equipo de futbol de primero de secundaria, luego de una sola práctica, porque tenía miedo a la competencia. Nunca olvidaré que contemplé postularme a la sociedad de alumnos, pero me acobardé porque me daba demasiado miedo hablar frente a toda la escuela. A lo largo de mi vida hubo clases que nunca tomé, amigos que nunca hice y equipos para los que nunca jugué, y todo por estos temores desagradables y, sin embargo, muy reales. Me gusta como lo dice Shakespeare en *A buen fin no hay mal principio*:

Nuestras dudas son traicioneras,
y nos hacen perder lo bueno que podríamos ganar
por temor a hacer el intento.

Mi papá una vez dijo algo que nunca olvidaré. "Sean, nunca permitas que tus temores decidan por ti. Tú los haces". ¿No es una gran idea? Piensa en todos los actos heroicos que fueron logrados por personas que actuaron frente al temor. Piensa en Nelson Mandela, quien fue crucial para terminar el opresivo sistema del *apartheid* en Sudáfrica. Mandela fue encarcelado durante 27 años (imagina eso) por hablar contra el *apartheid* antes de ser electo como primer presidente no blanco de Sudáfrica. ¿Qué habría pasado si, por sus temores, nunca se hubiese atrevido a luchar contra el sistema? O considera el valor de Susan B. Anthony, al dirigir la larga lucha que finalmente otorgó a las mujeres el derecho a votar, avalado por la Constitución de Estados Unidos. O piensa en Winston Churchill, primer ministro de Inglaterra durante la

Segunda Guerra Mundial, quien dirigió al mundo libre en su lucha contra la Alemania nazi. ¿Qué habría pasado si, por sentir dudas, hubiera sido de corazón débil durante la guerra? Es claro que todos los grandes actos, sean de personajes famosos o de personas comunes, fueron logrados enfrentando el temor.

Actuar frente al temor nunca será fácil, pero después te alegrará haberlo hecho. Durante mi último año en la universidad me faltaban algunos créditos, por lo que revisé la lista de materias, en busca de algo que pudiera llenar las horas. Cuando llegué a "clases particulares de voz", como en las lecciones de canto, pensé: "¿Por qué no salir de mi zona de comodidad y hacer el intento?"

Me inscribí en clases particulares en vez de las clases en grupo, porque no quería hacer el ridículo al cantar frente a otros estudiantes.

Y las cosas salieron bien hasta el final del semestre, cuando mi maestro de canto me comunicó las terribles noticias:

Actuando frente al temor

—Por cierto, Sean, ¿decidiste qué canción vas a cantar ante los demás estudiantes?

—¿Qué quiere decir? —pregunté, horrorizado.

—Los requisitos de estas clases exigen que cantes cuando menos una vez frente a los demás estudiantes que toman clases particulares.

—No creo que sea buena idea —dije, muy enfático.

—No es gran cosa. Te irá bien.

Pues para mí sí era gran cosa. De sólo pensar que cantaría frente a un grupo me hacía sentirme físicamente enfermo. "¿Cómo me escaparé de esto?", pensé. Pero no podía permitirme hacer eso porque había hablado con varios grupos durante el último año, aconsejándoles que sus temores nunca decidieran por ellos. Ahora... era mi turno.

"Valor, Sean", me repetí mentalmente. "Cuando menos haz el intento".

El horrendo día finalmente llegó. Al entrar "al patíbulo" donde sería mi debut, intenté convencerme a mí mismo: "Tranquilízate, Sean. No puede salirte tan mal".

Pero se hizo cada vez peor. Me sentí cada vez más intimidado al descubrir que casi todos los demás presentes tenían títulos de música o de teatro. Quiero decir que estas personas realmente sabían cómo cantar. Desde la infancia se habían presentado en coros y obras musicales. Mi temor sólo aumentó cuando el primer estudiante cantó algo de la obra de teatro *Los miserables*, que sonaba mejor que en la producción original de Broadway. El tipo era increíble. Y, sin embargo, los demás tuvieron la audacia de criticarlo.

—Creo que tu tonalidad fue un poco plana —dijo alguien.

"¡Oh, no! ¿Qué pensarán de mí?"

—Sean, es tu turno.

Ahora me tocaba a mí.

Al estar frente a los demás, a tres millones de años luz de mi zona de comodidad, seguí repitiéndome: "¡Valor! No puedo creer que esté haciendo esto. ¡Valor! No puedo creer que esté haciendo esto".

—Cantaré "La calle en la que tú vives", de *Mi bella dama* —anuncié.

Cuando el pianista comenzó a tocar el preludio, y todos tenían la vista puesta en mí, no pude evitar el pensar: "¿Cómo? ¿Cómo fue que llegué a tal situación?" Y a juzgar por las sonrisas de todos, me dio la impresión de que me estaban tomando en serio.

—*Muchas veces antes pasé por esta calle...* —salió de mi garganta.

Aún antes de llegar al segundo verso, las expresiones de emoción de los estudiantes se convirtieron en angustia. Estaba tan nervioso que sentía el cuerpo tan ajustado como pantalones recién salidos de la secadora. Debí exprimir de mi garganta cada palabra.

Hacia el final de la canción hay una nota realmente alta. Siempre me fue difícil alcanzarla, incluso en los ensayos. Ahora la anticipaba con terror. Pero al llegar el momento de cantarla, pensé: "Al diablo. ¡Hazlo!"

No recuerdo si alcancé la nota, o si fallé. Lo único que recuerdo es que había algunos estudiantes tan abochornados que, a pesar de poner todo de su parte, ya no podían seguirme viendo.

Terminé y me fui a sentar rápidamente. Silencio. Nadie sabía qué decir.

—Estuvo muy bien, Sean.

—Muchas gracias —dije, encogiéndome de hombros, como si les creyera.

¿Pero sabes qué? Aunque esa experiencia por poco me mata, cuando salí del salón y caminé solo por el estacionamiento vacío, hacia mi coche, me sentía muy orgulloso de mí mismo. Tuve una gran sensación de logro personal, y francamente no me importa lo que pensaron los demás de mi nota aguda. Sobreviví y estaba orgulloso de ello. Como lo dice Edmund Hillary, la primera persona que escaló el Monte Everest:

"No es la montaña lo que conquistamos, sino a nosotros mismos". Así, la próxima vez que quieras:

- Hacer un nuevo amigo,
- resistirte a la presión de los demás, ¡Hazlo!
- acabar con un hábito, ¡Hazlo! ¡Hazlo!
- desarrollar una nueva habilidad,
- ingresar a un equipo,
- hacer una audición para una obra de teatro,
- invitar a salir al elegido o elegida, ...¡Hazlo!
- cambiar de trabajo,
- comprometerte,
- ser tú mismo,

o incluso si quieres cantar en público... ¡Hazlo!... Aun cuando tus temores y dudas griten: "Eres pésimo", "Fracasarás" o "Ni lo sueñes". Nunca permitas que tus temores decidan por ti. Quien decide eres tú.

Ganar significa levantarte cada vez que caigas

Todos sentimos temor de vez en cuando, y eso está bien. "Siente el temor, y hazlo de todos modos", dice el refrán. Una forma en la que aprendí a sobreponerme al temor es tener siempre en mente esto: *Ganar no es más que levantarse cada vez que caigas*. Debemos preocuparnos menos por caer y más por las oportunidades que nos perdemos cuando ni siquiera hacemos el intento. Después de todo, muchas de las personas que más admiramos fracasaron muchas veces.

Por ejemplo, a Babe Ruth lo poncharon 1 330 veces. Albert Einstein no pudo hablar sino hasta los cuatro años. El maestro de música de Beethoven le dijo: "Como compositor, no tiene ninguna esperanza". Luis Pasteur fue considerado "mediocre" en química. El científico de cohetes Wernher von Braun reprobó álgebra en tercero de secundaria. La química madame Curie por poco quiebra económicamente antes de crear el campo de la química nuclear, lo que cambió para siempre el curso de la ciencia. Michael Jordan fue expulsado de su equipo de basquetbol de preparatoria.

A continuación hay eventos en la historia de la vida de un hombre que falló muchas veces, pero siguió luchando. Trata de adivinar quién es. Este hombre:

- fracasó en los negocios a los 22 años,
- fue derrotado en las elecciones estatales a los 23 años,
- fracasó en los negocios a los 25,
- se enfrentó a la muerte de su novia a los 26,
- sufrió una crisis nerviosa a los 27,
- no recibió el cargo de orador a los 29,
- fue derrotado para la nominación del Congreso a los 34 años,
- fue elegido al Congreso a los 37,
- perdió la renominación para el Congreso a los 39,

HÁBITO 3

- fue derrotado para ingresar al Senado a los 46,
- fue derrotado para la vicepresidencia de Estados Unidos a los 47
- y fue derrotado para el Senado a los 49.

Esta persona es nada menos que Abraham Lincoln, que a los 51 años fue elegido presidente de Estados Unidos. Se levantó cada vez que cayó y finalmente llegó a su destino, ganándose el respeto y admiración de todos los pueblos y naciones.

Sé fuerte en los momentos difíciles

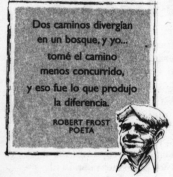

Dos caminos divergían en un bosque, y yo... tomé el camino menos concurrido, y eso fue lo que produjo la diferencia.

ROBERT FROST
POETA

El poeta Robert Frost escribió: "Dos caminos divergían en un bosque, y yo... tomé el camino menos concurrido, y eso fue lo que produjo la diferencia". Ahora pienso que hay ciertos momentos difíciles, momentos de cruces de caminos en los que, si somos fuertes, producirán "todas las diferencias" en el camino de la vida.

¿Qué son exactamente los momentos difíciles? Son conflictos entre hacer lo correcto y hacer lo más fácil. Son las pruebas cruciales, los momentos que nos definen en la vida, y la forma en que los manejamos puede literalmente cambiarnos para siempre. Vienen en dos tamaños, chico y grande.

Los pequeños momentos difíciles ocurren a diario e incluyen cosas como levantarse cuando suena el despertador, controlar nuestro mal humor o disciplinarnos para hacer la tarea. Si puedes conquistarte a ti mismo y ser fuerte en esos momentos, tus días serán más fáciles. Por ejemplo, si soy débil en un momento difícil y me duermo (el colchón por encima de la cabeza), con frecuencia es un tiro por la culata y se convierte en el primero de muchos fracasos pequeños del día. Pero si me despierto tal y como lo planeé (la mente por sobre el colchón), con frecuencia es el primero de muchos éxitos pequeños.

En contraste con los pequeños momentos difíciles, los grandes ocurren de vez en cuando en la vida, e incluyen cosas como elegir buenos amigos, resistirse a la presión negativa de los compañeros y desalentarse después de algún fracaso: tal vez te expulsan de un equipo o tu novio o novia termina contigo, tus padres se divorcian, o algún fallecimiento ocurre en la familia. Estos momentos tienen enormes consecuencias y por lo general llegan cuando menos los esperas. Si reconoces que estos momentos llegarán (y así será), entonces puedes prepararte para ellos y enfrentarlos como un guerrero, y salir victorioso.

¡Sé valiente en estos momentos cruciales! No sacrifiques tu futura felicidad por una noche de placer, un fin de semana de emociones, o un momento de venganza. Si alguna vez piensas en hacer algo realmente estúpido, recuerda estos versos de Shakespeare (¡Shakespeare aparece dos veces en un solo capítulo!):

¿Qué gano yo, si obtengo lo que ansío?
Un sueño, un aliento, una chispa de goce fugaz.
¿Quién cambiaría un momento de júbilo por una semana de llanto vacío?
¿O vendería la eternidad para tener un juguete y solaz?
¿O por una dulce uva, destruiría la vid y su haz?

Estos versos tratan de cómo sacrificar tu futuro por un breve momento de felicidad. ¿Quién querría dar el resto de su vida por un juguete? ¿O quién cambiaría un momento de júbilo por una semana de llanto vacío? ¿O quién destruiría toda una vid por tan sólo una uva? Sólo lo haría una persona muy tonta.

Sobreponerse a la presión de los compañeros

Algunos de los momentos más difíciles consisten en hacer frente a la presión de los compañeros. Decir que no cuando todos los amigos dicen "sí" necesita de valor puro. Sin embargo, enfrentarse a la presión de los demás, lo que yo llamo "poder de no querer", es un enorme depósito en tu CBP.

Un asesor de preparatoria refirió lo siguiente:

Una alumna entró corriendo a mi oficina, antes de comenzar las clases, con las lágrimas corriéndole por el rostro. "¡Me odian, me odian!"

Acababa de ser rechazada por su grupo de amigas, quienes le dijeron que se fuera porque había sido "demasiado buena" un día antes como para negarse a ir de pinta y pasar el día en Chicago. Al principio dijo que quería ir, pero pensó en lo mucho que le dolería a su mamá recibir el reporte de la escuela por faltar a clases. Sentía que no podía hacerle eso a su madre porque se sacrificaba mucho por ella. ¡No podía decepcionarla!

Se enfrentó a las demás y dijo que no podía hacerlo, y la rechazaron. Pensó que al día siguiente todo estaría en orden, pero no fue así: le dijeron que buscara nuevas amigas porque era "demasiado buena" para ellas.

A través de las lágrimas y del sufrimiento comenzó a darse cuenta de que se sentía bien consigo misma, aunque sola, pues sus amigas no la aceptaban. Pero se aceptó a sí misma y sintió respeto interno y paz, a pesar del rechazo del exterior. Aprendió una lección de la vida y se dio un momento para defenderse a sí misma.

A veces la presión social puede ser tan fuerte que el único modo de resistirse es alejarnos totalmente del entorno en el que estamos. Esto es especialmente el caso si tienes que ir con alguna pandilla, una fraternidad o grupos muy cerrados de amigos. Para Heather, cambiar de aires fue la mejor solución:

HÁBITO 3

Aun cuando sabía desde hacía mucho tiempo que necesitaba cambiar de amigos, simplemente no sabía cómo hacerlo. Mi "mejor amiga" me animaba a hacer lo que ella hacía, como dormir con todos y usar drogas. En poco tiempo, todos los demás en la escuela comenzaron a llamarme "perdida".

Aún quería ser su amiga, y tener a las demás amigas porque pensaba en los buenos momentos que pasábamos juntas. Sin embargo, cuando salía con ellas por las noches, nos metíamos en cosas que no debíamos. Sabía que me estaba aferrando a cosas incorrectas.

Decidí que necesitaba un cambio total de aires, y alejarme de ella. Pedí a mi madre que me dejara ir con mi tía para comenzar de nuevo y hallar un mejor grupo de amistades. Aceptó y desde entonces vivo con mi tía.

Hoy, con mis nuevas amistades, digo lo que creo que es correcto y soy más yo misma. No me importa lo que los demás digan de mí, y si no les gusto, entonces que les aproveche. Así soy yo, y no cambiaré sólo para adaptarme a ellos. Cambiaré sólo por mí.

Para resistir la presión de los compañeros, preocúpate más de lo que tú piensas de ti mismo, que lo que piensan de ti tus compañeros, como nos lo recuerda este breve poema de Portia Nelson:

Cualquier día de la semana
preferiría estar "fuera"
de los demás
y en contacto conmigo misma,
que estar "dentro" con los demás
y alejada
de mí misma.

¿Por qué es tan difícil resistirse a la presión social? Porque nos morimos de ganas por pertenecer a algo. Por eso los jóvenes están tan dispuestos a pasar por brutales rituales de iniciación a fin de ser miembros de un club, o meterse en drogas y violencia para pertenecer a una pandilla. A veces basta con un llamado para sacarnos de eso, como sucedió con Ryan:

La presión social de usar la ropa de última moda era muy importante para mí. Entonces caí muy enfermo, con un mal renal, y simplemente me pareció estúpido comprar ropas cuando en unos cuantos

meses ya no serían la moda. Decidí que haría lo que me era más impor-
tante. Comencé a pasar más tiempo con mi familia en vez de salir tanto
con mis amigos, y dejó de preocuparme lo que pensaran de mí, y
comencé a ser yo mismo.

No toda presión social es mala. A decir verdad, puede ser muy buena. Si puedes hallar a un amigo que aplique presión positiva sobre ti para dar lo mejor de ti mismo, entonces únete a él, porque tienes a alguien muy especial.

Si ves que quieres defenderte, pero en vez de ello cedes constantemente a la presión de los demás, hay dos cosas que puedes hacer.

Primero, forma tu cuenta de banco personal. Si tienes baja confianza y poca autoestima, ¿cómo puedes tener la fortaleza para resistir? ¿Qué puedes hacer? Puedes empezar hoy a formar tu CBP, poco a poco. Hazte una promesa y cúmplela. Ayuda a alguien que esté necesitado. Desarrolla algún talento. Renuévate. Finalmente, tendrás suficiente fuerza para formar tu propio camino, en vez de seguir el de los demás. (Tal vez quieras repasar el capítulo sobre la cuenta de banco personal.)

Segundo, escribe tu enunciado de misión y fíjate metas. Si aún no sabes bien cuáles son tus valores, ¿cómo puedes aferrarte a ellos? Sería mucho más fácil decir *no* si supieras a qué metas dirás *sí*. Por ejemplo, es más fácil decir no a irse de pinta cuando dices sí a tu meta de obtener buenas calificaciones y poder ingresar a la universidad. (Tal vez querrías repasar el capítulo sobre el Hábito 2, Comenzar con el fin en la mente.)

EL INGREDIENTE MÁS COMÚN DEL ÉXITO

En última instancia, hacer que lo primero sea primero requiere disciplina. Se necesita disciplina para administrar tu tiempo. También se necesita disciplina para sobreponerte a tus temores. Es necesaria la disciplina para ser fuerte en los momentos difíciles y resistirse a la presión de los compañeros. Un hombre llamado Albert E. Gray pasó varios años estudiando a las personas más realizadas, intentando entender cuál era el ingrediente especial que les daba el éxito. ¿Qué crees que descubrió? No fue vestirse para el éxito, o comer salvado o tener una actitud mental positiva. Lo que descubrió fue otra cosa. Léelo cuidadosamente.

El común denominador del éxito de Albert E. Gray:

Todas las personas con éxito tienen el hábito de hacer cosas que a los fra-
casados no les gusta hacer. A ellos tampoco les gusta hacerlas. Pero su disgus-
to se ve subordinado a la fortaleza de sus propósitos.

¿Qué significa esto? Significa que las personas realizadas están dispuestas a hacer de vez en cuando cosas que no les gusta hacer. ¿Por qué? Porque saben que estas cosas las llevarán hacia sus metas.

En otras palabras, a veces es necesario hacer ejercicio de tu herramienta humana especial llamada *fuerza de voluntad* para hacer las cosas, te guste o no. ¿Crees que a un pianista de concierto siempre le gustan las horas de prácticas diarias? ¿Acaso a una persona que quiere ingresar a la universidad le gusta tomar un empleo de medio tiempo?

Una vez leí una historia sobre un luchador universitario a quien se le preguntó cuál fue el momento más memorable de su carrera. Repuso que fue el día en que se canceló su práctica. Detestaba practicar, pero estaba dispuesto a pasar por esto para un propósito más elevado, el querer dar lo mejor de sí.

• PALABRAS FINALES

Realizamos una encuesta a miles de personas sobre los 7 Hábitos. ¿Adivinas cuál fue el hábito más difícil de vivir? ¡Adivinaste! Es el Hábito 3. Así, no te desalientes si tienes que luchar contra esto. Hay mucha gente como tú.

Si no sabes dónde comenzar con el Hábito 3, da los pasos de bebé. Para eso están: para ayudarte a comenzar.

Tus años juveniles pueden ser los más hermosos y emocionantes de tu vida. Así, valora cada instante, como tan hermosamente lo comunica este poema:

Para comprender el valor de Un Año,
habla con el alumno que reprobó.
Para comprender el valor de Un Mes,
habla con la madre de un bebé prematuro.
Para comprender el valor de Una Semana,
habla con el redactor de un semanario.
Para comprender el valor de Un Día,
habla con el obrero que debe alimentar seis hijos.
Para comprender el valor de Una Hora,
habla con los amantes que ansían verse.
Para comprender el valor de Un Minuto,
habla con la persona que no alcanzó el tren.
Para comprender el valor de Un Segundo,
habla con quien sobrevivió a un accidente.
Para comprender el valor de Una Milésima de Segundo,
habla con quien ganó medalla de plata en las Olimpiadas.

PRÓXIMAS ATRACCIONES

Dentro de poco hablaremos de aquello de lo que está hecha la vida. Creo que te sorprenderá saber qué es esto. ¡Continúa! Por cierto, ya estás a la mitad del libro. ¡Felicidades!

PASOS DE BEBÉ

1 Fija una meta para usar una agenda durante un mes. Continúa con tu plan.

2 Identifica aquello que más tiempo te hace perder. ¿Realmente necesitas pasar dos horas hablando por teléfono, y navegar por Internet toda la noche, o volver a ver un programa de televisión?

Las cosas que más tiempo me hacen perder:_____

_____

3 ¿Eres de los que dicen sí a todo y a todos? De ser así, ten el valor de decir *no* hoy cuando sea lo correcto.

4 Si tienes un examen importante dentro de una semana, no seas moroso y no esperes hasta un día antes para estudiar. Haz un plan y estudia un poco todos los días.

5 Piensa en algo en lo que fuiste moroso durante mucho tiempo, pero que sea muy importante para ti. Aparta tiempo esta semana para dejarlo hecho.

Algo en lo que fui moroso siempre:_____

6 Anota tus diez rocas grandes más importantes para la semana próxima. Ahora, aparta tiempo en tu programa y lleva a cabo cada una.

7 Identifica un temor que te impida alcanzar tus metas. Decide ahora mismo salir de tu zona de comodidad y no dejes que el temor te impida lograr lo mejor de ti.

Temor que constituye un impedimento:_____

8 ¿Cuánto impacto ejerce la presión de tus compañeros sobre ti? Identifica a la persona o personas que más influencia tengan en ti. Pregúntate: "¿Estoy haciendo lo que quiero, o lo que ellos quieren que haga?"

Persona o personas que más influyen sobre mí:_____

_____

TERCERA PARTE

La Victoria Pública

La cuenta de banco de las relaciones
Aquello de lo que está hecha la vida

Hábito 4: Pensar Ganar-Ganar
La vida es un buffet de todo lo que puedas comer

Hábito 5: Busca Primero Entender, Luego Ser Entendido
Tienes dos orejas y una boca... ¡hola!

Hábito 6: Sinergizar
La vía "elevada"

La cuenta de banco de las relaciones

AQUELLO DE LO QUE ESTÁ HECHA LA VIDA

Una de mis citas favoritas, la cual, por cierto, siempre me hace sentirme culpable, es: "En su lecho de muerte, nadie desea haber pasado más tiempo en la oficina".

Con frecuencia me pregunto: "¿En qué habría deseado pasar más tiempo?" Creo que la respuesta podría ser: "En estar con los seres queridos". Como ves, todo trata acerca de las relaciones, la sustancia de la que está hecha la vida.

¿Cómo es tener una relación contigo? Si tuvieras que calificar cómo te va en tus relaciones más importantes, ¿qué calificación pondrías?

¿CÓMO ES TU RELACIÓN CON...	PÉSIMA ←→ EXCELENTE
tus amigos?	1 2 3 4 5
tus hermanos?	1 2 3 4 5
tus padres o tutores?	1 2 3 4 5
tu novia o novio?	1 2 3 4 5
tus maestros?	1 2 3 4 5

Tal vez te está yendo muy bien. Tal vez no. De cualquier forma, este capítulo está hecho para ayudarte a mejorar tus relaciones más importantes. Pero antes de entrar en materia, revisemos rápidamente de dónde venimos.

En la Victoria Privada aprendimos algo acerca de la cuenta de banco personal y los hábitos 1, 2 y 3. En la sección de la Victoria Pública aprenderemos acerca de la cuenta de banco de las relaciones y los hábitos 4, 5 y 6. Como ya discutimos anteriormente, la clave para manejar las relaciones es primero manejarte a ti mismo, al menos en cierto grado. No necesitas ser perfecto; simplemente necesitas tener avances.

La pregunta más urgente de la vida es: ¿qué estás haciendo por los demás?

MARTIN LUTHER KING JR.

¿Por qué el éxito con nosotros mismos es tan importante para tener éxito con los demás? El ingrediente más importante en cualquier relación es *lo que eres tú mismo*. Como lo dijo el ensayista y filósofo Ralph Waldo Emerson: "Lo que tú mismo eres habla tan fuerte que no puedo oír lo que dices". Si estás luchando en tus relaciones, posiblemente no necesites ver más allá de ti mismo para obtener respuestas.

La Victoria Privada te ayudará a hacerte independiente para que puedas decir: "Soy responsable de mí mismo, y puedo cambiar mi propio destino". Esto es un enorme logro. La Victoria Pública te ayudará a ser interdependiente, es decir, ayudarte a aprender a trabajar en cooperación con los demás, para que puedas decir: "Juego en equipo, y tengo poder e influencia en los demás". Éste es un logro aún mayor. En pocas palabras, tu habilidad para llevarte con los demás determinará en gran medida el éxito que tengas en tu carrera y tu nivel de felicidad personal.

Ahora volvamos a hablar sobre las relaciones. He aquí un modo práctico de pensar en ellas. Yo lo llamo la cuenta de banco de las relaciones (CBR). En un capítulo anterior hablamos sobre tu cuenta de banco personal (CBP), que representa cuánta confianza y seguridad tienes en ti mismo. Similarmente, la CBR representa la confianza y seguridad que tienes en cada una de tus relaciones.

La CBR se parece mucho a una cuenta de cheques. Puedes hacer depósitos y mejorar la relación, o hacer retiros y debilitarla. Una relación fuerte y saludable es siempre el resultado de constantes depósitos que se hacen durante periodos prolongados.

Aunque hay similitudes, la CBR es distinta de una cuenta monetaria en tres formas, como me lo señaló una de mis colegas, Judy Henrichs:

1. A diferencia de un banco. donde se tienen una o dos cuentas, se tiene una CBR con cualquier persona que conozcamos. Supongamos que te topas con un nuevo muchacho del barrio. Si sonríes y lo saludas, acabas de abrir una cuenta con él. Si lo ignoras, también abriste la cuenta, aunque negativa. No hay forma de impedirlo.

(2.) A diferencia de una cuenta de cheques, una vez que abres una CBR con otra persona, nunca puedes cerrarla. Por eso puedes toparte con un amigo a quien no viste en años y comenzar en el punto en que quedó antes. No se pierde un solo peso. También por eso las personas a veces guardan resentimientos durante años.

(3.) En una cuenta de cheques, diez pesos son diez pesos. En una CBR, los depósitos tienden a evaporarse y los retiros tienden a convertirse en pesadas rocas. Esto significa que necesitas hacer continuamente pequeños depósitos en tus relaciones más importantes, para que sigan teniendo saldo positivo.

¿Cómo puedes entonces formar una buena relación o reparar una que se dañó? Es fácil, un depósito por vez. Es la misma forma en que te comerías un elefante, si debieras hacerlo. Un bocado a la vez. No hay soluciones rápidas. Si en mi relación contigo hay una deuda de 5 000 pesos, necesitaré hacer depósitos por un total de 5 001 pesos para que vuelva a tener saldo positivo.

Una vez pregunté a un grupo de jóvenes: "¿Cuál es el más grande depósito que haya hecho alguien en su CBR?" Éstas son algunas de sus respuestas:

- "El flujo constante de depósitos que mi familia hace y que me refuerza".
- "Cuando un amigo, maestro, ser querido o jefe se toma la molestia de decirme 'te ves bien' o 'buen trabajo'. Unas cuantas palabras pueden hacer mucho".
- "Mis amigos me hicieron una banderola para mi cumpleaños".
- "Que presuman de mí ante los demás".
- "Cuando cometo errores, que lo olviden, me perdonen, me ayuden y me quieran".
- "Mi amigo me dijo, luego de leer algunos de mis poemas, que yo era brillante y debería escribir un libro. Ya de por sí me fue difícil enseñarle algunos de ellos".
- "Mi mamá habló desde California, y también mis dos hermanas, para desearme feliz cumpleaños, antes de irme a la escuela".
- "Mi hermano siempre me lleva a los juegos de hockey con sus amigos".
- "Las cosas pequeñas".

- "Tengo cuatro amigos realmente buenos, y tan sólo estar juntos sabiendo que haremos buenas cosas y que seremos felices me mantiene en marcha".
- "Cada vez que Chris dice: 'Hola, ¿cómo estás?', me hace sentir muy animado, sólo por el modo en que lo hace".
- "Tuve un amigo que me dijo que pensaba que yo era muy sincero y que siempre era yo mismo. Para mí significó mucho que alguien lo reconociera".

Como puedes ver, hay muchas clases de depósitos, pero aquí hay seis que parecen funcionar siempre. Desde luego, con cada depósito, siempre hay un retiro contrario.

DEPÓSITOS CBR	RETIROS CBR
Cumplir promesas	No cumplir promesas
Hacer pequeños actos de generosidad	Cuidar sólo de ti mismo
Ser leal	Decir chismes y revelar secretos
Escuchar	No escuchar
Disculparte	Ser arrogante
Fijar expectativas claras	Fijar falsas expectativas

• CUMPLIR PROMESAS

—Sean, no te lo pediré otra vez. Hay bolsas de basura en la cajuela de mi coche de la fiesta de la otra noche. Por favor, ve a tirarlas.

—De acuerdo, papá.

Como joven despreocupado, de algún modo olvidé sacar las bolsas de basura del coche de mi papá, en contra de lo que prometí, porque tenía una cita muy importante esa tarde de sábado. Pregunté a mi papá si podía usar su coche, pero dijo que no porque no era suyo. Se lo había prestado un amigo que tenía un lote de coches usados. Pero de todos modos me lo llevé porque estaba muy ocupado, y estaba seguro de que no se daría cuenta.

Mi amiga y yo la pasamos de maravilla. Pero al volver a casa, pegué contra otro coche cuando iba a 50 kilómetros por hora. Nadie se lastimó, pero ambos autos quedaron prácticamente arruinados. Nunca olvidaré la llamada de teléfono más miserable de mi vida.

—Papá...

—¿Qué?

—Tuve un accidente.

—¿¡¡¡Cómo!!!? ¿¡¡¡Estás bien!!!?

—Choqué. Nadie salió lastimado.

—¿¡¡¡En qué coche!!!?

—Tu coche.

—¡¡¡Noooooooooooo!!!

Ya tenía la bocina a 20 centímetros del oído. Y aun así me dolió el grito.

Hice que se llevaran el coche a la agencia Ford, para ver si podían salvarlo. Puesto que era sábado, me dijeron que no podrían trabajar sino hasta el lunes. El lunes mi papá recibió una llamada del taller. El gerente dijo que cuando sus empleados abrieron la cajuela para reparar el coche, el olor de la basura (la que olvidé sacar) era tan terrible que se negaron a repararlo. Si crees que mi papá estaba enojado, lo hubieras visto en ese momento.

Durante las siguientes semanas me sentí como un perro. No estaba tan enojado por el choque. Lo que me enojaba era que había roto dos promesas: "No me llevaré tu coche, papá", y "No te preocupes. Sacaré la basura de la cajuela". Fue un retiro enorme y me tomó mucho tiempo reconstruir mi CBR con él.

El cumplir con compromisos y promesas es crucial para formar confianza. Debes hacer lo que prometes. Si dices a tu mamá que volverás a la casa a las once, y si no, lavarás los platos, entonces hazlo y con eso tienes un depósito. Promete juiciosamente y luego haz todo lo que puedas para cumplir. Si descubres que no puedes cumplir con un compromiso por alguna razón (eso sucede), entonces explica esto a la otra persona.

—Hermanita, realmente siento mucho que no pueda jugar contigo esta noche. Se me olvidó que tenía una junta en el club de debates. Pero lo haremos mañana.

Si eres genuino y haces todo lo posible por cumplir con tus promesas, la gente comprenderá cuando suceda algo.

Si tu CBR con tus padres está en malas condiciones, trata de formarla cumpliendo con tus compromisos, porque cuando tus padres confían en ti, todo funciona mucho mejor. Pero no es necesario decirte lo que ya sabes.

PEQUEÑOS ACTOS DE GENEROSIDAD

¿Alguna vez tuviste uno de esos días en que todo sale mal y te sientes muy deprimido, y de pronto, como salido de la nada, alguien te dice algo bonito y te compone el día? A veces, hasta la más pequeña cosa, un saludo, una nota amable, una sonrisa, un elogio, un abrazo, pueden producir una enorme diferencia. Si quieres formar amistades, intenta hacer estas pequeñas cosas, porque en las relaciones las cosas pequeñas *son* grandes. Como dijo Mark Twain: "Puedo vivir tres meses de un buen elogio".

Una amiga mía, Renon, una vez me habló de 1 000 pesos que su hermano hizo a su CBR:

> **Una palabra amable puede entibiar tres meses invernales.**
>
> REFRÁN JAPONÉS

Cuando estaba en tercero de secundaria, mi hermano mayor Hans, que estaba en primero de preparatoria, parecía ser para mí la cúspide de la popularidad. Era bueno en los deportes y tenía muchas amigas. Nuestra casa siempre estaba llena de sus buenos amigos, con los que yo soñaba que alguna vez me consideraran algo más que "la hermanita tonta". Hans pidió a Rebecca Knight, la muchacha más popular de la escuela, que fuera su pareja en un baile estudiantil. Ella aceptó. Hans alquiló un traje, compró flores y, junto con su popular grupo, alquiló una limusina e hizo reservaciones en un restaurante muy lujoso. Entonces ocurrió el desastre. En la tarde del baile, Rebecca se enfermó terriblemente de gripa. Hans no tenía con quién salir y era demasiado tarde para pedírselo a otra muchacha.

Había muchas formas en las que Hans pudo haber reaccionado, incluyendo enojarse, sentir lástima de sí mismo, culpar a Rebecca, incluso creer que no estaba realmente enferma y que simplemente no quería salir con él, en cuyo caso tendría que pensar que era un fracasado. Pero Hans eligió no sólo ser proactivo, sino compartir con otra persona la noche más importante de su vida.

Y me pidió a mí, ¡a mí!, ¡su hermanita!, acompañarlo.

¿Pueden imaginar mi éxtasis? Mamá y yo volamos por toda la casa para prepararme. Pero cuando la limusina llegó con todos sus amigos, casi me muero de miedo. ¿Qué pensarían? Pero Hans sólo sonrió, me dio el brazo y orgullosamente me acompañó hasta el coche, como si yo fuera la reina de la fiesta. No me advirtió que no actuara como una niña; no se disculpó ante los demás; ignoró el hecho de que yo llevaba un vestido simple, mientras que las demás muchachas tenían vestidos elegantes.

Quedé deslumbrada por la fiesta. Desde luego, derramé ponche en mi vestido. Estoy segura de que Hans sobornó a todos sus amigos para que bailaran cuando menos una vez conmigo, porque nunca pude sentarme. Algunos de ellos incluso fingieron pelear por bailar conmigo. La pasé de maravilla. Y también Hans. Mientras los muchachos bailaban conmigo, ¡él bailaba con sus amigas! A decir verdad, todo mundo fue maravilloso conmigo durante toda la noche, y pienso que parte de ello se debió a que Hans eligió sentirse orgulloso de mí. Fue la noche de mis

sueños, y pienso que toda muchacha de la escuela se enamoró de mi hermano, quien fue lo suficientemente sereno y generoso, y con la suficiente confianza en sí mismo para invitar a su hermanita a un baile tan especial.

Sí, como dice el refrán japonés, "una palabra amable puede entibiar tres meses invernales", piensa en los muchos meses invernales que fueron entibiados por este solo acto generoso.

No es necesario buscar mucho para hallar oportunidades de actos generosos. Un joven llamado Lee, quien ya conocía la CBR, me narró esto:

Soy el presidente de la sociedad de alumnos de mi escuela. Decidí poner en práctica los pequeños depósitos de generosidad de los que aprendí, dando una simple nota a los demás miembros de la sociedad de alumnos que no me conocían bien. Les dije que me gustaba cómo trabajaban. Me tomó apenas cinco minutos escribir las notas.

Al día siguiente, una de las muchachas a las que escribí la nota se me acercó y abruptamente me abrazó. Me agradeció por la nota, y me dio una carta y un dulce. La carta decía que había tenido un día espantoso. Se sentía muy tensa y deprimida. Mi nota le cambió todo el día, ayudándola a solucionar felizmente las cosas que tanto dolor le causaron. Lo extraño es que apenas la conocía cuando le di la nota, y estaba seguro de que no le caía bien porque nunca me ponía atención. ¡Qué sorpresa! No podía creer lo mucho que le significó una simple nota.

Los pequeños actos de generosidad no siempre necesitan ser de uno al otro. También puedes unirte a otros para hacer un depósito. Recuerdo que leí sobre un depósito que hicieron los alumnos de la preparatoria Joliet Township Central, cerca de Chicago, en la vida de una joven llamada Lori, que no sabía nada, cuando la nombraron reina.

Verás: a diferencia de la mayoría de los estudiantes, Lori era discapacitada y se movía por la escuela en una silla de ruedas motorizada. Debido a una parálisis cerebral, a veces era difícil entender lo que decía, y sus movimientos eran torpes.

Luego de ser nominada como reina por los estudiantes de la sociedad de Profesionales Comerciales de Estados Unidos, Lori tuvo su gran oportunidad cuando los estudiantes redujeron el número de candidatas a diez. Poco después, en una asamblea, se anunció que ella había ganado. Los 250 estudiantes asistentes comenzaron a vitorear: "¡Lori, Lori!" Un día después seguía recibiendo visitas en casa y rosas por docenas.

Cuando se le preguntó cuánto tiempo llevaría la corona, Lori respondió: "Por siempre". Sigue la regla de oro y trata a los demás como te gustaría que te trataran a ti. Piensa en lo que significa un depósito para los demás, y no lo que a ti te gustaría como depósito. Un bonito regalo puede ser un depósito para ti, pero escuchar con sinceridad puede ser un depósito para otra persona.

Si puedes decir algo bueno, no permitas que eso se te olvide. *Dilo*. Como escribió Ken Blanchard en su libro *El ejecutivo al minuto*: "¡Los buenos deseos que no se expresan no valen nada!" No esperes a que alguien muera para darle flores.

● SÉ LEAL

Nunca olvidaré cuando en primer año de preparatoria fui a ver un partido de basquetbol con mi amigo Eric. Comencé a burlarme de uno de los jugadores que simpre estaba en la banca. Era un buen tipo y siempre fue generoso conmigo, pero muchas otras personas se estaban burlando de él, así que pensé que debía hacerlo también. Esto hizo reír a Eric. Luego de que destrocé a este tipo durante algún rato, resultó que me volví y, para mi horror, vi a su hermano menor, que estaba sentado tras de mí.

Había oído todo. Nunca olvidaré la expresión de traición en su rostro. Volviéndome rápidamente, quedé en silencio por el resto del juego. Me sentí como un completo imbécil, que se hacía cada vez más pequeño. ¡Vaya que aprendí esa noche una importante lección sobre la lealtad!

Uno de los mayores depósitos en la CBR que puedes hacer es ser leal con los demás, no sólo cuando estés en su presencia, sino especialmente cuando *no* estén presentes. Cuando hablas a espaldas de los demás, sólo te haces daño a ti mismo, y de dos formas.

Primero, haces retiros de todos los que escuchan tus comentarios. Si me oyes hablar mal de Greg cuando él no está ahí para defenderse, ¿qué pensarás que haré cuando tú no estés presente? Correcto: hablaré mal de ti.

Segundo, cuando hablas mal o dices chismes, haces lo que yo llamo "retiro invisible" de la persona a la que atacas. ¿Alguna vez sentiste que alguien hablaba mal de ti a tus espaldas? No lo oíste, pero pudiste sentirlo. Es extraño, pero así es. Si hablas bien de las personas cuando están frente a ti, pero hablas mal de ellas en cuanto vuelven la espalda, no pienses que no lo sentirán. De alguna forma esto se comunica.

Los chismes son un problema muy grave entre los jóvenes, especialmente entre las muchachas. Los varones por lo general prefieren otras formas de atacar a los demás (se conocen como puños), pero las muchachas prefieren las palabras. ¿Por qué contar chismes es tan popular? En primer lugar, se tiene la reputación de otra persona en nuestras manos, y eso da una sensación de poder. En segundo lugar, contamos chismes porque nos sentimos inseguros, temerosos o amenazados. Por eso los chismosos generalmente prefieren ir en contra de personas que parecen distintas, piensan de otro modo, tienen confianza en sí mismas o resaltan de algún modo. ¿Pero no es más bien tonto pensar que destrozar a alguien nos hace sentir fuertes?

Los chismes y los rumores posiblemente destruyeron más reputaciones y relaciones que los demás malos hábitos combinados. Esta anécdota, narrada por mi amiga Annie, ilustra su venenoso poder:

El verano después de la graduación de preparatoria, mi mejor amiga, Tara, y yo salíamos con dos tipos fantásticos. Ellos eran muy amigos entre sí, nosotras éramos las mejores amigas, y con mucha frecuencia salíamos los cuatro. Un fin de semana, Tara y mi novio, Sam, salieron de vacaciones con sus respectivas familias. El novio de Tara, Will, me llamó y me dijo:

—Vamos al cine, puesto que Tara y Sam se fueron de vacaciones y tú y yo no tenemos nada que hacer.

Realmente salimos como amigos: Will lo sabía, y yo también. Desde luego, alguien nos vio en el cine y malinterpretó la situación. En un pueblo pequeño, las cosas tienen la tendencia a crecer. Cuando Tara y Sam volvieron, y aun antes de que tuviera la oportunidad de hablar con mi mejor amiga o mi novio, ya se había corrido la voz. No hubo forma de ir en contra de esos chismes y rumores. En cuanto les dije "hola", tuve como respuesta una helada corriente de aire ártico. No hubo explicaciones. No hubo comunicación. Mi mejor amiga y mi novio prefirieron creer en los rumores que se difundieron, y su propio enojo añadió gasolina al fuego. Ese verano aprendí una dura lección sobre la lealtad, y que nunca pude olvidar y tampoco pude sobreponerme a ella. Hasta hoy en día, mi mejor amiga aún no me cree.

En esta catástrofe, me parece que un poco de lealtad hubiera resuelto muchos problemas. ¿Qué es lo que hace leal a una persona?

Las personas leales guardan secretos. Cuando alguien habla de cosas contigo y te pide que "quede entre nosotros", entonces, haz que quede "entre nosotros" en vez de salir corriendo y decirle a todos los detalles más jugosos, como si no tuvieras control sobre tus funciones corporales. Si te gusta que te cuenten secretos, entonces tenlos en secreto y te contarán más.

Las personas leales evitan los chismes. ¿Alguna vez dudaste salir de una plática porque temías que alguien comenzara a chismorrear sobre ti? No permitas que los demás piensen lo mismo de ti. Evita los chismes como si fueran una peste. Piensa bien en los demás y dales el beneficio de la duda. Esto no significa que no puedas hablar de otras personas, pero trata de hacerlo de forma constructiva. Recuerda que las mentes vigorosas hablan de ideas; las mentes débiles hablan de los demás.

Las personas leales defienden a los demás. La próxima vez que un grupo comience a contar chismes de otra persona, niégate a participar en esto, o defiende a la persona. Puedes hacer esto sin que parezca que estás sermoneando. Katie, de tercer año de preparatoria, me contó esta anécdota:

Un día, en clase de literatura, mi amigo Matt comenzó a hablar de una muchacha que yo conocía de mi barrio, aunque nunca habíamos sido amigas. Su amigo la había invitado a bailar y comenzó a decir cosas como "es una mocosa" y "le gusta hacer tonterías".

Me volví y le dije:

—Discúlpame, pero Kim y yo crecimos juntas y pienso que es una de las personas más dulces del mundo.

Después de decirlo, me sentí sorprendida de mí misma. En realidad yo había intentado llevarme bien con ella. Aun cuando Kim nunca supo lo que dije de ella, mi actitud hacia ella cambió, y llegamos a ser muy amigas.

Matt y yo seguimos siendo buenos amigos también. Creo que sabe que puede contar conmigo en una amistad leal.

Se necesita valor para ir en contra de la corriente de los chismes. Pero tras el bochorno inicial que pueda producirte, los demás te admirarán porque saben que eres leal hasta la médula. Yo haría un esfuerzo adicional pa. ser leal con mis familiares, puesto que estas relaciones duran una vida.

Como queda tan bien ilustrado en la serie clásica *Winnie Pooh*, la gente necesita sentirse segura y a salvo en las relaciones:

Puerquito se acercó en silencio hasta llegar a espaldas de Winnie Pooh.

—Pooh —murmuró.

—Dime, Puerquito.

—Nada —repuso Puerquito, tomando la garra de Winnie Pooh—. Sólo quería estar seguro de ti.

• ESCUCHA

Escuchar a los demás puede ser uno de los depósitos más grandes que puedes hacer en la CBR de otra persona. ¿Por qué? Porque la mayoría de la gente no escucha y, además, saber escuchar puede curar heridas, como ocurrió en el caso de Tawni, de 15 años:

Al principio del año tenía problemas de comunicación con mis padres. No me escuchaban, y yo no los escuchaba a ellos. Era una de esas situaciones del tipo "yo tengo la razón y tú no". Llegaba tarde y me iba directamente a mi cuarto, y por la mañana desayunaba y me iba a la escuela sin decir nada.

Fui a ver a mi prima, que es mayor que yo, y le dije: "Necesito hablar contigo". Salimos a pasear en coche para poder estar a solas. Me escuchó, mientras que yo grité y lloré durante dos horas y media. Realmente me ayudó mucho porque escuchó atentamente. Ella se sentía optimista de que todo se solucionaría, y me sugirió que podía ser útil si trataba de ganarme de vuelta la confianza de mis padres.

Últimamente trato de ver las cosas desde el punto de vista de mis padres. Ya no peleamos y las cosas están volviendo a la normalidad.

Todos necesitamos ser escuchados casi tanto como necesitamos comer. Si te tomas un tiempo para nutrir a los demás, crearás fabulosas amistades. Hablaremos más sobre escuchar cuando lleguemos al Hábito 5: Busca Primero Entender, Luego Ser Entendido. Está a continuación.

DISCÚLPATE

Disculparse cuando gritas, exageras o cometes un error tonto, puede restaurar rápidamente una cuenta de banco sobregirada. Pero se necesita valor para ir con un amigo y decirle "Me equivoqué", "Discúlpame", o "Lo siento". Es especialmente difícil admitir que cometiste un error ante tus padres porque, desde luego, tú sabes mucho más que ellos. Lena, de 17 años, dice lo siguiente:

Sé por experiencia propia lo mucho que significa una disculpa para mis padres. Es como si me perdonaran casi cualquier cosa, y estuvieran dispuestos a volver a comenzar si admito mis errores y me disculpo. Pero eso no significa que sea fácil.

Una noche, hace poco, mi madre me regañó por algo que hice y que a ella no le gustó. No acepté absolutamente nada; por el contrario, terminé actuando como si ella y los demás fueran tontos, y azotando la puerta de mi cuarto en la cara de mi mamá.

Tan pronto como estuve en mi cuarto, me sentí enferma. Me di cuenta de que tal vez sabía desde hacía tiempo que yo me había equivocado, y que había sido sumamente grosera. ¿Debería quedarme en mi cuarto y acostarme, y esperar a que todo desapareciera, o ir con mi mamá y disculparme? Esperé unos dos minutos, luego me decidí y fui directamente hacia mi mamá, la abracé y le dije que sentía mucho actuar de ese modo. Fue lo mejor que pude haber hecho. Inmediatamente después, fue como si nunca hubiese sucedido. Me sentí ligera, feliz y lista para concentrarme en otra cosa.

No permitas que tu orgullo o falta de valor te impida disculparte ante personas que pudiste ofender, porque nunca es tan terrible como parece, y te hará sentirte muy bien después. Además, las disculpas desarman a los demás. Cuando alguien se ofende su tendencia es, por así decirlo, levantar la espada, para protegerse en el futuro. Pero si te disculpas, le quitas el deseo de pelear contra ti y envainarán la espada.

Tomando en cuenta que tú y yo seguiremos cometiendo errores durante el resto de nuestras vidas, no es tan malo hacerse adicto al hábito de disculparse.

● FIJAR EXPECTATIVAS CLARAS

—Creo que deberíamos salir con otras personas —tal vez te diga tu pareja.

—Pero yo pensaba que estaríamos juntos por siempre —tal vez respondas.

—Pues en realidad, no.

—¿Y qué hay de lo que me dijiste que sientes por mí?

—No me refería a eso.

¿Cuántas veces no viste que alguien salió lastimado porque otra persona le hizo creer otra cosa? Nuestra tendencia es a elogiar y agradar a los demás y, como resultado, muchas veces fijamos expectativas que no son claras o realistas.

Para agradar a tu papá en el momento, tal vez dirías: "Claro, papá, puedo ayudarte a arreglar el coche este fin de semana". Pero, siendo realista, ya tienes todo el fin de semana ocupado y no tienes un segundo libre. A fin de cuentas, decepcionas a tu papá. Habría sido mejor que fueras realista desde el principio. Para desarrollar la confianza, necesitamos evitar el transmitir mensajes vagos, o implicar algo que no es verdad o que es poco probable que suceda.

Jacqueline dice: "La pasé de maravilla, Jeff. Hagamos algo la próxima semana". Lo que realmente quiere decir es: "La pasé bien. Seamos amigos". Pero puesto que ella creó falsas expectativas, Jeff la seguirá invitando, y Jacqueline seguirá rechazando las invitaciones diciendo: "Tal vez la próxima semana". Todo habría salido mejor si Jacqueline hubiera sido honesta desde un principio.

Cuando tengas un nuevo empleo, relación o entorno, será mejor que te tomes el tiempo necesario para poner las expectativas sobre la mesa, para que todos estén en la misma longitud de onda. Se producen tantos problemas porque una persona supone una cosa, y la otra supone otra.

Tu jefe podría decirte: "Necesito que trabajes por la tarde del martes".

Podrías responder: "Lo siento, pero prometí a mi mamá cuidar a mi hermanito las tardes del martes".

"Debiste decírmelo cuando te contraté. ¿Qué haré ahora?"

Forma confianza diciendo las cosas como son, y fijando expectativas claras desde un principio.

Un desafío personal

Me gustaría dejarte un desafío personal. Piensa en alguna relación importante en tu vida que esté dañada. Tal vez se trate de uno de tus padres, un hermano o amigo. Ahora comprométete a reconstruir la relación, con un depósito cada vez. En un principio la otra persona tal vez sienta sospechas y se pregunte qué es lo que quieres. "¿Qué te pasa? ¿Quieres algo de mí?" Pero sé paciente y continúa con ello. Recuerda que puede tomarte meses reconstruir lo que te tomó meses destruir. Pero poco a poco, depósito a depósito, comenzarán a notar que eres sincero en tus intenciones y que realmente quieres renovar la amistad. Nunca dije que sería fácil, pero te aseguro que valdrá la pena.

PRÓXIMAS ATRACCIONES

Si te encanta un buffet (¿y a quién no?), te fascinará el siguiente capítulo.

PASOS DE BEBÉ

Cumplir promesas

1 La próxima vez que salgas por la noche, dile a tu papá o mamá a qué hora regresarás, y cúmplelo.

2 Durante todo este día, antes de comprometerte, detente y piensa si puedes o no cumplir. No digas: "Te llamaré esta noche", o "Comamos juntos", a menos que puedas hacerlo.

Haz pequeños actos de generosidad

3 Regala algo de comer a una persona desposeída.

4 Escribe una nota de agradecimiento a alguien a quien querías expresar tu gratitud desde hace mucho.

Persona a la que necesito dar las gracias: _____

Sé leal

5 Ubica cuándo y dónde te es más difícil no decir chismes. ¿Es con algún amigo, en algún lugar, a la hora de la comida? Idea un plan de acción para evitarlo.

6 Intenta pasar todo un día diciendo sólo cosas positivas de los demás.

Escucha

7 No hables tanto hoy. Pasa el día escuchando.

8 Piensa en algún familiar a quien nunca quisiste escuchar, como un hermano menor, hermana mayor o abuelo. Aparta tiempo para hacerlo.

Discúlpate

9 Antes de acostarte, escribe una nota disculpándote ante alguien a quien ofendiste.

Fijar expectativas claras

10 Piensa en alguna situación en la que tú y otra persona tuvieron distintas expectativas. Idea un plan para estar en la misma longitud de onda.

La expectativa de la otra persona: _____

Mi expectativa: _____

HÁBITO 4

Pensar
Ganar-Ganar

La vida **es un buffet de todo lo que puedas** **comer**

¿Para qué vivimos, si no es para hacernos la vida más fácil el uno al otro?

GEORGE ELIOT, ESCRITOR

Asistí a una difícil escuela de administración de empresas que utilizaba la terriblemente célebre calificación de "curva forzada".

Cada salón estaba integrado por 90 estudiantes y en cada clase, 10%, o nueve personas, recibirían lo que se llamaba categoría III. La categoría III era una forma amable de decir "¡reprobaste!" En otras palabras, sin importar qué tan bien o mal se desempeñaba el salón en general, nueve personas reprobarían. Y si reprobabas en demasiadas clases, se te expulsaba de la escuela. ¡La presión era terrible!

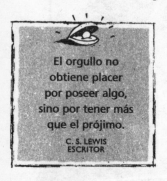

El orgullo no obtiene placer por poseer algo, sino por tener más que el prójimo.

C. S. LEWIS
ESCRITOR

El problema era que todos en la clase eran inteligentes. (Posiblemente yo fui un error en el examen de admisión.) Así, la competencia se hizo sumamente intensa, lo cual influyó (noten que no digo hizo) sobre mis compañeros y yo para que actuáramos de formas curiosas.

En vez de aspirar a obtener buenas calificaciones, como lo había hecho en preparatoria y en la universidad, más bien intentaba no ser una de las nueve personas que reprobaría. En lugar de jugar para ganar, jugaba para no perder. Me recuerda el cuento que oí una vez sobre dos amigos que son perseguidos por un oso, y uno se vuelve al otro y le dice: "Acabo de entender que no necesito ser más rápido que el oso; sólo necesito ser más rápido que tú".

Un día, en una clase, no pude evitar el ver a mi alrededor y tratar de contar a las nueve personas que eran más tontas que yo. Cuando alguien hacía un comentario estúpido, me sorprendía a mí mismo pensando: "Muy bien, eso quiere decir que reprobará. Sólo faltan otros ocho". A veces no quería compartir mis mejores ideas con los demás al estudiar en grupo, ya que temía que las robaran y obtuvieran por ellas el crédito en mi lugar. Todos estos sentimientos me estaban carcomiendo y me hacían sentirme muy pequeño, como si mi corazón fuera del tamaño de una uva. El problema era que pensaba en Ganar-Perder. Y la forma de pensar Ganar-Perder siempre llenará tu corazón con sentimientos negativos. Afortunadamente, existe una forma mucho mejor. Se conoce como el Pensar Ganar-Ganar, y es el Hábito 4.

Pensar Ganar-Ganar es una actitud hacia la vida, un marco de referencia mental que dice: "Yo puedo ganar, y tú también. No es o tú o yo, sino ambos". Pensar Ganar-Ganar es el fundamento para llevarse bien con los demás. Comienza con la creencia de que todos somos iguales, de que nadie es inferior o superior a los demás, y que en realidad nadie necesita serlo.

Ahora, podrías decir: "Sé realista, Sean. Así no son las cosas. El mundo es competitivo y donde todo mundo ataca al que puede. No todos pueden ganar siempre".

Estoy en desacuerdo. No es así la vida. La vida no es competencia, o ganarle a los demás, o tener una puntuación por encima de 95%. Tal vez así sea en los negocios, los deportes y la escuela, pero ésas son apenas instituciones que creamos. Ciertamente no es así en las relaciones. Y las relaciones, como aprendimos en el capítulo anterior, son la sustancia de la que está hecha la vida. Piensa en lo tonto que es decir: "¿Quién está ganando en tu relación, tú o tu pareja?"

Así, exploremos esta extraña idea Pensar Ganar-Ganar. De mi experiencia propia, la mejor forma de examinarlo es pensar en lo que no es Ganar-Ganar. No es Ganar-Perder, Perder-Ganar o Perder-Perder. Éstas son actitudes hacia la vida comunes pero poco eficientes. Sube a bordo, ponte el cinturón de seguridad y examinemos cada uno.

> Oye, Tom, me di cuenta de que no necesito ser más rápida que el oso; necesito ser más rápida que tú.

GANAR-PERDER: EL TÓTEM

—Mamá, hay un partido muy importante esta noche, necesito llevarme el coche.

—Lo siento, Marie, pero necesito ir al supermercado esta noche. Tendrás que pedir a tus amigos que te recojan.

—Pero, mamá, mis amigos siempre tienen que recogerme. Ya me da pena.

—Escucha: desde hace una semana te estás quejando de que no hay comida en la casa. Éste es el único momento en que puedo ir al supermercado. Lo siento.

—No lo sientes. Si lo sintieras me permitirías llevarme el coche. Eres muy injusta. Yo no te importo.

—De acuerdo, de acuerdo. Anda, llévate el coche. Pero no me vengas a llorar mañana que no hay nada que comer.

Marie ganó y mamá perdió. Esto se llama Ganar-Perder. ¿Pero realmente ganó Marie? Tal vez esta vez sí, ¿pero cómo se siente mamá? ¿Y qué hará la próxima vez que tenga oportunidad de desquitarse con Marie? Por eso, a la larga, nunca sirve pensar Ganar-Perder.

Ganar-Perder es una actitud hacia la vida que dice que el pastel del éxito sólo tiene este tamaño, y si obtienes la rebanada grande, hay menos para mí. Así, me aseguraré de obtener antes que nadie mi rebanada, u obtener una rebanada más grande que la tuya. Ganar-Perder es competitivo. Yo lo llamo el síndrome del tótem: "No me importa qué tan bueno sea, en tanto que yo esté encima de ti en el tótem". Las relaciones, amistades y la lealtad son secundarias para ganar el juego, ser mejor y salirte con la tuya.

Ganar-Perder está lleno de orgullo. Como dijo C. S. Lewis: "El orgullo no obtiene placer por poseer algo, sino por tener más que el prójimo... Es la comparación lo que te hace sentirte orgulloso, el placer de estar por encima de los demás".

No te sientas mal si a veces piensas en ganar y en perder, porque todos fuimos formados para hacer esto desde muy pequeños, especialmente quienes fueron criados en Estados Unidos. Los países asiáticos tienden a cooperar mucho más en sus actitudes.

Para ilustrar lo que digo, sigamos a Rodney, un muchacho ordinario, al crecer. La primera experiencia de Rodney con la competitividad se inicia en tercer año de primaria, cuando corre en un evento deportivo y descubre rápidamente que se otorgan medallas sólo al primero, segundo y tercer lugares. Rodney no gana ninguna carrera pero le emociona recibir al menos una medalla por la *participación*, hasta que su mejor amigo le dice: "Esas medallas no son importantes, porque cualquiera puede recibirlas".

Cuando Rodney ingresa a la secundaria, sus padres no pueden comprarle la ropa de última moda, por lo que Rodney tiene que usar ropas menos llamativas. No puede evitar el darse cuenta de que sus amigos más pudientes sí las visten, y siente que no está a su altura.

En preparatoria, Rodney comienza a tocar el violín y entra a la orquesta. Pero se da cuenta de que sólo una persona puede ser primer violín. Rodney se siente decepcionado cuando se le asigna a segundo violín, pero se siente muy bien por no ser el tercero.

En casa, Rodney fue el hijo favorito de su mamá durante varios años. Pero ahora su hermano menor, quien ganó muchas medallas en las competencias, pasa a ser el niño adorado de mamá. Rodney comienza a estudiar mucho más en la escuela, porque piensa que si puede obtener mejores calificaciones que su hermano, volverá a ser el consentido.

Tras la preparatoria, Rodney está listo para ingresar a la universidad. Así, hace el examen de admisión y se da cuenta de que está en el grupo medio de calificaciones, lo cual significa que es más listo que otros, pero hay más listos que él. Desafortunadamente, su calificación no es lo suficientemente buena para ingresar a la universidad que quería.

La universidad a la que Rodney ingresa utiliza calificaciones de curva forzada. En su primera clase de química, donde hay 30 estudiantes, Rodney se entera de que sólo hay diez calificaciones buenas que se otorgarán. El resto sacará calificaciones medias o insuficientes. Rodney trabaja mucho para evitar la calificación mediocre o insuficiente, y afortunadamente obtiene la última calificación buena que quedaba.

Y la historia continúa...

Luego de ser formado en un mundo así, ¿acaso es una sorpresa que Rodney y el resto de nosotros piense que la vida es una competencia y que ganar lo es todo? ¿Es alguna sorpresa que con frecuencia veamos a nuestro alrededor para constatar cómo estamos apilados en el tótem, como si fuera un gallinero? Afortunadamente, tú y yo no somos víctimas. Tenemos la fortaleza para ser proactivos y elevarnos por encima de este condicionamiento Ganar-Perder.

La actitud Ganar-Perder tiene muchos rostros. Los siguientes son algunos de ellos:

- Utilizar a otras personas, física o emocionalmente, para tus propios propósitos egoístas.
- Tratar de avanzar a expensas de los demás.
- Difundir rumores sobre otra persona (como si disminuir a alguien te hiciera más fuerte).
- Insistir con siempre salirte con la tuya, sin que te importen los sentimientos de los demás.
- Sentir celos o envidia cuando le sucede algo bueno a otro.

A fin de cuentas, Ganar-Perder generalmente será un tiro por la culata. Puedes terminar en la cúspide del tótem. Pero estarás ahí solo y sin amigos. "El problema con este mundo salvaje", dijo la actriz Lily Tomlin, "es que aun si ganas, sigues siendo un salvaje".

• PERDER-GANAR: EL TAPETE

Un joven escribió:

"Yo prefiero irme por la paz. Prefiero aceptar la culpa que meterme en una discusión. Constantemente me veo a mí mismo diciendo que soy torpe..."

¿Te ves a ti mismo identificándote con esto? De ser así, caíste en la trampa de Perder-Ganar. En la superficie, Perder-Ganar se ve mejor,

pero es tan peligroso como Ganar-Perder. Es el síndrome del tapete.
Perder-Ganar dice: "Haz lo que quieras conmi-
go. Límpiate los pies en mí. Todos los demás
lo hacen".

Perder-Ganar es débil. Es fácil pi-
sotearlo. Es fácil ser la buena persona. Es
fácil ceder a todo, todo en nombre de hacer la
paz. Es fácil permitir que tus padres se salgan
con la suya contigo, en lugar de decirles lo que
sientes.

Con una actitud Perder-Ganar, te verás a
ti mismo fijarte bajas expectativas y com-
prometiendo tus normas una y otra vez.
Ceder a la presión de los compañeros es
Perder-Ganar. Tal vez no quieras irte de pinta,
pero el grupo quiere que lo hagas. Así, cedes. ¿Qué
sucede? Tú perdiste y ellos ganaron. Esto se llama Perder-
Ganar.

Una joven llamada Jenny un vez me habló de sus aventuras en el
mundo de Perder-Ganar durante su segundo año de secundaria, hasta
que finalmente se liberó:

*Los problemas con mi madre comenzaron un día en que ella me
dijo, sarcástica: "Vaya que hoy estás insolente". Lo tomé tan literalmente que desde entonces decidí apartarme de ella y nunca respon-
derle. Comencé a fingir el respeto y autoridad que ella quería. Así, cada
vez que ella decía algo, aun si estaba en desacuerdo, simplemente
decía: "Lo que quieras, mamá". La mitad de las veces ella ni siquiera
sabía que las cosas me molestaban, porque no se lo decía.*

*Cuando fijaba reglas sobre los amigos y la hora de irse a acostar, era
siempre: "Lo que tú digas". Era más fácil hacer lo que ella me pedía,
porque nunca sentí que mis opiniones o sugerencias fueran tomadas en
serio.*

*Pero pronto me fastidié. Y mi resentimiento comenzó a acumularse.
Una noche, acababa de contarle de una tarea en la escuela, y ella
respondió: "Sí, está bien", y siguió limpiando el piso de la cocina.*

*"¿Es que ni siquiera te importa?", pensé. Pero no dije nada y me fui.
Ella ni siquiera tenía idea de que estaba alterada. Tal vez ella habría
estado dispuesta a hablar si yo le hubiera dicho que era muy importante. Pero parecía que yo quería ser la víctima y aceptar todo lo que ella
hiciera.*

*Finalmente, estallé: "Mamá, esto debe cambiar. Ya no puedo conti-
go. Me dices todo lo que quieres que haga, y simplemente lo hago
porque es más fácil que pelear contigo. Pero ya estoy harta". Me*

desahogué y le hice saber de los sentimientos que tenía en mi interior.
Todo esto le cayó de sorpresa.

Tras mi estallido, las cosas fueron muy tensas durante un tiempo.
Ambas sentíamos que estábamos comenzando la relación desde cero.
Pero todo está mejorando con el tiempo. Ahora hablamos las cosas, y
siempre le digo lo que siento.

Si adoptas Perder-Ganar como tu actitud básica ante la vida,
entonces los demás te pisotearán. Y eso está realmente mal. También
tendrás que ocultar siempre lo que sientes. Y eso no es saludable.

Desde luego, siempre hay un momento en que perdemos. Perder-
Ganar está bien si el asunto no es importante para ti, como cuando tú y
tu hermana no pueden estar de acuerdo en el lado del armario que les
toca, o si a tu mamá no le gusta la forma en que tomas el tenedor. Que
los demás ganen en las cuestiones pequeñas y será un depósito en su
CBR. Pero siempre defiende las cosas que te sean importantes.

Si estás atrapado en una relación de abuso, estás totalmente adentro
de Perder-Ganar. El abuso es un círculo vicioso de hacer daño y recon-
ciliarse, una y otra vez. Nunca mejora. No hay forma en que ganes, y
necesitas salir de ello. No pienses que el abuso es por tu culpa, y por eso
te lo mereces. Así es como piensa el tapete. Nadie merece recibir abusos.
(Consulta la página 250 para que conozcas los teléfonos de ayuda en
Estados Unidos.)

PERDER-PERDER: LA ESPIRAL DESCENDENTE

Perder-perder dice: "Si me estoy hundiendo, entonces me hundiré contigo". Después de todo, a la miseria le gusta estar acompañada. La guerra es un buen ejemplo de Perder-Perder. Piénsalo: quien mata más personas, es quien gana la guerra. Eso no suena a que alguien pueda ganar
algo. La venganza también es Perder-Perder; al vengarte, tal vez pienses
que estás ganando, pero sólo te estás haciendo daño a ti mismo.

Perder-perder es lo que generalmente sucede cuando se reúnen
dos personas Ganar-Perder. Si lo que quieres es ganar a toda costa, y la
otra persona también quiere ganar a toda costa, entonces ambos termi-
narán perdiendo. Perder-Perder también ocurre cuando alguien se obse-
siona con otra persona de modo negativo. Eso es especialmente probable con las personas más cercanas a nosotros.

"No me importa lo que me suceda en tanto mi hermano fracase".

"Si no puedo tener a Jeff, me aseguraré que tampoco mi amiga Sara
lo tenga".

Si no eres muy cuidadoso, las relaciones amorosas también pueden
arruinarse y convertirse en Perder-Perder. Ya lo has visto. Dos buenas
personas comienzan a salir y en un principio las cosas van bien. Es
Ganar-Ganar. Pero de modo gradual se hacen emocionalmente code-

pendientes, como si estuvieran pegados. Comienzan a hacerse posesivos y celosos. Necesitan constantemente estar juntos, tocarse, sentirse seguros, como si la otra persona fuese de su propiedad. Finalmente, esta dependencia hace que surja lo peor de cada uno de ellos. Comienzan a pelear, a discutir y a "desquitarse" mutuamente, lo que resulta en una espiral descendente de Perder-Perder.

● **GANAR-GANAR: EL BUFFET EN QUE PUEDES COMER TODO LO QUE PUEDAS**

Ganar-Ganar es creer que todos pueden ganar. Es al mismo tiempo agradable y difícil. No te pisotearé, pero no me pisotearás a mí. Te preocupas por los demás y quieres que tengan éxito. Pero también te preocupas por ti mismo, y también quieres tener éxito. Ganar-Ganar es abundante. Es creer que hay suficiente éxito para dar y repartir. No es tuyo o mío. Es de todos. No es asunto de quién se lleva la rebanada más grande. Hay comida más que suficiente para todos. Es un buffet de todo lo que puedas comer.

Mi amiga Dawn Meeves me habló de cómo descubrió el poder de pensar en términos de Ganar-Ganar:

En segundo año de preparatoria jugaba en el equipo femenil de basquetbol. Era bastante buena para mi edad y lo suficientemente alta para ingresar al equipo universitario, aunque sólo estaba en segundo. Una de mis compañeras, Pam, buena amiga y también en el mismo grado, se decidió a ingresar al equipo.

Yo tenía un buen tiro que podía hacer a tres metros de distancia. Comencé a hacer cuatro o cinco de esos tiros por juego, y se me comenzó a reconocer por ello. Poco después fue aparente que a Pam no le gustaba la atención que se me daba y decidió, de modo consciente o inconsciente, impedir que la bola llegara a mí. No importa cuán despejada estuviera para poder hacer el tiro, Pam dejó de pasarme la bola.

Una noche, luego de jugar un terrible partido en donde Pam evitó que recibiera la pelota durante la mayor parte del juego, estaba más enojada que nunca. Pasé muchas horas hablando con mi papá, examinando todo y expresando mi enojo hacia mi amiga transformada en enemiga. Tras una larga discusión, mi papá dijo que lo mejor que se le ocurría sería dar a Pam la bola cada vez que yo la tuviera. Siempre. Pensé que era la sugerencia más estúpida que me habían dado. Simplemente me dijo que funcionaría, y me dejó en la mesa de la cocina, para que lo pensara. Pero no lo hice. Sabía que no funcionaría, y lo descarté como un consejo paternal poco útil.

El próximo juego llegó rápidamente, y decidí dar a Pam una sopa de su propio chocolate. Planeé y pensé, y se me ocurrió una misión para arruinar el juego de Pam. En cuanto tuve la bola, oí a mi papá por encima de la muchedumbre. Tenía una voz poderosa, y aunque nunca oigo nada mientras juego basquetbol, podía oír la grave voz de papá. En el momento en que tuve la bola, me gritó: "¡Dale la pelota!" Dudé por un instante, y entonces hice lo que sabía que era lo correcto. Aunque yo podía hacer mi tiro, encontré a Pam y le pasé la bola. Por un instante se sorprendió, luego se volvió e hizo el tiro, haciendo una canasta. Al correr por la cancha para jugar con la defensa, tuve una sensación que nunca antes había tenido: verdadera felicidad por el éxito de otro ser humano. Y, lo que es más, me di cuenta de que nos había hecho ganar el juego. Se sentía bien ganar. Seguí dándole la bola cada vez que la recibí durante el primer medio tiempo. Siempre. Durante el segundo medio tiempo, hice lo mismo, tirando sólo si se trataba de una jugada ya planeada, o si tenía la cancha libre para tirar.

Ganamos el juego, y en los partidos siguientes, Pam comenzó a pasarme la bola tanto como yo se la pasaba a ella. Nuestro trabajo de equipo se hizo cada vez más vigoroso y también nuestra amistad. Ganamos la mayoría de los partidos de ese año, y nos convertimos en un legendario dúo de jugadoras. El diario local incluso escribió un artículo sobre nuestra capacidad de pasarnos la bola y sentir la presencia de la otra. En general, anoté más puntos que nunca.

Como ves, Ganar-Ganar siempre crea más. Un buffet interminable. Y como lo descubrió Dawn, querer que otra persona ganara la llenó de buenos sentimientos. Al pasar la bola, Dawn no anotó menos puntos, sino que logró anotar más. De hecho, ambas anotaron más puntos y ganaron más partidos que si hubieran jugado de forma egoísta.

Posiblemente piensas más en Ganar-Ganar de lo que tú mismo crees. Los siguientes son ejemplos de la actitud Ganar-Ganar.

- Recientemente te ascendieron en tu trabajo. Compartes los elogios y reconocimientos con quienes te ayudaron a llegar hasta ahí.
- Fuiste elegido para un importante puesto de la sociedad de alumnos, y decides no tener un "complejo de superioridad". Tratas a los demás del mismo modo, incluyendo a los poco populares y los que no tienen amigos.

- Tu mejor amigo fue aceptado en la universidad a la que querías ingresar. Tú no lo lograste. Aunque te sientes muy mal por tu propia situación, te sientes verdaderamente feliz por tu amigo.
- Quieres salir a cenar. Tu amiga quiere ver una película. Deciden juntos alquilar una película y comprar comida para llevar.

Cómo Pensar Ganar-Ganar

¿Cómo poder hacerlo? ¿Cómo poder sentirte feliz por tu amigo porque fue aceptado en la universidad y tú no? ¿Cómo puedes evitar sentirte inferior a tu vecina que tiene ropas fantásticas? ¿Cómo puedes hallar soluciones a problemas para que ambos ganen?

Sugiero dos formas: ganar primero la victoria privada, y evitar los tumores gemelos.

• GANAR PRIMERO LA VICTORIA PRIVADA

Todo comienza contigo mismo. Si te sientes extremadamente seguro y no pagaste el precio para ganar la victoria privada, te será muy difícil pensar en Ganar-Ganar. Te sentirás amenazado por los demás. Te será difícil sentirte feliz por sus éxitos. Será difícil compartir el elogio o el reconocimiento. Las personas inseguras se sienten celosas con mucha facilidad. Esta conversación entre Doug y su novia es típica de una persona insegura:

—¿Quién era el tipo con el que estabas hablando hace rato, Amy? —pregunta Doug.

—Es un buen amigo que conozco desde muy chica —responde ella.

—No quiero verte con ese tipo —replica Doug.

—Doug, es sólo un amigo, y lo conozco desde hace mucho. Fuimos juntos a la primaria.

—No me importa desde hace cuánto lo conoces. No deberías ser tan amigable con él.

—No es tan importante. Tiene algunos problemas y necesita amistad.

—¿Estás comprometida conmigo, o no?

—De acuerdo, Doug. Si eso es lo que quieres, no volveré a hablar con él.

¿Notas lo difícil que es para Doug ser generoso en esta situación, en tanto se sienta inseguro y emocionalmente dependiente de su novia? Doug necesita comenzar consigo mismo. Al hacer depósitos en su CBP, tomar la responsabilidad de su propia vida, idear un plan, aumentará su confianza y seguridad, y comenzará a disfrutar con los demás, en vez de sentirse amenazado por ellos. La seguridad personal es el fundamento para pensar Ganar-Ganar.

EXISTEN LOS TUMORES GEMELOS

Existen dos hábitos que, como los tumores, pueden carcomerte lentamente desde tu interior. Son gemelos y sus nombres son *competir* y *comparar*. Es virtualmente imposible pensar en Ganar-Ganar teniéndolos cerca.

Competir

La competencia puede ser muy saludable. Nos impulsa a mejorar, a dar más de nosotros mismos. Sin ello, no podríamos saber hasta dónde podemos llegar. En el mundo de los negocios, hace que nuestra economía prospere. La gloria de las Olimpiadas es la excelencia en el marco de la competencia.

Pero hay otro lado de la competencia que no es tan agradable. En la película *La guerra de las galaxias*, Luke Skywalker conoce un escudo de energía positiva llamado "la fuerza", que da vida a todas las cosas. Posteriormente, Luke se enfrenta al malvado Darth Vader y conoce el "lado oscuro" de la fuerza. Como dice Darth: "No conoces el poder del lado oscuro". Es así con la competencia. Hay un lado luminoso y otro oscuro, y ambos son poderosos. La diferencia es la siguiente: la competencia es saludable cuando compites contra ti mismo, o cuando te desafía a dar lo mejor de ti. La competencia se hace oscura cuando relacionas tu autoestima con el ganar, o cuando la utilizas para ponerte por encima de otro.

En un libro llamado *The Inner Game of Tennis* [El juego interior del tenis], de Tim Galwey, di con unas palabras que lo dicen perfectamente. Tim escribe:

> *Cuando la competencia se utiliza como una forma de crear una autoimagen en relación con los demás, surge lo peor de la persona; entonces, los temores y frustraciones comunes se exageran en gran medida. Es como si algunos pensaran que sólo siendo el mejor, sólo siendo el ganador, merecerán el amor y respeto que buscan. A los niños a quienes se enseñó a medirse de este modo, con frecuencia llegan a ser adultos impulsados por la compulsión a tener éxito y que ponen lo demás en segundo lugar.*

Un famoso entrenador deportivo universitario dijo una vez que las dos peores características que puede tener un atleta son el temor al fracaso y el deseo excesivo de ganar, o la actitud de "ganar a toda costa".

Nunca olvidaré una discusión que tuve con mi hermano menor, luego de que su equipo le ganó al mío en un juego de volibol en la playa.

—No puedo creer que ustedes nos ganaran —dije.

—¿Qué hay de increíble en eso? —repuso—. Piensas que eres mejor atleta que yo, ¿verdad?

—Sé que lo soy. Es fácil probarlo. Avancé mucho más que tú en los deportes.

—Pero estás utilizando una definición muy estrecha de lo que es un atleta. Francamente, pienso que soy mejor atleta porque puedo saltar más y correr más rápido.

—¡Tonterías! No eres más rápido que yo. Y, en todo caso, ¿qué tiene que ver el saltar y correr con esto? Puedo patearte el trasero en todos los deportes.

—¿Ah, sí?

—¡Sí!

Luego de que nos calmamos, ambos nos sentimos como verdaderos imbéciles. Habíamos sido seducidos por el lado oscuro. Y el lado oscuro nunca te deja un buen sabor de boca.

Utilicemos la competencia como una forma de medirnos, pero dejemos de competir por novios, novias, posición social, amigos, popularidad, puestos, atención y todo lo que se le parezca, y comencemos a disfrutar de la vida.

Comparar

Comparar es el gemelo de la competencia. Es igual de canceroso. Compararte con los demás sólo puede traerte malas noticias. ¿Por qué? Porque todos estamos en distintos programas de desarrollo. Social, mental y físicamente. Y puesto que todos nos cocemos de forma distinta, no debemos abrir todo el tiempo la puerta del horno para ver cómo se está levantando nuestro pastel en comparación con el del vecino, porque el pastel nunca se inflará. Aunque algunos somos como el tulipán, que crece en el momento en que se planta, otros son como el bambú, que no muestra ningún crecimiento durante cuatro años, pero luego, al quinto, crece 30 metros.

Una vez lo oí descrito de este modo: la vida es como una gran pista de obstáculos. Cada persona tiene su propia pista, separada de los demás por altas murallas. Tu pista queda completa con obstáculos diseñados a tu medida, específicamente para tu crecimiento personal. ¿Qué tanto bien hace trepar la muralla para ver cómo le está yendo a tu vecino, o ver sus obstáculos comparados con los tuyos?

Formar tu vida con base en cómo te alzas en comparación con los demás, nunca es buen modo. Si obtengo mi seguridad del hecho de que mi promedio es más elevado que el tuyo, o de que mis amigos son más populares que los tuyos, ¿qué sucede cuando llega alguien con prome-

EL BAMBÚ

| AÑO 1 | AÑO 2 | AÑO 3 | AÑO 4 | AÑO 5 |

dio mejor o con amigos más populares? Compararnos nos hace sentir como una ola del mar empujada de un lado al otro por el viento. Subimos y bajamos, sintiéndonos inferiores en un momento y superiores al siguiente, confiados un instante, e intimidados al siguiente. La única buena comparación es compararte con tu propio potencial.

Me encanta cómo lo dijo el escritor Paul H. Dunn en el discurso titulado "Acerca de sentirse inferior":

Noté que diariamente nos topamos con instantes que nos despojan de nuestra autoestima. Son inevitables. Tomen cualquier revista; verán personas que se muestran más saludables, delgadas o mejor vestidas que nosotros. Vean a su alrededor. Siempre hay alguien que parece más listo, otro con más confianza en sí mismo, otro más con más talento. De hecho, cada día se nos recuerda que carecemos de ciertos talentos, que cometemos errores, que no sobresalimos en todas las cosas. Y en medio de todo esto, es fácil creer que no estamos a la altura del gran plan de las cosas, sino que somos inferiores de cierta forma secreta.

Si basan su autoestima, su sentimiento de valor, en cualquier cosa fuera de las cualidades de sus corazones, sus mentes o sus almas, entonces están sobre un cimiento endeble. Así, ustedes y yo no somos perfectos en la forma o la figura física. De modo que ustedes y yo no somos los más ricos, los más sabios, los más ingeniosos. ¿Y qué?

Una vez entrevisté a una chica llamada Anne, quien quedó atrapada en la telaraña de las comparaciones durante varios años antes de lograr escapar. Tiene un mensaje para quienes se vean atrapados en ello:

Mis problemas comenzaron durante mi primer año de preparatoria, cuando ingresé a la escuela Clayton Valley. La mayoría de los muchachos de la escuela tenían dinero. Y la ropa lo era todo. La gran pregunta era: ¿quién está vistiendo qué hoy? Había algunas reglas tácitas acerca de las ropas, como nunca usar lo mismo dos veces, y nunca usar lo mismo que otro. Las ropas de marca eran todo un requisito. Se debía tener cada color como cada estilo.

Durante mi primer año, tuve un novio que iba en segundo y que no le gustaba a mis padres. Al principio nuestra relación fue buena, pero tras un tiempo comenzó a hacerme sentir mal. Me decía cosas como:

"¿Por qué no te vistes como ella?", "¿Por qué engordaste tanto?", o "Si cambiaras sólo un poco, estarías bien".

Comencé a creerle a mi novio. Comencé a mirar a las demás y a analizar las razones por las que no me encontraba tan bien como ellas. Aun cuando tenía un armario lleno de ropas, recuerdo que tenía ataques de angustia porque no podía decidir qué vestir. Incluso comencé a robar en tiendas porque quería tener las mejores ropas, las de última moda. Tras un tiempo, mi identidad dependía de con quién estaba, cómo me veía y qué ropas vestía. Nunca me sentía suficientemente bien, frente a nadie.

Para lidiar con esto, empecé a comer mucho y luego a purgarme. El comer me daba consuelo, y el purgarme me daba una extraña sensación de tener control. Aunque no era gorda, me asustaba engordar. Poco después comenzó a ser una parte muy importante de mi vida. Comencé a vomitar de 30 a 40 veces al día. Lo hacía en la escuela, en los baños, en cualquier lugar que podía. Era mi secreto. No podía decírselo a mis padres, porque no quería decepcionarlos.

Una vez el grupo más popular me invitó a ir al partido de futbol. Tenían 16 años, uno más que yo. ¡Me sentí tan emocionada! Mi mamá y yo pensamos durante horas sobre el atuendo perfecto. Esperé junto a la ventana durante horas, pero nunca vinieron por mí. Me sentí inútil. Pensé: "No vinieron por mí porque no era 'buena onda' o porque no me veía bien".

Finalmente, todo estalló. Estaba en el escenario, en una obra de teatro, cuando de pronto quedé totalmente desorientada y me desmayé. Al despertar en el camerino, vi que mi mamá estaba a mi lado. "Necesito ayuda", murmuré.

Admitir que tenía un problema fue el primer paso para mi recuperación, que me tomó varios años. En retrospectiva, no puedo creer que haya entrado en tal estado anímico. Tenía todo lo que necesitaba para ser feliz, y sin embargo me sentía miserable. Yo era una muchacha simpática, delgada y talentosa que se vio atrapada en un mundo de comparaciones que estaba hecho para que nunca me sintiera satisfecha. Quiero gritarle al mundo: "Nunca te hagas esto a ti mismo. No vale la pena".

La clave de mi recuperación fue conocer a amigos realmente buenos que me hicieron sentir importante por la persona que yo era, y no por lo que vestía. Me decían: "No necesitas eso. No está a tu altura". Comencé a cambiar por mí misma, y no porque otro me dijera que debía cambiar para ser digna de su amor.

La moraleja de esto es: Deja de hacerlo. Rompe el hábito. Compararte puede convertirse en una adicción tan fuerte como las drogas o el alcohol. No necesitas vestirte o parecerte a una modelo para ser lo suficientemente buena. Tú sabes lo que es realmente importante. No te veas atrapada en ese juego, ni te preocupes por ser popular durante tu juventud, porque la mayor parte de la vida viene después. (Consulta las líneas telefónicas y las páginas de Internet sobre desórdenes alimenticios en Estados Unidos en la Central de información.)

Rompe

● LOS FRUTOS DEL ESPÍRITU GANAR-GANAR

Aprendí a nunca subestimar lo que sucede cuando alguien piensa en Ganar-Ganar. La siguiente es la experiencia de Andy:

Al principio, me parecía inútil Ganar-Ganar. Pero comencé a aplicarlo en mis trabajos después de la escuela, y me fue bien. Ahora lo uso desde hace dos años y honestamente es atemorizante lo poderoso que es este hábito: ojalá lo hubiera conocido antes en mi vida. Me enseñó a utilizar mi capacidad de liderazgo y a encarar mi trabajo con una actitud de: "Hagamos más divertido este trabajo. Hagamos que sea una ganancia tanto para mí como para mi jefe". Ahora me reúno mensualmente con mi gerente y le digo lo que puedo ver en la empresa que no se está haciendo, y que yo mismo estoy dispuesto a hacer.

En la última reunión con mi gerente, ella me dijo: "Siempre me pregunté cómo pudimos terminar con los cabos sueltos. Estoy impresionada por la forma en que buscas oportunidades y tu disposición para desempeñarte". Y me dio un aumento de un dólar por hora.

Créame: esto de Ganar-Ganar se contagia. Si eres de corazón generoso, ayudas a los demás a tener éxito y estás dispuesto a compartir el reconocimiento, serás un imán de amigos. Piénsalo. ¿No te encanta la gente que se interesa por tu éxito y que quiere que ganes? Te hace sentir que quieres ayudarlos a cambio, ¿verdad?

El espíritu Ganar-Ganar puede aplicarse a cualquier situación, desde el trabajo hasta los grandes conflictos con tus padres, y aun a decidir quién saca a pasear al perro, como nos lo cuenta Jon.

Mi hermana y yo siempre estamos discutiendo sobre quién debe pasear a los perros y lavar los platos. Siempre preferimos pasear al perro que lavar los platos. Pero alguien tiene que hacer una cosa y el otro la otra. Así que decidimos lavar los platos, ella los secaría y luego paseábamos a los perros juntos. Me alegra que funcionara bien, porque ahora hacemos el quehacer y además nos divertimos un poco haciéndolo juntos.

Hay veces en que no importa cuánto se trate, no se puede hallar una solución Ganar-Ganar. Puede ser que la otra persona se incline tanto por el Ganar-Perder, que ni siquiera tienes ganas de acercártele. Eso sucede. En tales situaciones, no te rebajes (en Ganar-Perder) ni permitas que te pisoteen (Perder-Ganar). En vez de ello, opta por Ganar-Ganar o no hay trato. En otras palabras, si no puedes hallar una solución que funcione para ambos, decide no jugar. No hay trato. Por ejemplo, si tu amigo y tú no pueden decidir lo que quieren hacer una noche, en vez de hacer una actividad que no le guste a alguno de ustedes, sepárense esa noche y reúnanse en otra ocasión. O si tu pareja y tú no pueden desarrollar una relación Ganar-Ganar, lo mejor será optar no hacer trato y separarse. Es mejor que optar por Ganar-Perder, Perder-Ganar o, lo que es peor, Perder-Perder.

Bryan, de 15 años, a quien su padre le enseñó el Ganar-Ganar, nos narra una interesante anécdota:

> *El año pasado, mi amigo Steve y yo queríamos ganar algún dinero durante las vacaciones de verano. Así, comenzamos a lavar ventanas y cortar céspedes. Pensábamos que un buen nombre para nuestra empresa era "Verde y limpio".*
>
> *Los padres de Steve tenían un amigo que necesitaba lavar sus ventanas, y en poco tiempo se corrió la voz y conseguimos varios trabajos.*
>
> *Usamos un programa de la computadora de mi papá para escribir una hoja a la que llamamos "contrato Ganar-Ganar": al llegar a la casa mediríamos la ventana y haríamos una cotización; dejaríamos en claro que tendrían las ventanas limpias a cambio de un precio fijo. El contrato tenía una línea donde podían firmar. Si no les gustaba nuestro trabajo, sabríamos que no nos volverían a llamar. Luego de terminar, iríamos con ellos a mostrarles nuestro trabajo. Queríamos que supieran que somos responsables. Esto nos pondría en mejor posición frente al cliente.*
>
> *Tenemos un fondo "Verde y limpio". Una vez que comenzamos a ganar dinero, lo dividimos y apartamos una suma para comprar equipo para lavar ventanas. Mientras nuestros clientes estén contentos, y sus ventanas queden limpias, ellos ganan. Y nosotros también ganamos, porque a los 15 años, es una forma en que podemos ganar algo de dinero adicional.*

Observa cómo te hace sentir

No es fácil desarrollar una actitud Ganar-Ganar. Pero puedes hacerlo. Si piensas Ganar-Ganar sólo 10% del tiempo, comienza a pensarlo 20% del tiempo, luego 30%, y así sucesivamente. Al final, se convertirá en un hábito mental y ni siquiera tendrás que pensarlo. Se convertirá en parte de lo que tú eres.

Lo que tal vez sea el beneficio más sorprendente de pensar en Ganar-Ganar es la buena sensación que produce. Una de mis anécdotas favoritas que ilustra el poder de *pensar* en Ganar-Ganar es la historia real de Jacques Lusseyran tal y como se describe en su autobiografía *Y se hizo la luz*. Los editores de la revista *Parábola*, quienes escribieron el prólogo del libro, resumen la historia de Lusseyran de este modo:

"Nacido en París en 1924, tenía 15 años al iniciarse la ocupación alemana, y a los 16 había formado y dirigía un movimiento de resistencia clandestina [...] que se inició con 52 jóvenes [...] y que en un año había crecido hasta 600. Esto ya parecería suficientemente notable, pero agreguen el hecho de que, a partir de los ocho años, Jacques había quedado totalmente ciego".

Aunque ciego, Jacques podía ver, pero de un modo distinto. Como dice él: "Vi la luz y seguí viéndola aunque estaba ciego... podía sentir que la luz se alzaba, se difundía, se posaba sobre objetos, dándoles forma, luego dejándolos... viví en una corriente de luz". Él considera "mi secreto" a esta corriente de luz en la que vivía.

Sin embargo, había momentos en que la luz de Jacques lo abandonaba y él quedaba en la penumbra. Era cada vez que pensaba en Ganar-Perder. Como él lo dice:

"Cuando jugaba con mis amigos más pequeños, si de pronto sentía la necesidad de ganar, ser el primero a toda costa, entonces no veía nada. Literalmente, era como si entrara en niebla.

"Ya no podía darme el lujo de sentirme celoso o poco amistoso porque, tan pronto como lo sentía, una venda me cubría los ojos, y me sentía atado de pies y manos, y excluido. De pronto, se abría un agujero negro y en su interior me sentía indefenso. Pero cuando me sentía feliz y sereno, encaraba a los demás con confianza y les deseaba lo mejor, me sentía gratificado con luz. Así, es sorprendente que aprendí a amar la amistad y la armonía desde que era muy pequeño".

La verdadera prueba de si estás pensando Ganar-Ganar, o una de las alternativas, es cómo te sientes. El pensamiento Ganar-Perder y Perder-Ganar nublará tu juicio y te llenará de sentimientos negativos. Simplemente no puedes darte el lujo de hacerlo. Por otra parte, tal y como lo descubrió Jacques, pensar Ganar-Ganar llenará tu corazón de pensamientos felices y serenos. Te dará confianza. Incluso te llenará de luz.

PRÓXIMAS ATRACCIONES

En el próximo capítulo, te revelaré el secreto de cómo ponerte en el lugar de tus padres de forma positiva. ¡No te detengas ahora!

PASOS DE BEBÉ

1 Ubica un aspecto de tu vida en donde más luches con comparaciones. Tal vez se trate de ropas, rasgos físicos, amigos o talentos.

Donde lucho más con las comparaciones: _____

_____

2 Si practicas deportes, demuestra el espíritu deportivo. Elogia a alguien del equipo contrincante al terminar el partido.

3 Si alguien te debe dinero, no temas mencionárselo de forma amistosa: "¿Recuerdas los diez pesos que te presté la semana pasada? Podría necesitarlos ahora". Piensa en Ganar-Ganar, y no en Perder-Ganar.

4 Sin importar si ganes o pierdas, juega con barajas, juegos de mesa o de computadora con los demás, sólo por divertirte.

5 ¿Estás a punto de tener un examen importante? Si es así, forma un grupo de estudio y comparte tus mejores ideas con los demás. A todos les irá mejor.

6  La próxima vez que alguien cercano a ti tenga éxito, siéntete genuinamente feliz en vez de sentirte amenazado.

7 Piensa en tu actitud general hacia la vida. ¿Está basada en el pensamiento Ganar-Perder, Perder-Ganar, Perder-Perder o Ganar-Ganar? ¿Cómo te afecta esta actitud?

8 Piensa en una persona a la que consideres un modelo de Ganar-Ganar. ¿Qué hay en esta persona que más admiras?

Persona: _____

Lo que más admiro de la persona: _____

_____

9 ¿Estás en una relación Perder-Ganar con alguien del sexo opuesto? Si es así, decide lo que debe suceder para convertirlo en algo en lo que tú ganes, u opta por No Hay Trato y termina con la relación.

HÁBITO 5

Busca Primero Entender,
Luego Ser Entendido

Tienes dos orejas
Y UNA BOCA ...
¡Hola!

Antes de ponerme los zapatos de otro, primero debo quitarme los míos.

ANÓNIMO

Digamos que entras a una zapatería. El vendedor te pregunta:

—¿Qué tipo de zapatos buscas?

—Busco algo que...

—Creo que sé que te gustará —te interrumpe—. Todos usan éstos. Confía en mí.

Con éstos, estarás hecho "una bomba"...

Sale corriendo y vuelve con el par de zapatos más feos que hayas visto:

—Mira estas bellezas —te dice.

—Pero, a decir verdad, no me gustan.

—A todos les gustan. Son la última moda.

—Busco algo distinto.

—Te lo aseguro. Te encantarán.

—Pero yo...

—Escucha: vendo zapatos desde hace diez años, y conozco un buen zapato en cuanto lo veo.

Tras esta experiencia, ¿volverías a entrar a esa zapatería? Definitivamente no. No puedes confiar en personas que te den soluciones antes de comprender cuáles son tus necesidades. ¿Pero sabías que muchas veces hacemos lo mismo al comunicarnos?

—Hola, Melissa, ¿cómo estás? Te ves muy deprimida. ¿Te está pasando algo?

—No podrías entenderlo, Colleen. Pensarías que es tonto.

—No, no es así. Dime lo que te pasa. Soy toda oídos.

—No sé.

—Vamos, puedes decírmelo.

—Bueno, está bien... las cosas entre Tyrone y yo ya no son lo mismo.

—Te dije que no te metieras con él. Sabía que te pasaría esto.

—Tyrone no es el problema.

—Escucha, Melissa: si estuviera en tu lugar, me olvidaría de él y seguiría con otra cosa.

—Pero, Colleen, no me siento así.

—Créeme, sé cómo te sientes. Pasé por lo mismo el año pasado. ¿No te acuerdas? Prácticamente me arruiné todo el año.

—Olvídalo, Colleen.

—Melissa, sólo trato de ayudarte. Realmente quiero entender. Continúa. Dime cómo te sientes.

Nuestra tendencia es volar por los cielos como Supermán y resolver los problemas de todos los demás antes de que podamos comprender qué pasa. Simplemente no escuchamos. Como dice el proverbio de los indios americanos: "Escucha, o tu propia lengua te dejará sordo".

La clave para comunicarse y tener poder e influencia sobre los demás puede resumirse en una sola frase: busca primero entender, luego ser entendido. En otras palabras, escucha primero y habla después. Éste es el Hábito 5, y funciona. Si puedes aprender este simple hábito, ver las cosas desde el punto de vista de otra persona antes de hablar del propio, se te abrirá todo un nuevo mundo de comprensión.

La necesidad más profunda del corazón humano

¿Por qué este hábito es la clave de la comunicación? Porque la necesidad más profunda del corazón humano es ser comprendido. Todos desean ser respetados y valorados por lo que son: un individuo único en su tipo, que nunca podrá ser replicado con ingeniería genética (al menos por ahora).

Nadie deja nunca expuestas sus necesidades más delicadas a menos que sienta genuino amor y comprensión. Pero una vez que alguien lo siente, te contará más de lo que quieras oír. La siguiente historia sobre una muchacha con un desorden en su forma de alimentarse muestra el poder de la comprensión:

Yo era anoréxica profesional cuando conocí a Julie, Pam y Lavon, con quienes compartía mi departamento en el primer año de universidad. Pasé mis últimos dos años de preparatoria haciendo ejercicio, dietas y celebrando cada kilo que perdía. Teniendo 18 años y midiendo 1.70, pesaba apenas 47 kilos, toda una pila de huesos.

No tenía muchas amistades. Las dietas constantes me hacían sentir irritable, amargada y tan cansada que ni siquiera podía seguir una conversación. Por supuesto, no pensaba en los eventos sociales de la escuela. Ni sentía que tuviera nada en común con las personas que conocía. Unos cuantos amigos leales realmente se apegaron a mí e intentaron ayudarme, pero puse oídos sordos a sus sermones sobre mi peso y lo achaqué a los celos.

Mis padres me sobornaban con ropa nueva. Me exigían que comiera frente a ellos. Cuando no lo hacía, me llevaban a una serie de doctores, terapeutas y especialistas. Me sentía miserablemente mal, y me convencí de que toda mi vida sería así.

Entonces fui a la universidad en otra ciudad. Quiso la suerte que compartiera el dormitorio con Julie, Pam y Lavon, las tres muchachas que hicieron que valiera la pena volver a vivir.

Vivíamos en un pequeño departamento, donde quedaron expuestos mis extraños hábitos para comer y mi neurosis de ejercicio. Sé que debí parecer extraña con mi complexión, raspones, el pelo que se me caía y los huesos que salían de la piel. Cuando veo mis fotografías cuando tenía 18 años, me horroriza lo terrible que me veía.

Pero ellas no se sintieron así. No me trataron como a una persona con un problema. No me dieron sermones, no me daban de comer a fuerza, no hubo chismes, no había malas caras. Casi no sabía qué hacer.

Casi inmediatamente me sentí una más de ellas, excepto en que no comía. Asistíamos juntas a clases, hallamos trabajos, salíamos a correr por las tardes, veíamos televisión y salíamos juntas los sábados. Mi anorexia, por primera vez, dejó de ser el tema central. En vez de ello, pasamos largas noches discutiendo sobre nuestras familias, ambiciones e incertidumbres.

Quedé absolutamente asombrada por nuestras similitudes. Por primera vez, literalmente en años, me sentí comprendida. Sentí que alguien se había tomado el tiempo para entenderme como persona, en vez de tratar de arreglar primero mi problema. Para estas tres jóvenes, no era una anoréxica que necesitaba tratamiento. Era tan sólo la cuarta joven.

Conforme se desarrolló mi sensación de pertenecer, comencé a observarlas. Eran felices, atractivas, inteligentes y ocasionalmente comían una galleta que sacaban directamente de la bolsa. Si tenía tanto en común con ellas, ¿por qué no podía hacer yo también tres comidas al día?

Pam, Julie y Lavon nunca me dijeron que me curara a mí misma. Me lo demostraron todos los días, y realmente se esforzaron por comprenderme antes de tratar de curarme. Al final de mi primer semestre universitario, ya ponían un lugar para mí en la mesa. Y me sentía bien recibida.

Piensa en la influencia que estas tres jóvenes ejercieron sobre la cuarta muchacha porque trataron de entenderla en lugar de juzgarla. ¿No es interesante que una vez que se sintió comprendida, y no juzgada, inmediatamente dejó caer sus defensas y se abrió a su influencia? Compara esto con lo que pudo suceder si sus compañeras le hubieran dado sermones.

¿Conoces el refrán: "A la gente no le importa cuánto sabes sino hasta que saben cuánto te importan"? Es muy verdadero. Piensa en alguna situación en la que alguien no se tomó la molestia de comprenderte o escucharte. ¿Estabas abierto a lo que te dijeron?

Al jugar futbol universitario, se me desarrolló un severo dolor en el bíceps. Era una condición complicada y tuve que probar varias técnicas para remediarlo: hielo con calor, masaje, alzar pesas y pastillas antiinflamatorias, pero nada funcionó. Así, acudí a uno de nuestros mejores entrenadores atléticos. Pero antes de describirle mi condición, me dijo:

—Ya conozco esto. Esto es lo que necesitas hacer.

Intenté explicárselo, pero ya estaba convencido de que conocía el problema. Tenía la sensación de decirle: "Un momento. Escúcheme, doctor. Creo que no me entiende".

Como tal vez ya lo estés pensando, estas técnicas hicieron que el brazo me doliera aún más. Nunca me escuchó, y nunca me sentí entendido. Perdí la confianza en sus consejos, y lo evité a toda costa cada vez que me lastimaba. No confiaba en sus recetas, porque nunca diagnosticaba. No me importaba cuánto supiera, porque no me había demostrado que se preocupara por mí.

Puedes mostrar que te preocupas simplemente tomándote el tiempo de escuchar sin juzgar y sin dar consejos. Este breve poema muestra lo mucho que la gente necesita ser escuchada:

POR FAVOR, ESCUCHA

Cuando te pido que me escuches
y sólo me das consejos,
no estás haciendo lo que te pido.
Cuando te pido que me escuches
y sólo me dices por qué,
no debo sentirme así,
pisoteas mis sentimientos.
Cuando te pido que me escuches
y sientes que debes hacer algo
para resolver mi problema,
fallas ante mí,
por extraño que parezca.
¡Escucha! Sólo te pido que escuches.
No hagas ni digas: sólo escúchame.

CINCO MALOS ESTILOS PARA ESCUCHAR

Para comprender a otra persona, debes escucharla. ¡Sorpresa! El problema es que la mayoría de nosotros no sabemos *cómo* escuchar.

Imagina esto: estás tratando de decidir qué clases tomar el año siguiente. Abres tu programa y revisas lo que hay:

"Hmmm... veamos... geometría. Taller de literatura. Oratoria para principiantes. Literatura. Escuchar. Un momento: ¿Escuchar? ¿Una clase de cómo escuchar? ¿Están hablando en serio?"

Esto sería toda una sorpresa, ¿verdad? Pero en realidad no debería serlo porque escuchar es una de nuestras cuatro formas primarias de comunicación, junto con leer, escribir y hablar. Y, si lo piensas bien, desde que naciste tomas clases de cómo leer, escribir y hablar mejor, pero nunca tomaste una clase de cómo escuchar mejor.

Cuando los demás hablan, pocas veces escuchamos porque generalmente estamos demasiado ocupados en preparar una respuesta, juzgar o filtrar sus palabras por nuestros propios paradigmas. Es demasiado típico utilizar uno de estos cinco malos estilos para escuchar:

Cinco malos estilos para escuchar

- Distraerse
- Fingir que se escucha
- Escuchar selectivamente
- Escuchar sólo a palabras
- Escuchar de forma egocéntrica

Distraerse. Es cuando alguien nos habla pero lo ignoramos porque nuestra mente está en otra galaxia. Tal vez tenga algo muy importante para decirnos, pero estamos sumidos en nuestros propios pensamientos. De vez en cuando nos distraemos, pero si lo haces demasiado, tendrás la reputación de estar "fuera de órbita".

Fingir que se escucha es más común. Seguimos sin poner mucha atención a la otra persona, pero al menos fingimos que lo hacemos, saltando comentarios en momentos importantes, como "sí", "ajá", "buena onda", "me parece bien". La persona que habla por lo general entenderá y sentirá que no es lo suficientemente importante para ser escuchada.

Escuchar selectivamente. Es cuando ponemos atención sólo a una parte de la conversación que nos interesa. Por ejemplo, tu amigo tal vez intenta decirte cómo se siente estar a la sombra de su hermano que es muy talentoso, estando en el ejército. Lo único que oyes es la palabra "ejército" y dices: "¡Sí, el ejército! Últimamente pensé mucho en eso". Puesto que siempre hablas de lo que quieres hablar, en lugar de lo que quiere hablar la otra persona, es muy posible que nunca desarrolles amistades duraderas.

Escuchar sólo las palabras. Ocurre cuando realmente ponemos atención a lo que dice el otro, pero sólo escuchamos las palabras y no lo que realmente se quiere decir, los sentimientos, o el verdadero significado tras las palabras. Como resultado, no comprendemos lo que realmente se dice. Tu amiga Kim podría estarte diciendo: "¿Qué piensas de Ronaldo?" Podrías responder: "Creo que es buena onda". Pero de haber sido más sensible, y haber observado su lenguaje corporal y su tono de voz, habrías comprendido lo que realmente te decía: "¿Crees que en verdad le guste a Ronaldo?" Si te concentras únicamente en las palabras, pocas veces estarás en contacto con las emociones más profundas de los demás.

Escuchar de forma egocéntrica. Sucede cuando vemos todo desde nuestro propio punto de vista. En vez de ponernos en el lugar del otro, queremos que ellos se pongan en el nuestro. Es de aquí de donde provienen frases como "Sé cómo te sientes". No sabemos exactamente cómo se siente, sino cómo nos sentimos nosotros, y suponemos que ellos sienten del mismo modo, como el vendedor de zapatos que piensa que nos deberían gustar los zapatos porque le gustan a él. Escuchar de forma egocéntrica es con frecuencia un juego de ganarle al otro, como si las conversaciones fueran una competencia: "¿Crees que te fue mal a ti hoy? Eso no es nada. Deberías oír lo que me sucedió a *mí*".

Cuando escuchamos desde nuestro propio punto de vista, generalmente respondemos en uno de tres modos, y todos ellos hacen que la persona se cierre inmediatamente: *juzgamos, aconsejamos y sondeamos.* Examinemos cada uno de ellos.

Juzgar. A veces, al escuchar a los demás, juzgamos (en nuestras mentes) a la persona y lo que dice. Si estás muy ocupado juzgando, entonces no estás escuchando realmente, ¿o no? Las personas no quieren ser juzgadas, sino escuchadas. En la siguiente conversación, nota lo poco que se escucha y lo mucho que se juzga mentalmente. (Los juicios de la persona que escucha están entre paréntesis.)

PETER: Anoche la pasé muy bien con Katherine.

KARL: Qué bien. *(¿Katherine? ¿Para qué salió con Katherine?)*

PETER: No tenía ni idea de lo fantástica que es.

KARL: ¿Ah, sí? *(Ahí vas de vuelta. Tú eres de los que piensa que toda muchacha es fantástica.)*

PETER: Sí. ¡Estoy pensando en invitarla a la graduación!

KARL: Creí que invitarías a Jessica. *(¿Estás loco? Jessica es mucho más guapa que Katherine.)*

PETER: Sí, pero creo que ahora invitaré a Katherine.

KARL: Entonces invítala a salir. *(Estoy seguro de que cambiarás de opinión mañana.)*

Karl estaba tan ocupado en juzgar, que no *escuchó* una sola palabra de lo que Peter dijo y se perdió la oportunidad de hacer un depósito en la CBR de Peter.

Aconsejar. Aquí es cuando damos consejos con base en nuestra propia experiencia. Éste es el clásico sermón de "Cuando yo tenía tu edad", que muchas veces oyes de tus padres.

Una hermana muy emotiva que necesita ser escuchada dice a su hermano:

—No me gusta para nada nuestra nueva escuela. Desde que nos mudamos, me siento desadaptada. Ojalá pudiera hallar uno o dos amigos.

En vez de escuchar para comprender, el hermano piensa en su propia vida y le dice:

—Necesitas comenzar a relacionarte y practicar deportes y meterte en clubes como lo hice yo.

La hermanita no quería consejos del hermano bien intencionado, sin importar lo buenos que fueran. Sólo quería que la escucharan. Una vez que se sintiera comprendida, sólo entonces aceptaría consejos. El hermano mayor echó a perder una buena oportunidad para hacer un gran depósito.

Sondear. El sondeo ocurre cuando tratas de buscar emociones antes de que los demás estén dispuestos a hablar de ellas. ¿Alguna vez fuiste sondeado? Los padres lo hacen con los jóvenes todo el tiempo. Tu mamá, aun con las mejores intenciones del mundo, trata de saber qué está ocurriendo en tu vida. Pero puesto que tú no estás dispuesto a hablar, lo que ella hace se siente una intrusión, y así te cierras a ella.

—Hola, mi amor. ¿Cómo te fue en la escuela?

—Bien.

—¿Cómo te fue en el examen?

—Bien.

—¿Cómo están tus amigos?

—Bien.

—¿Tienes planes para esta noche?

—Creo que no.

—¿Viste últimamente a alguna muchacha simpática?

—No, mamá. Déjame en paz.

A nadie le gusta ser interrogado. Si haces un montón de preguntas y no estás llegando muy lejos, posiblemente estás sondeando. A veces tu interlocutor no está preparado para abrirse, ni de humor para hablar. Aprende a ser un buen escucha y ofrece un oído abierto cuando el momento sea el adecuado.

ESCUCHAR GENUINAMENTE

Afortunadamente, tú y yo nunca mostramos ninguno de estos cinco estilos de escuchar mal. ¿Cierto? Bueno, tal vez ocasionalmente. Existe una forma de escuchar más elevada que resulta en una verdadera comunicación. La llamamos "escuchar genuinamente". Y es el tipo de práctica que queremos aplicar. Pero para escuchar genuinamente, necesitas hacer tres cosas de forma distinta.

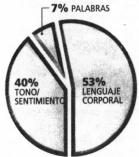

Primero, escucha con tus ojos, corazón y oídos. Escuchar sólo con tus oídos no es suficiente, porque sólo 7% de la comunicación está contenida en las palabras que utilizamos. El resto proviene del lenguaje corporal (53%) y cómo decimos las palabras, o el tono y sentimiento que se refleja en la voz (40%). Por ejemplo, nota cómo podemos cambiar el significado de una frase con tan sólo poner énfasis en una palabra.

Yo no dije que tenías un problema con tu actitud.
Yo no dije que *tú* tenías un problema con tu actitud.
Yo no dije que tú tenías un problema con tu *actitud.*

Para escuchar lo que los demás realmente dicen, necesitas escuchar lo que *no están* diciendo. Sin importar lo duras que puedan parecer las personas en la superficie, casi todos son tiernos en el fondo, y tienen una desesperada necesidad de ser entendidos. El siguiente poema (uno de mis favoritos de todo el tiempo) capta esta necesidad.

POR FAVOR... ESCUCHA LO QUE NO DIGO

No te dejes engañar por mí. No te dejes engañar por la máscara que uso. Porque uso una máscara, tengo miles de ellas, máscaras que temo quitarme, y ninguna de ellas soy yo. Fingir es un arte que para mí ya es un reflejo, pero no te dejes engañar.

[...] Doy la impresión de que me siento seguro, de que todo es luminoso y sin problemas conmigo, tanto en mi interior como en mi exterior; esa confianza es mi nombre, y la precisión es mi juego; de que las aguas son calmas, de que tengo el control y de que no necesito a nadie. Pero no lo creas; por favor, no lo hagas.

Platico alegremente contigo en los suaves tonos de la charla de circunstancias. Te digo todas las cosas que en realidad nada son, nada de lo que llora en mi interior. Así, cuando realizo mi acto, no te dejes engañar por lo que digo. Por favor escucha cuidadosamente, y trata de oír lo que no estoy diciendo; lo que me gustaría poder decir; lo que, para sobrevivir, necesito decir, pero no puedo. No me gusta ocultarme. Sinceramente es así. Me disgustan mis superficiales y falsos juegos.

HABITO 5

Realmente me gustaría ser genuino, espontáneo, yo mismo; pero necesitas ayudarme. Ayúdame tomándome de la mano, aun cuando es la última cosa que parezco querer. Cada vez que eres generoso, suave y alentador, cada vez que intentas comprender, porque realmente te importo, mi corazón despliega sus alas. Alas muy pequeñas. Alas muy frágiles. Pero alas, al fin y al cabo. Con tu sensibilidad, simpatía y poder de comprensión, puedo lograrlo. Puedes insuflar vida en mí, aunque no te será fácil. Una larga convicción de falta de valía forma fuertes muros. Pero el amor es más fuerte que los fuertes muros, y ahí está mi esperanza. Por favor, intenta derribar esos muros con brazos firmes, pero con manos suaves, porque un niño es muy sensible, y yo soy un niño.

¿Quién soy?, te preguntarás. Soy todo hombre, toda mujer, todo niño... todo ser humano que conoces.

Segundo, ponte en su lugar. Para llegar a ser un genuino escucha, necesitas salir de tu lugar y ponerte en el del otro. Citando a Robert Byrne: "Si no caminas una milla en los mocasines de otra persona, no puedes imaginarte el olor". Intenta ver el mundo como los demás lo ven, y tratar de sentir lo que ellos sienten.

Imaginemos por un instante que todos en el mundo usan anteojos de cristales de colores, y que no hay dos tonos que sean exactamente iguales. Tú y yo estamos a la orilla de un río. Mis anteojos son de color verde, y los tuyos son rojos.

—Mira lo verde que es el agua —digo.

—¿Verde? ¿Estás loco? El agua es roja —respondes.

—¿Hay alguien ahí? ¿Eres daltónico? Es todo lo verde que puede ser el color verde.

—¡Es rojo, imbécil!

—¡Verde!

—¡Rojo!

Muchas personas piensan que las conversaciones son una competencia. Es mi punto de vista contra el tuyo; la razón no la podemos tener ambos. En realidad, puesto que ambos provenimos de distintos puntos de vista, ambos podemos estar en lo cierto. Además, es tonto tratar de *ganar* conversaciones. Eso generalmente termina en Ganar-Perder o Perder-Perder, y es un retiro de la CBR.

Mi hermana menor una vez me narró esta anécdota de Toby, una amiga suya. Nota la diferencia que produjo ponerse en el lugar del otro:

Lo peor de ir a la escuela es tener que subir al camión. Quiero decir que la mayoría de mis amigos tienen coche (aun si se trata de drogadictos), pero no se me podía comprar un coche, por lo que tenía que subir al autobús, o buscar quién me pudiera llevar. A veces llamaba a mi madre después de la escuela para que viniera a recogerme, pero a veces tardaba tanto que me volvía loca. Recuerdo muchas veces en que le grité a mi mamá: "¿Por qué tardaste tanto? ¿Ni siquiera te importa que lleve horas esperándote?" *Nunca puse atención a cómo se sentía ella o lo que había estado haciendo. Sólo pensaba en mí misma.*

Una vez la oí hablando con mi papá sobre el asunto. Ella lloraba y hablaba de lo mucho que deseaba poder comprarme un coche, y lo mucho que había estado trabajando para poder ganar el dinero necesario.

De pronto, toda mi perspectiva cambió. Mi madre apareció como una persona con verdaderos sentimientos, temor, esperanzas, dudas y mucho amor hacia mí. Juré nunca volver a tratarla mal. Incluso comencé a platicar más con ella, y juntas pensamos en una forma de que yo pudiera obtener un empleo de medio tiempo y contribuir para comprar el coche. Incluso ella se ofreció para llevarme al trabajo y traerme. Ojalá la hubiera escuchado antes.

Tercero, practica el reflejo. Piensa como un espejo. ¿Qué hace el espejo? No juzga. No da consejos. Refleja. Reflejar es simplemente esto: *repite con tus propias palabras lo que la otra persona dice y siente.* Reflejar no es imitar. Imitar es cuando repites exactamente lo que dice la otra persona, como un perico:

—Tom, estoy pasando por el peor momento de mi vida en la escuela.

—Estás pasando por el peor momento de tu vida en la escuela.

—Estoy prácticamente reprobando todas las materias.

—Prácticamente estás reprobando todas tus materias.

—¡Oye! Deja de repetir todo lo que digo. ¿Qué te pasa?

Reflejar es distinto de imitar, en las siguientes formas:

IMITAR ES:	REFLEJAR ES:
Repetir palabras	Repetir el significado
Utilizar las mismas palabras	Utilizar tus propias palabras
Frío e indiferente	Cálido y atento

Tomemos un ejemplo de una conversación cotidiana, para ver cómo funciona el reflejo.

Tu papá podría decirte:

—¡No! No puedes llevarte el coche esta noche, hijo. Se acabó.

Una típica reacción en que se trata de decir algo podría ser:

—Nunca me das permiso de usar el coche. Siempre tengo que pedir "aventón". Ya estoy harto.

Este tipo de reacción generalmente termina en un enorme concurso de gritos, en donde nadie se siente bien después. En vez de eso, trata de reflejar. *Repite con tus propias palabras lo que la otra persona dice y siente.* Hagamos otro intento:

—¡No! No puedes llevarte el coche esta noche, hijo. Se acabó.

—Puedo notar que esto te altera mucho, papá.

—Claro que estoy alterado. Tus calificaciones han estado bajando últimamente, y no te mereces el coche.

—Mis calificaciones te preocupan.

—Sí. Sabes lo mucho que quiero que entres a la universidad.

—La universidad es muy importante para ti, ¿verdad?

—Nunca tuve la oportunidad de entrar a la universidad. Y por eso no pude hacer muchas cosas. Sé que el dinero no lo es todo, pero estoy seguro de que me sería útil en este momento. Sólo quiero una mejor vida para ti.

—Ya veo.

—Tú tienes muchas capacidades, y por eso me vuelve loco que no tomes en serio la escuela. Creo que podrías llevarte el coche si me prometes que esta misma noche harás tu tarea. Eso es todo lo que pido. ¿Me lo prometes?

¿Notaste lo que sucedió? Al practicar el reflejo, el muchacho pudo descubrir la verdadera preocupación de su padre. No le importaba mucho que se llevara el coche, sino el futuro y la informalidad en la escuela. Una vez que sintió que su hijo comprendió lo importante que eran para él las calificaciones y la universidad, dejó caer sus defensas.

No puedo garantizarte que el reflejo siempre tenga resultados tan perfectos. Generalmente, aunque no siempre, es más complicado. El papá pudo haber respondido:

"Me alegra que comprendas cuáles son mis orígenes, hijo. Ahora ve a hacer tu tarea". Pero puedo garantizarte que el reflejar será un depósito en la CBR del otro, y que llegarás más lejos que si utilizaras la actitud de "pelear o huir". Si sigues siendo un escéptico, te desafío a que lo pruebes. Creo que quedarás agradablemente sorprendido.

Restricciones. Si practicas el reflejo, pero en realidad no deseas comprender a los demás, ellos se darán cuenta y se sentirán manipulados. Reflejar es una habilidad, la punta del iceberg. Tu actitud o deseo de comprender realmente al otro es la masa de hielo que está

sobre la superficie. Si tu actitud es la correcta pero no tienes la habilidad, no hay problema. Pero no funciona al revés. Y si tienes tanto la actitud como la capacidad, llegarás a ser un poderoso comunicador.

A continuación ofrezco algunas frases de reflejo que puedes utilizar al tratar de poner en práctica el escuchar genuino. Recuerda que tu objetivo es *repetir con tus propias palabras lo que la otra persona dice y siente.*

Escucha,
o tu lengua
te dejará sordo.

PROVERBIO DE LOS INDIOS AMERICANOS

Frases de reflejo

- "A mí me parece que sentiste que..."
- "Así, como yo lo veo..."
- "Puedo notar que sientes..."
- "Tú sientes que..."
- "Así, lo que estás diciendo es..."

Nota importante: Hay un momento y un lugar para escuchar genuinamente. Puedes hacerlo cuando hablas de un asunto importante o delicado, como cuando un amigo realmente necesita ayuda, o si tienes un problema de comunicación con algún ser querido. Estas conversaciones necesitan tiempo y no puedes apurarlas. Sin embargo, no es necesario que lo hagas en conversaciones informales, o en la charla cotidiana:

—¿Dónde está el baño? Me urge.

—Así, lo que estás diciendo es que estás preocupado de no poder hallar el baño a tiempo.

Escuchar genuinamente en acción

Examinemos otra vez la situación en que una chica necesita que su hermano mayor la escuche, para ilustrar lo distinto que es escuchar genuinamente.

Ella dice:

—No me gusta nuestra nueva escuela. Desde que nos mudamos, me siento totalmente desadaptada. Ojalá pudiera hallar amigos nuevos.

El hermano podría utilizar cualquiera de las siguientes respuestas:

—Pásame las papas fritas. (Distraerse)

—Me parece fantástico. (Fingir que se escucha)

—Hablando de amigos, mi amigo Bart... (Escuchar selectivamente)

—Lo que necesitas es comenzar a relacionarte. (Aconsejar)

—No te esfuerzas lo suficiente. (Juzgar)

—¿Tienes problemas con tus calificaciones? (Sondear)

Pero si el hermano mayor es listo, intentará reflejar.

—Sientes que en estos momentos la escuela está muy difícil. (Reflejo)

—De lo peor. Realmente no tengo amigas. Y Tabatha Jones es grosera conmigo. No sé qué hacer.

—Te sientes confundida. (Reflejo)

—Claro que sí. Siempre fui popular, y de pronto nadie sabe mi nombre. Estuve tratando de relacionarme, pero no parece funcionar.

—Puedo ver que te sientes frustrada. (Reflejo)

—Sí. Posiblemente te parezca que estoy loca o algo así. De todas formas, gracias por escuchar.

—No hay problema.

—¿Qué piensas que debería hacer?

Al escuchar, el hermano mayor hizo un enorme depósito en la CBR de la chica. Además, ahora ella está dispuesta a oír sus consejos. Ahora es el momento adecuado para que él busque ser entendido, hablar de su punto de vista.

Andy refirió lo siguiente:

Tenía muchos problemas de comunicación con mi novia, a quien quería mucho. Llevábamos saliendo un año y comenzamos a discutir mucho, y realmente me asustaba que pudiera perderla. Cuando supe de primero entender y luego ser entendido, y cómo aplicar la cuenta de banco de las relaciones, me lo tomé muy a pecho. Tomé conciencia de que siempre trataba de interpretar lo que ella decía, pero nunca la escuchaba con una mente abierta. Esto salvó la relación y seguimos juntos. Eso fue hace dos años. Nuestra relación es mucho más madura que la de la mayoría de las parejas, porque ambos creemos en el Hábito 5. Lo utilizamos para decisiones importantes y también para las más modestas, como salir a cenar. Cada vez que estoy con ella, me digo honestamente a mí mismo: "Ahora, cállate y trata de entenderla".

• COMUNICACIÓN CON LOS PADRES

La comunicación ya es de por sí difícil, pero incorpora a papá o a mamá en la mezcla y lo que tienes es un tigre. De adolescente me llevé muy bien con mis padres, pero había momentos en que estaba convencido de que había extraterrestres dentro de sus cuerpos. Sentía que no entendían ni me respetaban como individuo, sino que me consideraban uno más del resto de los muchachos. Pero sin importar lo distantes que puedan parecerte tus padres a veces, la vida será mucho mejor si puedes comunicarte.

Si quieres mejorar tu relación con papá o mamá (y de paso dejarlos con la boca abierta), intenta escucharlos, del mismo modo en que lo harías con un amigo. Quizá te parezca extraño tratar a tus padres como si fueran gente normal, pero vale la pena. Siempre les decimos: "No me entiendes. Nadie me entiende". ¿Pero alguna vez pensaste que tal vez tú no los entiendes a ellos?

Como puedes ver, ellos también tienen presiones. Mientras que tú te preocupas por tus amigos y tu próximo examen de historia, ellos se preocupan por sus jefes y cómo pagarán tu tratamiento con el dentista. Igual que tú, tienen días en que fueron ofendidos en el trabajo y van al baño a llorar. Tienen días en que no saben cómo pagarán las cuentas. Tu mamá pocas veces tendrá la oportunidad de salir, y pasarla bien. Tal vez los vecinos se ríen de tu papá por el coche que tiene. Quizá tengan sueños insatisfechos que debieron sacrificar para que tú puedas lograr los tuyos. Los padres son también personas. Ríen, lloran, se sienten ofendidos y no siempre saben cómo actuar, como tú o como yo.

Si decides comprender y escuchar a tus padres, sucederán dos cosas increíbles. Primero, sentirás más respeto hacia ellos. Cuando cumplí 19, recuerdo que leí uno de los libros de mi papá por primera vez. Era un escritor con éxito y todos me decían lo buenos que eran sus libros, pero nunca me tomé la molestia de siquiera mirarlos, hasta ese momento. "Mi papá es muy listo", pensé luego de terminar el primer libro. Durante todos esos años, yo estaba convencido de que yo era más listo.

Segundo, si apartas un tiempo para entender y escuchar a tus padres, te saldrás con la tuya más veces. Éste no es un truco para manipularlos; es un principio. Si sienten que los entiendes, estarán mucho más dispuestos a escucharte, serán más flexibles y confiarán más en ti. Una madre de familia una vez me dijo: "Si mis hijas adolescentes simplemente se tomaran la molestia de comprender el mundo frenético en el que vivo, e hicieran cosas en la casa para ayudarme, les daría tantos privilegios que no sabrían qué hacer con ellos".

¿Cómo puedes entender, entonces, a tus padres? Comienza haciéndoles algunas preguntas. ¿Cuándo fue la última vez que preguntaste a tu papá o a tu mamá cómo le fue ese día?, o: "Dime lo que te gusta y lo que te disgusta de tu trabajo", o: "¿Hay algo que pueda hacer para ayudarte en la casa?"

También puedes hacer pequeños depósitos en su CBR. Para hacer eso, pregúntate: "¿Qué es lo que mis papás consideran un depósito?" Ponte en su lugar y piénsalo desde su punto de vista, y no desde el tuyo. Para ellos, un depósito puede ser lavar los platos o sacar la basura sin que te lo pidan, o cumplir con la promesa de llegar a casa a tiempo o, si no vives con ellos, llamarlos cada fin de semana.

Luego busca ser entendido

Vi los resultados de una encuesta, en donde se preguntaba cuáles eran los mayores temores de las personas. La muerte fue el número dos. Nunca adivinarás cuál fue el primer temor. Era: "Hablar en público". La gente preferiría morir que hablar en público. ¿No es interesante?

Desde luego que se necesita de valor para hablar frente a un público. Pero también se necesita de valor para hablar, en general. La segunda mitad del Hábito 5, ser entendido, es tan importante como la primera mitad, pero requiere de algo distinto en nosotros. Buscar primero entender requiere consideración, pero buscar ser entendido requiere valor.

Practicar sólo la primera mitad del Hábito 5, primero entender, es débil. Es Perder-Ganar. Es el síndrome del tapete. Sin embargo, es fácil caer en esa trampa, especialmente con los padres. "No le diré a mamá cómo me siento. Nunca escuchará, y tampoco entenderá". Así, llevamos en nuestro interior estos sentimientos, en tanto que nuestros padres continúan sin saber cómo nos sentimos realmente. Pero esto no es saludable. Recuerda que los sentimientos que no se expresan nunca mueren. Quedan enterrados vivos y luego salen de maneras más desagradables. Debes hablar de tus sentimientos, o te comerán por dentro.

Además, si te tomas el tiempo para escuchar, tus posibilidades de ser escuchado serán muy buenas. En la siguiente anécdota, observa cómo Kelli practicó ambas mitades del hábito:

Estaba enferma y perdí un día de clases. Mis padres estaban preocupados porque no dormía lo suficiente y permanecía despierta hasta muy tarde. En vez de salir con un montón de pretextos, traté de entender su razonamiento. Y estuve de acuerdo con ellos. Pero también les expliqué que trataba de divertirme en mi último año de preparatoria, y esto incluye pasarla con mis amigos. Mis padres estaban dispuestos a ver la situación desde mi punto de vista y llegamos a un compromiso. Me debería quedar en casa un día del fin de semana, a descansar. No creo que mis padres hubieran permitido esto si no hubiera intentado entenderlos antes.

Dar retroalimentación es una importante parte de buscar ser entendido. Si se hace de la forma adecuada, puede ser un depósito en la CBR. Por ejemplo, si alguien tiene la bragueta abierta, dale retroalimentación. Créeme que te lo agradecerán mucho. Si tienes un amigo con mal aliento (hasta el punto en que tiene toda una reputación por esto), ¿no crees que te agradecería retroalimentación sincera, dada de modo diplomático? ¿Alguna vez regresaste a casa de una cita para descubrir que tuviste un gran trozo de carne entre los dientes toda la noche? Aterrorizado, inmediatamente recuerdas cada sonrisa que hiciste esa noche. ¿No habrías deseado que tu pareja te lo dijera?

Si tu CBR con alguien se encuentra en muy buen estado, puedes dar retroalimentación abiertamente y sin titubear. Mi hermano menor Joshua, de tercero de preparatoria, habla de los siguientes:

Lo bueno de tener hermanos o hermanas mayores es la retroalimentación que te dan.

Cuando regreso a casa de un juego de basquetbol o futbol, papá y mamá me reciben a la entrada y repaso con ellos las principales jugadas del partido. A mamá le entusiasma el talento que tengo y papá dice que fueron mis capacidades de liderazgo las que hicieron que el equipo triunfara.

Cuando mi hermana Jenny viene a la cocina con nosotros, le pido su opinión. Ella dice que jugué de forma muy ordinaria, y que será mejor que me supere si quiero conservar mi posición en el equipo, y espera que juegue mejor en el siguiente partido para no ponerla en ridículo.

Puesto que Jenny y Josh se quieren mucho, pueden darse retroalimentación de forma sincera. Ten en mente estos dos puntos al dar retroalimentación.

Primero, hazte la siguiente pregunta: "¿Esta retroalimentación realmente ayudará a esta persona, o lo estoy haciendo sólo para complacerme y luego arreglar todo?" Si el motivo que tienes para dar retroalimentación no es teniendo en mente el mejor interés de la otra persona, entonces quizá no es el momento ni el lugar para hacerlo.

Segundo, transmite mensajes "yo" en vez de mensajes "tú". En otras palabras, da la retroalimentación en primera persona. Di: "Estoy preocupado porque tienes un problema con tu carácter" o *"Siento* que últimamente actúas de modo egoísta". Los mensajes "tú" son más amenazantes porque suenan como si estuvieras etiquetando: "Tú eres muy egoísta", "Tú tienes un pésimo carácter".

Y bien, creo que con esto terminamos. No tengo mucho más que decir acerca de este hábito, excepto que quiero cerrar con la reflexión con la que comenzamos: tienes dos orejas y una boca; utilízalas apropiadamente.

PRÓXIMAS ATRACCIONES

A continuación, descubre cómo 1 más 1 a veces es igual a 3.
¡Nos veremos ahí!

PASOS DE BEBÉ

1 Observa cuánto tiempo puedes mantener contacto ocular con alguien mientras habla contigo.

2 Ve al centro comercial, busca dónde sentarte y observa a las personas comunicándose. Nota lo que dice su lenguaje corporal.

3 En tus interacciones de este día, trata de reflejar a una persona, e imitar a otra, sólo para divertirte. Compara los resultados.

4 Pregúntate: "¿Con cuál de los cinco malos estilos para escuchar tengo más problemas: distraerme, fingir que escucho, escuchar selectivamente, escuchar palabras o escuchar de forma egoísta (juzgar, aconsejar, sondear)? Ahora, intenta pasar todo un día sin hacerlo.

El estilo de escuchar mal que más problemas me da: _____

_____

5 Durante un día de esta semana pregunta a tu mamá o a papá: "¿Cómo te va?" Abre tu corazón y practica el escuchar genuinamente. Lo que aprenderás será toda una sorpresa.

6 Si te gusta hablar, haz una pausa y dedica el día a escuchar. Habla únicamente cuando tengas que hacerlo.

7 La próxima vez que sientas que quieres enterrar tus sentimientos en lo más hondo, no lo hagas. Mejor exprésalos de modo responsable.

8 Piensa en una situación en la que tu retroalimentación constructiva realmente podría ayudar a otra persona. Habla con ella en un momento adecuado.

Persona que podría beneficiarse con mi retroalimentación: _____

_____

Sinergizar

$$1+1=3$$

La
vía "elevada"

Solos podemos hacer muy poco; juntos podemos hacer mucho.
HELEN KELLER

¿Alguna vez viste una parvada dirigiéndose hacia el sur para invernar, volando en formación en **V**? Los científicos descubrieron cosas sorprendentes sobre las razones por las que vuelan de ese modo:

...HONK!...

• Volando en formación, el grupo puede llegar 71% más lejos que si cada ave volara sola. Cuando un ave bate las alas, crea una corriente ascendente para el pájaro que le sigue.

• Cuando el ave guía se cansa, pasa al último lugar de la **V** y permite que otra ave tome la posición principal.

...HONK!...

• Las aves en los últimos lugares graznan para alentar a quienes están adelante.

• Cuando un ave sale de la formación, de inmediato siente la resistencia de volar sola y rápidamente vuelve a la formación.

...HONK!...

• Finalmente, cuando una de ellas se enferma o se lastima y sale de la formación, otras dos aves la seguirán para ayudarla y protegerla. Se quedarán con ella hasta que sana o muera, y luego se unirán a una nueva formación o crearán una propia para alcanzar al otro grupo.

¡Vaya que son listas las aves! Al compartir las corrientes que producen las demás, turnarse para guiar, graznar para alentarse, quedarse en formación y cuidar de las heridas, logran mucho más que si cada una volara sola. Me pregunto si tomaron clases sobre el Hábito 6, Sinergizar. Hmmm...

¿Qué significa sinergizar? En pocas palabras, *se logra la sinergia cuando dos o más personas trabajan conjuntamente para crear una mejor solución de lo que ambos pudieran lograr por cuenta propia. No es tu forma o la mía, sino una mejor forma, una más elevada.*

La sinergia es la recompensa, el delicioso fruto que probarás al vivir mejor los demás hábitos, especialmente al Pensar Ganar-Ganar y Buscar Primero Entender. Aprender a sinergizar es aprender a hacer formaciones en **V** en vez de tratar de volar solo por la vida. ¡Te sorprenderá lo rápido y lejos que puedes llegar!

Para comprender mejor lo que es la sinergia, veamos qué *no es*:

SINERGIA ES:	SINERGIA NO ES:
Celebrar diferencias	Tolerar diferencias
Trabajo en equipo	Trabajar independientemente
Tener la mente abierta	Pensar que siempre tienes la razón
Hallar formas nuevas y mejores	Hacer compromisos

● LA SINERGIA ESTÁ EN TODAS PARTES

En la naturaleza, la sinergia está en todas partes. Los
grandes árboles secoya (que alcanzan 100 metros
de altura o más) crecen en conjuntos, y comparten una vasta disposición de raíces entrelazadas. Sin contar el uno con el otro, bastaría
con una tormenta para que cayeran.

Muchos animales y plantas viven juntos en relaciones simbióticas. Si alguna
vez viste una fotografía de un pequeño pájaro que se alimenta en el lomo
de un rinoceronte, entonces ya viste sinergia
en acción. Todos se benefician: el pájaro se alimenta y el rinoceronte queda limpio.

La sinergia no es algo nuevo. Si alguna vez
estuviste en algún equipo, ya la sentiste. Si alguna vez trabajaste en grupo sobre un proyecto que finalmente se logró, o
que fue muy divertido para todos, ya la sentiste.

Una buen conjunto musical es un excelente equipo de sinergia.
No es sólo la batería, la guitarra, el saxofón o el vocalista, sino son todos
ellos en conjunto los que forman el "sonido". Cada integrante del conjunto aporta sus habilidades para crear algo mejor de lo que podrían
hacer solos. Ningún instrumento es más importante que el otro; sólo es
distinto.

● CELEBRAR LAS DIFERENCIAS

La sinergia no es algo que simplemente sucede. Es un proceso. Es necesario llegar a ese punto. Y el fundamento para llegar hasta allá es el siguiente: aprender a celebrar las diferencias.

Nunca olvidaré cuando me topé en la preparatoria con un nativo de
Tonga llamado Fini Unga. En un principio, me aterraba. Quiero decir
que este tipo tenía el cuerpo de un tanque, su aspecto era feroz y era

conocido como peleador callejero. Nos veíamos, vestíamos, hablábamos, pensábamos y comíamos distinto (deberías ver lo que este tipo comía). Lo único que teníamos en común era el futbol. ¿Cómo fue posible que llegáramos a ser los mejores amigos? Tal vez porque éramos tan distintos. Nunca podía saber lo que Fini pensaba o qué haría inmediatamente, y eso era muy refrescante. Yo disfrutaba especialmente ser su amigo cuando se iniciaba alguna pelea. Tenía fortalezas de las que yo carecía, y yo contaba con fortalezas que no había en él, por lo que juntos formábamos un gran equipo.

Cómo me alegro que el mundo no está lleno de réplicas genéticas que actúan y piensan exactamente como yo. Gracias a Dios por la diversidad.

Cuando oímos la palabra *diversidad*, por lo común pensamos en diferencias raciales y de sexo. Pero hay mucho más en esto, incluyendo diferencias en rasgos físicos, forma de vestirse, idioma, posición social, familia, creencias religiosas, estilo de vida, educación, intereses, habilidades, edad, carácter general y muchas cosas más.

Como dijo el doctor Seuss en *One Fish, Two Fish, Red Fish, Blue Fish*:

Los vemos venir.
Los vemos irse.
Algunos son rápidos.
Y otros son lentos.
Algunos son altos.
Algunos son bajos.
Ninguno de ellos
es igual al otro.
No me preguntes por qué.
Pregúntale a tu mamá.

El mundo se está convirtiendo rápidamente en un gran crisol de culturas, razas, religiones e ideas. Puesto que esta diversidad que nos rodea aumenta cada vez más, necesitas tomar una importante decisión en lo que a manejarlo se refiere. Éstas son tres posibles actitudes que puedes tomar:

Nivel 1: Evitar la diversidad
Nivel 2: Tolerar la diversidad
Nivel 3: Celebrar la diversidad

Perfil de quien evita

Los que evitan y temen (a veces le tienen terror) a las diferencias. Les perturba que alguien tenga un color de piel distinto, adore a otro dios, o vista de pantalones de mezclilla que no sean de su marca, porque están convencidos de que su forma de vivir es la "mejor", "correcta" o "única". Disfrutan poniendo en ridículo a quienes son distintos, y mientras tanto creen que ellos están salvando al mundo de alguna terrible plaga. No dudan en pelear físicamente al respecto si es necesario, y con frecuencia se unen a pandillas o antigrupos, ya que en la cantidad hay fuerza.

Perfil del que tolera

Los que toleran piensan que todos tienen el derecho a ser distintos. No evitan la diversidad, pero tampoco la adoptan. Su lema es: "Tú por tu cuenta y yo por la mía. Haz lo tuyo y permíteme hacer lo mío. No me molestes, y no te molestaré".

Aunque se acercan mucho, nunca *llegan a la sinergia* porque ven las diferencias como impedimentos, y no como fortalezas potenciales sobre las que pueden formar algo. No saben de qué se están perdiendo.

Perfil del que celebra

Los celebradores valoran las diferencias. Las consideran ventajas, y no debilidades. Aprendieron que dos personas que piensan en forma distinta pueden lograr más que dos personas que piensan de forma similar. Se dan cuenta de que celebrar diferencias no significa que necesariamente estemos de acuerdo con las diferencias, como en el caso de demócratas o republicanos, sino que se valoran. Para ellos, Diversidad = Chispas creativas = Oportunidad.

¿En dónde estás tú en este aspecto? Piénsalo bien. Si las ropas de alguien no son como las tuyas, ¿valoras su estilo de vestir característico o piensas que está "fuera de onda"?

Piensa en algún grupo cuyas creencias religiosas sean contrarias a las tuyas. ¿Respetas sus creencias, o los descartas como un montón de tipos extraños?

A los que viven en otro barrio, ¿los crees capaces de enseñarte algo, o los etiquetas debido al lugar en el que viven?

La verdad es que celebrar la diversidad es una lucha para la mayoría de nosotros, dependiendo de qué se trate. Por ejemplo, tal vez aprecies la diversidad racial y cultural, y al mismo tiempo consideres inferior a alguien por las ropas que viste.

• TODOS SOMOS UNA MINORÍA DE UNO SOLO

Es mucho más fácil apreciar las diferencias cuando nos damos cuenta de que de uno u otro modo, todos somos una minoría de uno solo. Y deberíamos recordar que la diversidad no sólo es algo externo, sino también interno. En el libro *All I Really Need to Know I Learned in Kindergarten* [Todo lo que realmente necesito saber lo aprendí en el kinder], Robert Fulghum dice: "Somos tan distintos uno de otro en nuestras mentes, como parecemos serlo en la parte exterior de nuestras mentes". ¿Cómo diferimos en el interior? Pues...

Aprendemos de modo distinto. Como probablemente ya notaste, el cerebro de tu amigo o de tu hermana no funcionan como el tuyo. El doctor Thomas Armstrong identificó siete tipos de inteligencia, y dice que los jóvenes pueden aprender mejor mediante su inteligencia predominante:

- *Lingüística:* Aprender mediante lecturas, escribir, narrar cuentos.

- *Lógica-Matemática:* Aprender mediante lógica, patrones, categorías, relaciones.

- *Corporal-Cinestésica:* Aprender mediante sensaciones corporales, tacto.

- *Espacial:* Aprender mediante imágenes y formas.

- *Musical:* Aprender mediante sonidos y ritmos.

- *Interpersonal:* Aprender mediante interacción y comunicación con los demás.

- *Intrapersonal:* Aprender mediante los sentimientos.

Un tipo no es mejor que el otro, sino que sólo es distinto. Tú puedes ser predominantemente lógico-matemático, y tu hermana puede ser predominantemente interpersonal. Dependiendo de tu actitud hacia la diversidad podrías decir que ella es extraña porque habla mucho, *o* podrías aprovechar estas diferencias y hacer que te ayude en tu clase de oratoria.

Vemos de forma distinta. Cada uno ve el mundo de forma distinta y tiene un paradigma distinto de sí mismo, los demás y la vida en general. Para comprender lo que digo, hagamos un experimento. Observa la

imagen de al lado durante algunos segundos. Luego observa la imagen al final de la página 194 y describe lo que ves. Podrías decir que la imagen de la página 194 es un dibujo de un ratoncito de larga cola. ¿Y si te dijera que estás equivocado? ¿Qué pasaría si te dijeran que no estás viendo un ratón, sino un dibujo de un hombre con anteojos? ¿Valorarías mi opinión o pensarías que soy un estúpido porque no veo las cosas como tú las ves?

Para entender mi punto de vista, ve a la página 200 y estudia durante un instante la imagen. Luego vuelve a ver la página 194. ¿Puedes ver ahora lo que yo vi?

Esto demuestra que todos los eventos de tu pasado formaron un lente o paradigma, a través del cual ves el mundo. Y puesto que el pasado de una persona nunca es exactamente igual al de otro, no hay persona que vea igual que la otra. Algunos ven ratones y otros ven personas, y ambos tienen razón.

Una vez que captes que todos ven de forma distinta el mundo, y que todos pueden tener la razón, aumentará tu comprensión y respeto hacia los puntos de vista diferentes. (Podrías hacer este mismo experimento con un amigo.)

Tenemos estilos, peculiaridades y características distintas. El siguiente ejercicio no es para hacer un diagnóstico profundo, sino una forma divertida de examinar tus características y peculiaridades personales. Este ejercicio lo desarrolló la escuela de legisladores de Carolina del Norte y fue adaptado del libro *It´s All in Your Mind* [Todo está en tu mente], escrito por Kathleen Butler.

Lee cada renglón y escribe un "4" en el espacio en blanco que mejor te describa. Luego escribe un "3" en el espacio en blanco de la segunda palabra que mejor te describa. Haz lo mismo para las últimas palabras, anotando "2" y "1". La escala es por cada renglón.

EJEMPLO:

Imaginativo	2	Investigador	4	Realista	1	Analítico	3

COLUMNA 1	COLUMNA 2	COLUMNA 3	COLUMNA 4
Imaginativo	Investigador	Realista	Analítico
Adaptable	Inquisitivo	Organizado	Crítico
Se relaciona	Creativo	Va al grano	Discute
Personal	Aventurero	Práctico	Académico
Flexible	Inventivo	Preciso	Sistemático
Compartido	Independiente	Ordenado	Sensible
Cooperativo	Competitivo	Perfeccionista	Lógico
Sensitivo	Arriesgado	Trabajador	Intelectual
Persona a Persona	Soluciona problemas	Planifica	Lector
Asocia	Origina	Memoriza	Reflexiona
Espontáneo	Cambiante	Quiere dirección	Juzga
Comunica	Descubre	Cauteloso	Razona
Se preocupa	Desafía	Practica	Examina
Siente	Experimenta	Hace	Piensa

Ahora suma tus totales (desde luego, no incluyas el ejemplo) de cada columna y escribe el total en los siguientes espacios.

COLUMNA 1
Uvas

COLUMNA 2
Naranjas

COLUMNA 3
Plátanos

COLUMNA 4
Melones

Si tu puntuación más alta fue en la columna 1, considérate una uva.
Si tu puntuación más alta fue en la columna 2, considérate una naranja.
Si tu puntuación más alta fue en la columna 3, considérate un plátano.
Si tu puntuación más alta fue en la columna 4, considérate un melón.
Ahora busca tu fruta a continuación, y piensa en lo que esto significa para ti.

UVAS

Sus capacidades naturales incluyen:

- Ser reflexivo
- Ser sensible
- Ser flexible
- Ser creativo
- Preferencia a trabajar en grupo

Las uvas pueden tener problemas:

- Para dar respuestas exactas
- Concentrarse en una sola cosa a la vez
- Organizar

Las uvas aprenden mejor cuando:

- Trabajan y comparten con los demás
- Equilibran el trabajo con el juego
- Se comunican
- No son competitivos

Para expandir su estilo, las uvas necesitan:

- Poner más atención en los detalles
- No apurar las cosas
- Ser menos emotivos al tomar algunas decisiones

NARANJAS

Sus capacidades naturales incluyen:

- Experimentar
- Ser independientes
- Ser curiosos
- Crear distintos enfoques
- Crear cambios

Las naranjas pueden tener problemas:

- Para cumplir con plazos de tiempo
- Seguir una conferencia
- Cuando tienen pocas opciones

Las naranjas aprenden mejor cuando:

- Usan el proceso de ensayo y error
- Producen productos reales
- Pueden competir
- Se dirigen a sí mismos

Para expandir su estilo, las naranjas necesitan:

- Delegar responsabilidad
- Aceptar más las ideas de los demás
- Aprender a fijar prioridades

PLÁTANOS

Sus capacidades naturales incluyen:
- Planificar
- Hallar datos
- Organizar
- Seguir instrucciones

Los plátanos aprenden mejor cuando:
- Están en un entorno ordenado
- Tienen resultados específicos
- Pueden confiar en los demás para que cumplan con lo suyo
- Tienen situaciones predecibles

Los plátanos tienen problemas:
- Para comprender sentimientos
- Lidiar con la oposición
- Responder a preguntas "¿si...?"

Para expandir su estilo, los plátanos necesitan:

- Expresar más sus sentimientos
- Obtener explicaciones de los puntos de vista de los demás
- Ser menos rígidos

MELONES

Sus capacidades naturales incluyen:
- Discutir puntos de vista
- Hallar soluciones
- Analizar ideas
- Determinar valor o importancia

Los melones aprenden mejor cuando:
- Tienen acceso a recursos
- Pueden trabajar independientemente
- Son respetados por su capacidad intelectual
- Siguen métodos tradicionales

Los melones tienen problemas:
- Para trabajar en grupo
- Al ser criticados
- Para convencer a los demás diplomáticamente

Para expandir su estilo, los melones necesitan:
- Aceptar la imperfección
- Considerar todas las alternativas
- Considerar los sentimientos de los demás

● CELEBRA TU PROPIA DIVERSIDAD

Nuestra tendencia es a preguntar: *¿Cuál es la mejor fruta?* La respuesta es: *Ésa es una pregunta tonta.*

Yo tengo tres hermanos. Aunque tenemos mucho en común, como el tamaño de la nariz y nuestros padres, somos muy distintos. Cuando yo era más chico, siempre trataba de demostrarme a mí mismo que mis talentos eran mejores que los suyos: "Claro que puedes ser más amigable que yo. ¿Pero a quién le importa? Soy mejor en la escuela que tú, y eso es más importante". Ya comprobé la estupidez de esa forma de pensar, y estoy aprendiendo a apreciar el hecho de que ellos tienen sus cualidades, y yo tengo las mías. Nadie es mejor o peor, sólo distinto.

Y por eso no te sientas mal si alguien del sexo opuesto (por quien te mueres por salir) no te elige. Puedes ser la uva más deliciosa del mundo, pero él o ella quizá prefieran a un plátano. Y sin importar cuánto quieras cambiar de fruta, tú eres uva, y ellos buscan un plátano. (Pero no te preocupes. Seguramente aparecerá alguien que busca una uva.) En vez de mezclarte y ser como los demás, enorgullécete y celebra tus diferencias y cualidades, que son únicas en su tipo. Una ensalada de frutas es deliciosa precisamente porque cada fruta conserva su propio sabor.

● OBSTÁCULOS PARA CELEBRAR LAS DIFERENCIAS

Aunque existen muchos, tres de los principales obstáculos para la sinergia son la ignorancia, las camarillas y los prejuicios.

Ignorancia. La ignorancia significa que no tienes ninguna pista. No sabes qué piensan los demás, qué sienten, o qué es lo que vivieron. La ignorancia abunda cuando se trata de comprender a personas minusválidas, como lo explica Crystal Lee Helms en un artículo enviado a *Mirror*, un periódico de la zona de Seattle:

Me llamo Crystal. Mido 1.63, mi cabello es rubio y mis ojos son café claro. "¿Y eso qué importa?", estarás pensando. ¿Y si te dijera que soy sorda?

En un mundo perfecto, no debería, no podría importar. Pero no vivimos en un mundo perfecto, y sí importa. En el momento en que alguien sabe que soy sorda, cambia toda su actitud. De pronto me consideran distinta. Te sorprendería saber cómo actúan los demás. La pregunta más común que me hacen es: "¿Cómo quedaste sorda?" Cuando respondo, su reacción es tan común como la pregunta misma: "Lo siento mucho. Qué tristeza" cada vez que eso sucede, simplemente los miro a los ojos y les informo calmadamente: "No, en verdad. No es triste en lo absoluto. No te disculpes". Sin importar lo buena que sea la intención, la lástima siempre me sume el estómago.

No todas las actitudes me ponen a la defensiva. Algunas son simplemente cómicas. Estaba firmando unos documentos con mis amigos, y un tipo que yo no conocía se me acercó y comenzó a hablar:

—¿Cómo es ser sorda?

—No lo sé. ¿Cómo es oír? Quiero decir que no es como ninguna cosa. Simplemente es así.

Como puedes ver, la cuestión es la siguiente: Si te encuentras con alguien que sea sordo, no lo descartes como minusválido. En vez de ello, piensa en cómo conocerlo mejor y descubrir qué es ser sordo. Al actuar así, te abres a la comprensión no sólo de los demás, sino, lo que es más importante, de ti mismo.

Camarillas. No tiene nada de malo querer estar con quienes te sientes mejor; se convierte en un problema únicamente cuando tu grupo de amigos se hace tan exclusivo que comienzan a rechazar a todo aquel que no sea como ellos. Es difícil valorar diferencias en una camarilla cerrada. Quienes quedan afuera se sienten como ciudadanos de segunda, y quienes están adentro con frecuencia sufren de complejos de superioridad. Pero entrar a una camarilla no es difícil. Lo único que necesitas hacer es perder tu identidad, asimilarte y hacerte parte del colectivo Borgia.

Prejuicio. ¿Alguna vez te sentiste estereotipado, etiquetado o prejuzgado por alguien, porque el color de tu piel no es el "correcto", tu acento es demasiado notorio o vives en el barrio equivocado? ¿Acaso no nos pasó a todos, y es un pésimo sentimiento?

Aunque todos fuimos creados iguales, desafortunadamente no se nos trata igual a todos. Es triste que las minorías de todo tipo con frecuencia tienen obstáculos adicionales qué salvar en la vida, debido a los prejuicios que tienen tantas personas. El racismo es uno de los problemas más antiguos del mundo. La siguiente es la experiencia de Natarsha:

El racismo hace que tener éxito sea más difícil. Si eres estudiante negro con las mejores calificaciones de tu clase y mantienes un buen promedio, algunas personas tenderán a sentirse amenazadas. Sólo desearía que la gente entendiera que todos, sin importar de dónde provienen o qué color tienen, merecen las mismas oportunidades. En lo que se refiere a mis amigos y a mí, el prejuicio será una batalla.

No nacemos con prejuicios. Los aprendemos. Los niños, por ejemplo, no se fijan en los colores. Pero al madurar comienzan a adoptar los prejuicios de los demás, que forman muros, como lo explica la letra de una música de la comedia musical *South Pacific*, escrita por Rogers y Hammerstein:

> *Se les tiene que enseñar a ser huraños*
> *a quienes tienen ojos extraños,*
> *y a quienes tienen piel de otro tono,*
> *se les tiene que enseñar con encono.*
>
> *Tendrán que aprender antes de que sea muy tarde,*
> *desde la más tierna edad,*
> *a odiar a quienes sus parientes odian con alarde,*
> *y se les tiene que enseñar a perpetuidad.*

El siguiente poema anónimo nos cuenta la triste historia de lo que sucede cuando se acumulan prejuicios contra los demás.

EL FRÍO INTERNO

> *Seis humanos atrapados por casualidad en el frío inclemente,*
> *cada uno con su cayado de madera, deja que te cuente.*
>
> *Su fogata moribunda perdía ramas, y el primer hombre se negaba,*
> *pues notó que, entre los demás, había un negro, a quienes detestaba.*
>
> *El otro hombre notó a otro que no era de su fe religiosa,*
> *y no fue capaz de dar al fuego su cayado de madera ruidosa.*
>
> *El tercero vestía harapos, se arropó con su abrigo,*
> *¿para qué dar su cayado para un rico que no es su amigo?*
>
> *El rico retrocedió y pensó en su tesoro,*
> *y cómo cuidarlo de los pobres, haraganes sin decoro.*
>
> *El hombre negro pensó en vengarse cuando el fuego se extinguía,*
> *y que su cayado sólo serviría para castigar al blanco y su altanería.*
>
> *El último hombre de este lastimero grupo nada hacía sin garantía,*
> *dando sólo a quienes le daban a cambio en igual medida.*
>
> *Sosteniendo sus cayados, ya muertos, demuestran el pecado y el infierno:*
> *no murieron por la helada exterior, sino de frío interno.*

❀ DEFENDER LA DIVERSIDAD

Afortunadamente, en el mundo hay mucha gente que tiene calidez interna y que valora la diversidad. La siguiente anécdota de Bill Sanders es un maravilloso ejemplo de cómo se defiende la diversidad y se muestra valor.

Hace algunos años, fui testigo de un valor que me hizo sentir escalofríos.

En una asamblea en la preparatoria, yo acababa de hablar sobre el molestar a los demás, y cómo cada uno de nosotros tiene la habilidad de defender en vez de atacar. Después, dimos tiempo para que cualquiera del público pudiera hablar ante el micrófono. Los estudiantes podrían agradecer a alguien que los hubiera ayudado, y algunos se pararon e hicieron precisamente esto. Una muchacha agradeció a algunos amigos que la ayudaron cuando en su familia había problemas. Un muchacho habló de algunas personas que lo apoyaron durante un periodo emocionalmente difícil.

Entonces se puso de pie una joven de tercer año. Se acercó al micrófono, señaló hacia la sección donde estaban los de segundo año y desafió a toda su escuela:

—Dejemos de molestar a ese muchacho. Claro que es distinto de nosotros, pero estamos todos juntos en esto. En su interior, no es distinto de nosotros y necesita nuestra aceptación, amor, compasión y aprobación. Necesita un amigo. ¿Por qué lo maltratamos continuamente? Desafío a toda esta escuela a pensarlo mejor y darle una oportunidad.

> Las diferencias crean los desafíos en la vida que abren la puerta a los descubrimientos.
>
> Señal del lenguaje de sordomudos estadounidenses que significa
> **"SOMOS DIVERSOS"**

Durante todo el tiempo que ella habló, yo estaba dando la espalda hacia la sección donde estaba el muchacho, y no tenía idea de quién era. Pero obviamente la escuela lo sabía. Me sentí casi temeroso de ver hacia allá, pensando que el muchacho debía estar horrorizado, queriendo esconderse bajo su asiento y ocultarse del mundo. Pero cuando finalmente me decidí a volverme, vi que el muchacho sonreía de oreja a oreja. Todo su cuerpo saltaba y alzó un puño al aire. Su lenguaje corporal decía: "Gracias, gracias. Sígueles diciendo. ¡Hoy me salvaste la vida!"

Hallando la vía "elevada" Una vez que aceptas la idea de que las diferencias son una fortaleza y no una debilidad, y una vez que te comprometes a cuando menos tratar de celebrar las diferencias, estás listo para hallar la Vía Elevada. La definición budista de la Vía Media no significa compromiso; significa algo más elevado, como el vértice de un triángulo.

La sinergia es algo más que compromiso o cooperación. Compromiso es $1 + 1 = 1\frac{1}{2}$. La cooperación es $1 + 1 = 2$. Sinergia es $1 + 1 = 3$ o más. Es cooperación creativa, con énfasis en la palabra *creativa*. El todo es mayor que la suma de sus partes.

Los constructores conocen esto muy bien. Si una viga de 5 x 10 puede soportar 300 kilos, entonces dos vigas de 5 x 10 podrían soportar

600 kilos. ¿Cierto? En realidad, dos vigas de 5 x 10 pueden soportar 900 kilos. Si están unidas con remaches, dos vigas de 5 x 10 pueden soportar 2 400 kilos. Y tres vigas de 5 x 10, remachadas, pueden soportar 8 200 kilos. También los músicos saben cómo funciona esto. Saben que cuando las notas do y sol están perfectamente afinadas, producen una tercera nota, un mi.

Hallar la Vía Elevada siempre produce más, como lo descubrió Laney:

En mi laboratorio de física, el maestro estaba demostrando el principio del momento y nos dejó de tarea construir una catapulta, como en la Edad Media. La llamamos la "lanzacalabazas".

Nuestro grupo era de tres personas, dos varones y yo. Los tres éramos muy distintos, por lo que tuvimos un montón de ideas distintas.

Uno de nosotros quería usar sogas para tensar el brazo lanzador. Otro quería utilizar bandas de goma. Probamos estas dos cosas sin tener mucho éxito, y entonces pensamos en una forma de utilizarlas juntas. Produjeron mucha más tensión de lo que hubiera hecho cada una. Estuvo muy bien, porque duplicó el alcance de nuestro tiro.

La sinergia ocurrió cuando los fundadores de Estados Unidos formaron su estructura gubernamental. William Paterson propuso el Plan de Nueva Jersey, que decía que los estados deberían tener igual cantidad de representantes en el gobierno, sin importar su población. Este plan favoreció a los estados más pequeños. James Madison tenía una idea distinta, conocida como Plan Virginia, que afirmaba que los estados con mayores poblaciones debían tener más representantes. Este plan favorecía a los estados mayores.

Tras varias semanas de debate, llegaron a una decisión que dejó conformes a todos los partidos. Acordaron tener dos cámaras del Congreso. En una cámara, el Senado, cada estado tendría dos representantes, sin importar la población. En la otra cámara, la Casa de Representantes, cada estado quedaría representado con base en su población.

Aunque se conoce como el Gran Compromiso, esta famosa decisión debería llamarse la Gran Sinergia, porque demostró ser mejor que las dos propuestas originales.

LLEGAR A LA SINERGIA

Estés discutiendo con tus padres por la hora de acostarse que te imponen, o planeando una actividad escolar con tus compañeros, o simplemente cuando no haya ningún acuerdo, existe una forma de *llegar a la sinergia*. A continuación hay un proceso simple de cinco pasos para ayudarte a llegar.

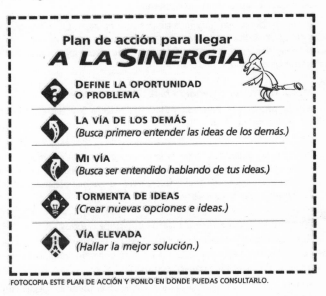

Plan de acción para llegar
A LA SINERGIA

? DEFINE LA OPORTUNIDAD O PROBLEMA

LA VÍA DE LOS DEMÁS
(Busca primero entender las ideas de los demás.)

MI VÍA
(Busca ser entendido hablando de tus ideas.)

TORMENTA DE IDEAS
(Crear nuevas opciones e ideas.)

VÍA ELEVADA
(Hallar la mejor solución.)

FOTOCOPIA ESTE PLAN DE ACCIÓN Y PONLO EN DONDE PUEDAS CONSULTARLO.

Probemos el plan de acción con un problema y veamos cómo funciona.

Las vacaciones

Papá: *No me importa qué pienses. Vendrás a estas vacaciones te guste o no. Ya lo planeamos desde hace meses, y es importante que estemos juntos como familia.*

Tú: *Pero no quiero ir. Quiero quedarme con mis amigos. Me perderé de todo.*

Mamá: *No quiero que te quedes solo. Estaré preocupada todo el tiempo y me echaría a perder las vacaciones. Queremos que vengas con nosotros.*

DEFINE LA OPORTUNIDAD O PROBLEMA

En este caso, tenemos un problema. Es el siguiente:

Mis padres quieren que vaya de vacaciones con la familia, pero preferiría quedarme en casa y salir con mis amigos.

 LA VÍA DE LOS DEMÁS *(Busca primero entender las ideas de los demás.)*

Trata de utilizar las capacidades para escuchar que aprendiste del Hábito 5 para que puedas realmente entender a tus padres. Recuerda que si quieres tener poder e influencia, ellos necesitan sentirse entendidos.

Al escuchar, aprenderás lo siguiente:

Estas vacaciones son muy importantes para mi papá. Quiere tener unos momentos para dedicarlos a la familia. Siente que no será lo mismo si yo no estoy. Mamá siente que se preocuparía tanto si me quedo solo en casa, que no disfrutaría las vacaciones.

 MI VÍA *(Busca ser entendido hablando de tus ideas.)*

Ahora practica la segunda mitad del Hábito 5 y ten el valor de hablar de tus sentimientos. Si los escuchaste a ellos, entonces es más probable que ellos te escuchen a ti. Así, di a tus padres cómo te sientes.

Papá, mamá, quiero quedarme en la casa para estar con mis amigos. Son muy importantes para mí. Planeamos un montón de cosas y no quiero perderme de la diversión. Además, me vuelvo loco cuando tengo que viajar en el coche todo el día con mi hermano y hermana menores.

TORMENTA DE IDEAS *(Crear nuevas opciones e ideas.)*

Aquí es donde sucede la magia. Utiliza tu imaginación y creen nuevas ideas juntos en las que nunca habrían pensado solos. Al hacer la tormenta de ideas, ten lo siguiente en mente.

- *SER CREATIVOS:* Habla hasta de tus ideas más alocadas. Déjalas fluir.
- *EVITA CRITICAR:* Lo que más puede acabar con el flujo de la creatividad es la crítica.
- *LA CADENA:* Sigan formando ideas nuevas. Una gran idea conduce a la otra, la que a su vez produce otra más.

La tormenta de ideas produce los siguientes resultados:

- *Papá dijo que podríamos ir de vacaciones o algún lugar en donde pudiera divertirme más.*
- *Mencioné que podría quedarme con parientes que viven cerca.*
- *Mamá sugirió que podría llevar a un amigo conmigo.*
- *Hablé de usar mis ahorros y comprar un boleto de autobús para alcanzarlos, para no tener que viajar en un coche lleno de personas.*

- *Mamá estuvo dispuesta a irse menos tiempo de vacaciones para que fuera más fácil.*
- *Sugerí quedarme en casa parte de las vacaciones y alcanzarlos después.*
- *Papá estuvo dispuesto a dejarme quedar en casa si pintaba la barda mientras ellos estaban de viaje.*

VÍA ELEVADA *(Hallar la mejor solución.)*

Tras la tormenta de ideas, generalmente surgirá el mejor resultado. Ahora es sólo cuestión de ponerlo en práctica.

Acordamos que me quedaría en casa durante la primera mitad de la semana, y luego viajaría en autobús con un amigo para estar con la familia en la segunda mitad. Incluso ofrecieron pagar los boletos para mi amigo y para mí si pintaba la barda. No es difícil, así que tendré tiempo para salir con mis amigos. Ellos quedaron contentos, y yo también.

Si sigues los puntos básicos de esta fórmula, te sorprenderá lo que puede suceder. Pero se necesita de mucha madurez para llegar a la sinergia. Debes estar dispuesto a escuchar el otro punto de vista. Entonces necesitarás el valor para expresar tu propio punto de vista. Finalmente, necesitas permitir que fluya tu creatividad. Observa cómo esta alumna de preparatoria llegó a la sinergia:

> Oye, Wilbur, esto de la sinergia es fantástico. Tú empujas y yo vuelo.

El baile de la escuela sería dentro de poco y quería usar un vestido de cierto estilo que hallé en una revista de modas. El único problema era que me quedaba corto, porque soy muy alta. Sabía que mi madre se desmayaría.

Nos sentamos esa noche y hablamos de la graduación y con quién iría. Le mostré el vestido en la revista y, tal y como lo pensé, dijo:

—Definitivamente no. Es demasiado corto.

La dejé expresar su opinión de lo que debía hacer y dónde debía hacer las compras.

No me gustó nada de lo que me dijo, pero era obvio que sentía tener la fuerza. Entonces iniciamos una tormenta de ideas de lo que se podría hacer. Una de las ideas fue buscar una costurera y ver si podía hacer algo que nos dejara satisfechas a ambas. Llamé a una amiga, hallamos a una costurera, y poco después comenzamos a hacer dibujos de nuestras ideas, y buscamos telas y patrones. El resultado fue hermoso, muy personal y distinto de los vestidos de las demás. No gasté tanto como esperaba, y a mis amigas también les gustó el atuendo.

Ve por él

El plan de acción para llegar a la sinergia puede utilizarse en todo tipo de situaciones:

- Fuiste asignado a un grupo para un proyecto de biología y en él hay tres personas que ni siquiera conoces.
- Tu novio y tú no pueden decidir con qué familia pasarán la cena de Navidad.
- Quieres ir a la universidad, pero tus padres no están dispuestos a ayudarte a pagarla.
- Como miembro de la sociedad de alumnos, tu grupo y tú deben planear la mayor fiesta del año.
- Tu madrastra y tú no están de acuerdo en la hora de irse a acostar.
- Siempre discutes con tu hermano para usar la computadora.

El plan de acción para llegar a la sinergia es un criterio, y nada más. Los pasos no siempre deben estar en orden, y no siempre tienes que realizar todos los pasos. Si tu CBR es extremadamente elevada con alguien, puedes saltarte los primeros tres pasos y llegar directamente a la tormenta de ideas. Por otra parte, si tu CBR es reducida, necesitas tomarte más tiempo para escuchar. Puede necesitarse de varias conversaciones para resolver algunos problemas, así que debes ser paciente.

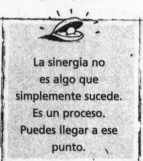

La sinergia no es algo que simplemente sucede. Es un proceso. Puedes llegar a ese punto.

A pesar de tus titánicos esfuerzos para hallar la Vía Elevada, a veces la otra persona no pondrá nada de su parte. Tal vez debas seguir formando la CBR en estas situaciones.

¿Cómo resuelves normalmente los conflictos? La mayor parte del tiempo es luchando (con palabras o con los puños) o huyendo (te quedas en silencio o te vas). El plan de acción para llegar a la sinergia te ofrece esta alternativa:

Imagínate que tu hermana y tú pelean constantemente por el coche. Cada uno de ustedes siente que lo necesita más que la otra persona, y crean malos sentimientos entre ustedes. Al haber aprendido recientemente sobre la sinergia, decides poner a prueba el plan de acción.

? DEFINE LA OPORTUNIDAD O PROBLEMA

—Hermanita, estoy cansado de discutir por el coche todo el tiempo. Hablemos y lleguemos a una solución Ganar-Ganar.

—¡Vamos! No apliques en mí esas tonterías de los 7 Hábitos.

—Hablo en serio. Realmente quiero solucionar esto.

—Está bien. ¿Qué sugieres que hagamos? Hay sólo un coche y nosotros somos dos.

LA VÍA DE LOS DEMÁS *(Busca primero entender las ideas de los demás.)*

—Para comenzar, dime por qué necesitas el coche todo el tiempo.

—Ya sabes por qué. Necesito llegar rápido a casa después de las prácticas.

—¿Por qué no te traen tus amigos?

—A veces se puede, pero ello siempre me hace sentir mal porque los desvío mucho del camino.

—Ya veo. ¿Hay otras razones por las que necesitas el coche?

—Sí: a veces me gusta pasar por la casa de Jared cuando vengo de regreso.

—Eso es muy importante para ti.

—Seguro que sí.

—Bien, no te gusta pedir aventón después de las prácticas y quieres la libertad que te da el coche para hacer tus cosas, como ver a Jared. ¿Crees que ésa es básicamente la situación?

—Sí.

MI VÍA *(Busca ser entendido hablando de tus ideas.)*

—¿Te molestaría si te dijera por qué necesito el coche?

—Creo que ya lo sé, pero dímelo.

—Es cuestión de trabajo. Tengo que llegar al trabajo a las seis de la tarde, y tú no llegas a casa sino hasta después de las 6:30. Cuando le pido a mamá que me lleve siempre llego tarde y mi jefe se enoja.

—Sí, ya sé cómo es esto con mamá.

TORMENTA DE IDEAS *(Crear nuevas opciones e ideas.)*

—¿Qué te parece si vuelves más temprano de las prácticas? Si traes el carro al cuarto para las seis, yo podría llevarlo al trabajo.

—Lo haría, pero no puedo salir antes de las prácticas. ¿Y si trabajaras un poco después?

—Ahora que lo pienso, eso podría funcionar. Creo que mi jefe me dejaría empezar después si terminara más tarde. ¿Por qué no lo intentamos? Te llevas el coche hasta las prácticas, y luego yo me lo llevo al trabajo.

—¿Y si quiero ver a Jared?

—Si quieres verlo te dejaré ahí en camino al trabajo, y te recogeré al volver. ¿Te parece?

—Sí, me parece bien.

VÍA ELEVADA *(Hallar la mejor solución.)*
—¿Trato hecho?
—Trato hecho.
No siempre es así de fácil. Pero, por otra parte, a veces sí lo es.

● **TRABAJO DE EQUIPO Y SINERGIA**

Los grandes equipos generalmente están formados por cinco o más tipos distintos de personas, donde cada miembro juega un rol distinto pero importante.

Esforzados. Son seguros y constantes y hacen el trabajo hasta que queda terminado.

Seguidores. Apoyan mucho a los líderes. Si oyen una buena idea, la siguen.

Innovadores. Son personas creativas y de ideas. Ofrecen las chispas.

Armonizadores. Dan unidad y apoyo, y son grandes sinergizadores al trabajar con los demás y estimulan la cooperación.

"Lucidos". Es divertido trabajar con ellos, aunque a veces puede ser difícil. A veces nos dan la sal y la pimienta y el impulso necesario para que el grupo tenga éxito.

El gran trabajo en equipo es como una gran sinfonía. Todas las voces e instrumentos pueden estar sonando a la vez, pero no están compitiendo. Individualmente, los instrumentos y voces producen distintos sonidos, tocan distintas notas y hacen pausas en momentos distintos; sin embargo, se unen para producir todo un sonido nuevo. Esto es sinergia.

Este libro tiene mucha sinergia. Cuando decidí escribirlo, me sentí abrumado. Así, comencé a hacerlo en el único modo que conozco. Busqué ayuda. Inmediatamente pedí a un amigo que me ayudara. Finalmente armé un equipo más grande. Identifiqué unas cuantas escuelas de educadoras de todo el país que aceptaron darme retroalimentación sobre las distintas etapas. Comencé a entrevistar jóvenes, uno por uno, y luego en grupos. Contraté a un dibujante. Inicié concursos pidiendo anécdotas relacionadas con jóvenes y los 7 Hábitos. Al final, hubo más de 100 personas involucradas en la creación de este libro.

De forma lenta pero segura todo quedó armado. Cada persona aportó sus talentos a la mesa y contribuyó de algún modo. Mientras que yo me concentré en escribir, otros se concentraron en aquello que mejor sabían hacer. Uno era bueno para recabar anécdotas. Otro podía hallar excelentes citas. Otro sabía hacer corrección de estilo. Algunos fueron esforzados, otros innovadores y, otros, lucidos. Fue trabajo y sinergia hasta el máximo

El maravilloso producto del trabajo de equipo y la sinergia es que forma relaciones. La jugadora olímpica de basquetbol Deborah Miller Palmore lo describe bien: "Incluso cuando juegas el partido de tu vida, lo que recordarás es la sensación de trabajar en equipo. Olvidarás las jugadas, los tiros y la puntuación, pero nunca olvidarás a tus compañeros".

PRÓXIMAS ATRACCIONES

Si sigues leyendo, descubrirás la verdadera razón por
la que Michelle Pfeiffer se ve fantásticamente bien.
¡Sólo faltan unas páginas más y terminarás!

PASOS DE BEBÉ

1 Cuando te encuentres con algún compañero de clases o vecino con alguna discapacidad, no sientas lástima por él ni lo evites porque no sepas qué decirle. En vez de ello, trata de descubrir la forma de conocerlo mejor.

2 La siguiente vez que tengas un desacuerdo con alguno de tus padres, trata de aplicar el plan de acción para llegar a la sinergia. *1.* Define el problema. *2.* Escúchalo. *3.* Habla de tus puntos de vista. *4.* Tormenta de ideas. *5.* Busca la mejor solución.

3 Habla de un problema personal con algún adulto en quien confíes. Observa si el intercambio de puntos de vista resulta en nuevas ideas sobre tu problema.

4 Esta semana mira a tu alrededor y nota cuánta sinergia hay en todas partes, como dos manos que trabajan juntas, trabajo en equipo, relaciones simbióticas de la naturaleza y solución creativa de problemas.

5 Piensa en alguien que te irrite. ¿Qué es lo distinto en ellos?

¿Qué puedes aprender de ellos? _____

_____

6 Haz una tormenta de ideas con tus amigos y lleguen a algo divertido, nuevo y distinto para hacer este fin de semana, en vez de hacer lo mismo una y otra vez.

7 Califica tu apertura a la diversidad en cada una de las siguientes categorías. ¿Evitas, toleras o celebras?

	EVITAS	TOLERAS	CELEBRAS
Raza			
Sexo			
Religión			
Edad			
Forma de vestir			

¿Qué puedes hacer para llegar a ser un *celebrador* en cada categoría? _____

Renovación

Hábito 7: Afilar la Sierra
Es "mi" momento

¡Mantener viva la esperanza!
Muchacho, moverás montañas

Afilar la Sierra

Es "mi"
momento

El momento adecuado para reparar el techo es cuando el sol brilla.

JOHN F. KENNEDY, PRESIDENTE DE E.U.

¿Te sientes desequilibrado, tenso o vacío interiormente? Si es así, te encantará el Hábito 7, porque fue especialmente diseñado para ayudarte a lidiar con estos problemas. ¿Por qué lo llamamos "Afilar la Sierra"? Imagina que sales a pasear al bosque, cuando te encuentras con un tipo que está aserrando furiosamente un árbol.

—¿Qué estás haciendo? —preguntas.

—Estoy talando un árbol —es la brusca respuesta.

—¿Desde hace cuánto tiempo?

—Hasta ahora, cuatro horas, pero estoy avanzando mucho —dice, con el sudor resbalando por su barbilla.

—Tu sierra parece muy desgastada —respondes—. ¿Por qué no haces una pausa y la afilas?

—No puedo, tonto. Estoy demasiado ocupado aserrando.

Todos sabemos quién es el verdadero tonto en esta situación, ¿verdad? Si el tipo se tomara una pausa de 15 minutos para afilar la sierra, posiblemente terminaría en una tercera parte del tiempo.

¿Alguna vez estuviste demasiado ocupado manejando para poner gasolina en el coche?

¿Alguna vez estuviste demasiado ocupado leyendo para darte una pausa y renovarte?

El Hábito 7 es como tener afilada tu personalidad para que puedas lidiar mejor con la vida. Significa renovar y reforzar regularmente las cuatro principales dimensiones de tu vida: cuerpo, mente, corazón y alma.

CUERPO *La dimensión física*
Ejercitarse, comer saludablemente, dormir bien, descansar.

MENTE *La dimensión mental*
Leer, educarse, escribir, aprender nuevas habilidades.

CORAZÓN *La dimensión emocional*
Formar relaciones (CBR, CBP), prestar servicios, reír.

ALMA *La dimensión espiritual*
Meditar, tener un diario, rezar, ver medios de comunicación de calidad.

EL EQUILIBRIO ES MEJOR

El famoso refrán de los antiguos griegos: "Nada en exceso", nos recuerda la importancia del equilibrio, y de estar en contacto con las cuatro dimensiones de la vida. Algunas personas pasan muchas horas tratando de tener un cuerpo perfecto, pero descuidan sus mentes. Otros tienen mentes que pueden alzar 200 kilos de peso, pero desperdician sus cuerpos o nunca tienen vida social. Para desempeñarte a tu máximo, necesitas aspirar a un equilibrio en estos cuatro aspectos.

¿Por qué el equilibrio es tan importante? Porque lo que hagas en una dimensión de la vida afectará a las otras tres. Piénsalo. Si una de las llantas de tu coche no está balanceada, las cuatro se desgastarán de forma dispareja y no sólo la que no está balanceada. Es difícil ser amistoso (corazón) cuando estás exhausto (cuerpo). También funciona al revés. Si te sientes motivado y afinado contigo mismo (alma), es más fácil concentrarte en tus estudios (mente) y ser más amistoso (corazón).

Durante mis años escolares, recuerdo que leí las biografías de grandes pintores, autores y músicos, como Mozart, van Gogh, Beethoven y Hemingway. Muchos de ellos parecían ser un desastre emocional. ¿Por qué? Ahí sé tanto como tú, pero creo que se debe a que estaban fuera de equilibrio. Parece que se concentraron tanto en una sola cosa, como su música o su arte, que descuidaron las otras dimensiones de la vida y perdieron su balance. Como dice el refrán: *equilibrio y moderación en todas las cosas.*

TÓMATE UN TIEMPO PARA UNA PAUSA

Al igual que un coche, necesitas hacer regularmente afinaciones y cambios de aceite. Necesitas pausas para rejuvenecer lo mejor que tienes para ti: ¡tú mismo! Necesitas tiempo para descansar y aflojarte, tiempo de ofrecerte un poco de cuidados amorosos. En esto consiste Afilar la Sierra.

En las siguientes páginas examinaremos cada dimensión: cuerpo, mente, corazón y alma, y hablaremos de formas específicas para que tu sierra quede afilada como una navaja de afeitar. ¡Adelante!

Aahhh... "Afilar la Sierra" es mi hábito favorito...

Cuidar de tu cuerpo

Prueba otra vez, Sean.

Yo detestaba la secundaria. Me sentía torpe. Me sentía inseguro, y no sabía cómo podía adaptarme. Mi cuerpo comenzó a pasar por todo tipo de cambios extraños. El primer día en la clase de gimnasia tenía que ponerme el suspensorio —nunca había usado uno en mi vida—, y no sabía cómo acomodarlo. Todos los varones estábamos abochornados de estar desnudos frente a los demás por primera vez, así que no nos acercábamos a las regaderas y sólo reíamos.

Durante tu juventud y adolescencia, tu voz cambiará, tus hormonas enloquecerán y comenzarán a surgir curvas y músculos. ¡Bienvenido a tu nuevo cuerpo!

En realidad, este cuerpo tan cambiante es en realidad una máquina maravillosa. Puedes manejarla con cuidado, o puedes abusar de ella. Puedes controlarla o permitir que te controle. En pocas palabras, tu cuerpo es una herramienta y si cuidas bien de ella, te funcionará bien.

A continuación ofrezco una lista de las diez formas en que los adolescentes pueden mantener afilados sus cuerpos físicos:

1. Comer saludablemente
2. Descansar en la tina
3. Andar en bicicleta
4. Levantar pesas
5. Dormir lo suficiente
6. Practicar yoga
7. Practicar deportes
8. Salir a caminar
9. Pasear
10. Practicar aerobics

Los cuatro principales ingredientes de un cuerpo sano son dormir bien, el descanso físico, buena nutrición y ejercicio adecuado. Me concentraré en la nutrición y el ejercicio.

● **DIME QUÉ COMES Y TE DIRÉ QUIÉN ERES**

Hay mucha verdad en la expresión "dime qué comes y te diré quién eres" No soy un experto en nutrición, pero descubrí dos reglas sencillas que puedes tener en mente.

Primera regla: escucha a tu cuerpo. Pon mucha atención a cómo te hacen sentir los distintos alimentos, y a partir de ello desarrolla tu *propio* criterio para comer. Cada persona responde de manera distinta a los alimentos. Por ejemplo, cada vez que como mucho antes de acostarme, me siento terriblemente mal en la mañana. Y cada vez que como *dema-*

siadas papas fritas, nachos o pizza, siento una "patada al hígado". (¿Alguna vez lo sentiste?) Esto es lo que *no debo comer*. Por otra parte, ahora sé que comer mucha fruta y verdura, y beber toneladas de agua me hacen sentirme muy bien. Esto es lo que *debo comer*.

Segunda regla: Practica la moderación y evita los extremos. Para muchos de nosotros (incluyéndome a mí), es más fácil ser extremo que moderado, y de este modo nos vemos pasando continuamente de comer comida para conejos a una dieta de comida chatarra. Pero los hábitos extremos al comer pueden ser nocivos. Un poco de comida chatarra de vez en cuando no te hará daño. (Es decir, ¿qué sería la vida sin un chocolate ocasional?) Pero no hagas de esto tu dieta diaria.

La pirámide de alimentación recomendada por las principales agencias de alimentación es equilibrada y es una forma moderada de nutrirse y que yo recomiendo altamente. Nos estimula a comer más granos integrales, fruta, verduras y productos lácteos bajos en grasa, y comer menos comida chatarra y bocadillos, que con frecuencia están cargados de grasa, azúcar, sal y otras cosas que hacen daño.

Recuerda que los alimentos afectan tu estado de ánimo. Así, come con cuidado.

PIRÁMIDE DE LA COMIDA PARA CONEJOS *(Extremo)*

CORTEZA
PIEDRAS PEQUEÑAS
RETOÑOS
AGUA

PIRÁMIDE DE LA COMIDA CHATARRA *(Extremo)*

PAPAS FRITAS
REFRESCO
CHOCOLATE
HAMBURGUESAS

Grasas, aceites y dulces (USAR A DISCRECIÓN)

Grupo de leche, yogurt y queso (2 – 3 PORCIONES)

Grupo de carne, pollo, pescado, frijol, huevos y nueces (2 – 3 PORCIONES)

Grupo de verduras (3 – 5 PORCIONES)

Grupo de frutas (2 – 4 PORCIONES)

Grupo de pan, cereales, arroz y pastas (6 – 11 PORCIONES)

PIRÁMIDE ALIMENTICIA RECOMENDADA *(Equilibrada)*

● **ÚSALO O PIÉRDELO**

Una de mis películas favoritas es *Forrest Gump*. Es la historia de un ingenuo joven de Alabama, de buen corazón, que se sigue tropezando con el éxito a pesar de sí mismo. En cierto momento de la película, Forrest se siente frustrado y confundido con su vida. ¿Qué hace? Comienza a correr, y sigue corriendo. Luego de correr de una costa a la otra de Estados Unidos dos veces y media, Forrest se siente mejor y finalmente puede arreglar su vida.

Todos nos sentimos en algún momento deprimidos, confundidos o apáticos. Y es en estos momentos cuando tal vez lo mejor que podemos hacer es lo que hizo Forrest: más ejercicio. Además de ser bueno para tu corazón y pulmones, el ejercicio tiene una sorprendente forma de darte una inyección de energía, acabar con la tensión y despejarte la mente.

No hay una forma de ejercitarse que sea mejor que las demás. A muchos jóvenes les gusta practicar deportes de competencia. Otros prefieren correr, caminar, andar en bicicleta, patinar, bailar, hacer gimnasia, aerobics o levantar pesas. A otros más simplemente les gusta salir y pasear un rato. Para obtener mejores resultados, ejercítate de 20 a 30 minutos, cuando menos tres veces a la semana.

No permitas que lo primero que te salte a la mente sea "dolor" cuando oigas la palabra "ejercicio". En vez de eso, haz algo que te guste, para que te sea fácil continuar su práctica.

GARFIELD © 1982 Paws, Inc. Reimpreso con autorización de Universal Press Syndicate. Todos los derechos reservados.

● **TODO ES CÓMO TE SIENTES Y NO CÓMO TE VES**

Pero sé cuidadoso. Si intentas tener un mejor físico, asegúrate de no obsesionarte demasiado con tu aspecto. Como posiblemente ya lo notaste, nuestra sociedad es adoradora del "aspecto". Para demostrar esto, basta con que entres a cualquier tienda y veas a las personas perfectas que adornan las portadas de casi toda revista. Casi te hace sentir demasiado consciente de tus imperfecciones físicas, ¿verdad?

De adolescente era muy consciente de mis mejillas gordas. Mi padre dice que cuando nací tenía las mejillas tan grandes que los médicos no sabían en dónde darme la primera nalgada. Recuerdo claramente a una vecina que se burlaba de mis mejillas. Mi hermano David me defendió heroicamente diciendo que estaban hechas de músculo. Fue un tiro por la culata, y "Mejillas de Músculo" fue el apodo que menos me gustó.

En segundo de secundaria mi padre me envió a una larga noche de supervivencia (una forma bonita de decir que caminamos por siempre y nos morimos de hambre) para hacerme más fuerte. El producto secundario inesperado fue que perdí mis mejillas. Pero al iniciarse mi adolescencia, me hice muy consciente de otras cosas, como no tener una sonrisa perfecta como algunos de mis amigos, o el acné que me brotaba como un mal hábito que se niega a desaparecer.

Antes de que comiences a compararte con las nenas y galanes de las portadas de *Cosmopolitan* y *Músculos y Salud* y comiences a detestar tu cuerpo y aspecto, recuerda que hay miles de jóvenes felices y saludables que no tienen pómulos altos, abdómenes duros como roca o glúteos de acero. Hay muchos cantantes famosos, conductores de programas, bailarines, atletas, actores y actrices que tienen todo tipo de imperfecciones físicas. No necesitas inyectarte esteroides o agrandarte el pecho para ser feliz. Si no tienes un *look* o tipo de cuerpo que nuestra sociedad considera "ideal", ¿qué importa? Lo que hoy es popular seguramente cambiará mañana.

Lo importante es que te sientas bien físicamente, y no te preocupes tanto por tu aspecto. La conductora Oprah Winfrey lo dijo del mejor modo: "Tienes que cambiar tu percepción. El asunto no es el peso, sino cuidar de ti mismo diariamente".

¿Vida real o arte?

Además, si no lo sabías ya, lo que ves en las portadas de las revistas no es real. Son "imágenes". Hace muchos años, Michelle Pfeiffer, actriz y reina de la belleza, apareció en la portada de la revista *Esquire*, con un recuadro que decía: "Lo que Michelle Pfeiffer necesita es... absolutamente nada".

En realidad, necesitaba mucho más de lo que parecía, como lo reveló el escritor Allen Litchfield en *Sharing the Light in the Wilderness* [Compartiendo la luz en el bosque]:

Pero otra revista, Harper's, ofreció en su edición del mes siguiente una demostración de que incluso la "gente hermosa" necesita un poco de ayuda. Harper's descubrió la factura por el retoque de la fotografía de la Pfeiffer en la portada de Esquire. Los retocadores cobraron 1 525 dólares por los siguientes servicios: "arreglar la complexión, suavizar la línea de la sonrisa, recortar la barbilla, suavizar líneas bajo los lóbulos de las orejas, agregar pelo, ampliar la frente para crear una mejor línea y suavizar los músculos del cuello". El editor de Harper's publicó este reportaje porque nosotros, según él, "nos enfrentamos constantemente a la perfección en las revistas; esto es para recordar al lector... que hay

*diferencia entre el arte y la vida
real".*

*Por eso no deberías comparar
tus fotografías con las portadas de
las revistas. El fotógrafo que toma tu
foto cobra el sueldo mínimo, está aburrido, está apurado, e incluso le caes mal.
No es ninguna sorpresa que tu fotografía salga terriblemente mal.*

Recuerda que nuestra locura por
los cuerpos esculturales no ha
sido siempre la tendencia. ¿No sería bueno vivir en la Europa del siglo
XVIII, cuando ser robusto era lo que estaba de moda, o durante la Edad
Media, cuando todos vestían túnicas holgadas y nadie sabía cómo se
veía nuestro cuerpo? Amigo, ¡qué tiempos!

Desde luego, debemos hacer lo posible por vernos bien y presen-
tables, pero si no tenemos cuidado, obsesionarse con el *look* puede
llevarnos a severos problemas de alimentación, como serían comer com-
pulsivamente, bulimia, anorexia, o adicción a drogas —como los esteroides—. Tratar a tu cuerpo como si fuera prisionero de guerra para ser
aceptado por los demás es algo que no vale la pena.

Si estás enfrentándote a un desorden en tu alimentación, no te sientas solo. Es un problema muy común entre adolescentes. Admite que
tienes un problema, y pide ayuda. (En la sección central de información
hay una lista de organizaciones en Estados Unidos que pueden dártela.)

● **PUEDO DEJARLO CADA VEZ QUE QUIERA**

Del mismo modo en que hay formas de cuidar tu cuerpo, también hay
formas de destruirlo. Usar sustancias adictivas como alcohol, drogas
y tabaco es una excelente forma de hacerlo. El alcohol, por ejemplo, con
frecuencia está asociado con las tres principales causas de muerte entre
adolescentes: accidentes automovilísticos, suicidio y homicidio. Y se
demostró que fumar enturbia la vista, envejece prematuramente la piel,
hace más amarillos los dientes, produce mal aliento, triplica las caries,
causa contracción de las encías, decolora la piel y las yemas de los
dedos, produce cansancio y provoca cáncer. (Es sorprendente que
alguien se atreva a fumar.) Además, no es popular. Una vez encontré un
anuncio del Departamento de Salud Pública de Massachusetts que daba
en el clavo:

*Bien, ahí está (escribe el nombre de la persona con la que quieras
estar), a punto de quedar a solas. Es la oportunidad perfecta. Verificas
tus ropas, tu cabello, enciendes un cigarro, vuelves a revisarte el pelo y*

te acercas lentamente hacia la persona. Sonríes cuando ellos comienzan a hablar:

—¿Podrías hacerme un favor?

Tú te acercas un poco más, para oírlos mejor.

—¿Podrías ir a fumar a otra parte?

Fumar no es tan atractivo como tú crees. En un estudio, 8 de 10 hombres y 7 de 10 mujeres dijeron que no saldrían con nadie que fumara. Así, si fumas, será mejor que te acostumbres a besar el cigarro.

Recuerda que las empresas tabacaleras gastan 500 000 dólares cada hora de cada día para publicitar los cigarros. Quieren tu dinero. Una cajetilla de cigarros diaria significa 1 000 dólares al año. Piensa en los discos que podrías comprar con 1 000 dólares. ¡No te dejes engañar!

Desde luego, nadie planea ser adicto. Todo comienza de forma inocente. Pero, muchas veces, jugar con "drogas limítrofes" como alcohol o tabaco finalmente conducen a la mariguana, y luego a drogas mortales como cocaína, LSD, PCP, opiáceos y heroína. Muchos comienzan a beber, fumar o usar drogas para demostrar su *libertad* sólo para descubrir que, al cabo del tiempo, desarrollan una adicción que *destruye* su libertad. Créeme que hay mejores formas de demostrar tu individualidad.

Tal vez lo peor de tener una adicción es lo siguiente: tú ya no controlas tu vida, sino tu adicción. Cuando dice *salta*, tú *saltas*. Reaccionas. Despídete de la idea de ser proactivo. Siempre siento lástima por las personas en mi trabajo que deben salir a fumar, porque está prohibido en el edificio. Es triste verlos afuera, al calor del verano o en el viento de invierno, soplando humo, incapaces de controlar sus ansias.

Siempre pensamos que la adicción es algo que sucede a los demás, y que podemos nosotros terminarla cuando queramos. ¿Cierto? En realidad, es muy difícil. Como ejemplo, sólo 25% de los jóvenes fumadores lo consiguen. Me gusta lo que Mark Twain declaró acerca de lo fácil que fue dejar de fumar: "Ya lo hice cientos de veces".

Ésta es la historia de la lucha por la que debió pasar un muchacho para vencer su adicción:

La primera vez que usé un tipo de droga o alcohol fue cuando tenía 14 años. No sabía lo que significaban. Y realmente no me importaba. Todo mundo me decía lo nocivos que eran, pero mi amigo decía: "Tómate esto. Es sensacional". Y yo lo tomaba. Cuando comencé, quería sentirme bien, distinto. Después, ya no hubo presión de nadie. Me envolví solo.

Comencé a usar drogas y a beber más y más, y empecé a fallar en la escuela. Mis relaciones disminuyeron. Estaba perdiendo el contacto con mi familia, y odiaba eso. Mi actitud hacia el mundo se volcó. Ya sabes: sólo un montón de cosas negativas. También comencé a ver cada vez menos a mi novia.

Inmediatamente después de que comencé a beber y a drogarme, también noté algunos problemas físicos. Me sentía muy cansado todo el tiempo. También perdí mucho peso: unos 15 kilos en dos meses.

El otro punto es que iba a casa, si me acababa la pasta de dientes o algo así, lloraba. Exageraba en mis reacciones. Tenía muy mal genio.

Más o menos un mes después de que cumplí 17 años, me sorprendieron en la escuela con drogas. Me suspendieron una semana, y sabía que ése era el punto que necesitaba para sobreponerme. Así, intenté parar, pero no pude. Es como cuando fumas cigarros. Puedes apagar uno y decir que ya no lo volverás a hacer, y que realmente cumplirás, pero es muy difícil dejarlo.

Así, me aparté de mis amigos y comencé a asistir a las reuniones de Alcohólicos Anónimos (AA), y tuve un padrino. AA es para toda la vida. Bebes un solo trago y echas a perder todo lo que hiciste hasta ese punto. Muchos de mis amigos que llegaron a AA recayeron. Pero mi padrino me ayudó mucho. Sin su programa, sé que no hubiera podido dejarlo.

Desde que estoy en este programa, mi vida es de lo mejor. No bebo. No me drogo. Estoy mejorando en la escuela. Mi familia está más cercana a mí. Antes, trabajé en casi cualquier lugar de comida rápida que había en mi población, porque no duraba más de dos semanas en el trabajo. Ahora, tengo un solo empleo desde hace dos meses. Volví a la escuela y comencé a preocuparme por las cosas. Fui agradable con los demás, aun cuando ellos no eran agradables conmigo. Cambié totalmente mi vida. Estoy comenzando a pensar en la universidad y a hacer todas estas cosas en las que nunca antes pensé. Realmente me confunde que alguien pase todos sus años de preparatoria bebiendo. Es una vida atemorizante.

• LA CAPACIDAD DE REHUSAR™

Alejarse de las drogas de todo tipo es algo que es más fácil de decir que de hacer. A continuación ofrezco los pasos de la capacidad de rehusar™* que podrías considerar la próxima vez que te sientas presionado a beber, fumar o usar drogas, cuando en realidad no quieres hacerlo.

1. *Pregunta.* Hazte preguntas difíciles que realmente te hagan pensar lo que estás haciendo.

"¿Para qué querría fumar?"

"¿Qué sucederá si me pongo en onda esta noche?"

---

2. *Nombra el problema.* Trata de ponerle un rostro a lo que estás haciendo.

"Fumar mariguana es ilegal".

"Fumar me dará mal aliento".

3. *Plantea las consecuencias.* Piensa en las consecuencias de tus actos.

"Me podrían detener si me sorprenden con drogas".

"Si me pongo en onda, alguien podría aprovecharse de mí".

4. *Sugiere una alternativa.* Prepara tu propia lista de opciones para divertirte cada vez que alguien intente atraerte.

"¿Por qué no vamos al cine?"

"Prefiero jugar basquetbol .

5. *Sepárate.* Si te ves en una situación que no te parezca buena, no te preocupes por lo que puedan pensar de ti. Sólo vete... y rápido.

"Lo siento. Me voy".

Si eres lo suficientemente creativo, podrás desarrollar tu propia actitud para evitar toda esta escena, como lo hizo Jim:

A mis amigos y a mí no nos gustaban todos los problemas que provenían de beber y drogarnos, por lo que formamos un grupo. Éramos unas diez personas comprometidas con ayudar a nuestros amigos para que no se metieran en problemas. Nos llevamos mucho, y una vez por semana íbamos a cenar y planear cómo nos apoyaríamos el uno al otro. El apoyo provino principalmente de hablar con los demás cuando veíamos que sentían la tentación o que sucumbían, y asegurándoles que realmente no necesitaban hacer esas cosas para ser "buena onda", y luego invitándolos a que se divirtieran con nosotros. Esto funcionó, y realmente fue muy poderoso.

Créeme que no te pierdes de nada si te alejas de estas cosas. "La vida misma", afirma la chef Julia Child, de la televisión, "es el recipiente apropiado". Ni siquiera necesitas experimentar. La diversión a corto plazo nunca vale la pena la devastación a largo plazo que con frecuencia ocurre después. Si no fumas, bebes, ni te drogas, ¿para qué empezar? Si lo haces, ¿por qué no buscas ayuda y lo dejas? Hay formas naturales y mejores para "ponerse en onda". ¿Por qué no las pruebas? (Consulta la Central de información en la última parte de este libro para mayor información en Estados Unidos.)

Cuidando de ———
tu cerebro

 Una vez oí de una leyenda folclórica de un joven que llegó ante Sócrates, el gran sabio, diciéndole:

—Quiero saber todo lo que tú sabes.

—Si tal es tu deseo —repuso Sócrates—, entonces sígueme al río.

Lleno de curiosidad, siguió a Sócrates hasta el río. Al sentarse junto a la orilla, el maestro dijo:

—Observa bien el río, y dime lo que ves.

—No veo nada.

—Acércate más —replicó Sócrates.

Cuando el joven se acercó cada vez más al agua, Sócrates tomó su cabeza y lo sumergió. El muchacho sacudió los brazos intentando escapar, pero la fuerza de Sócrates lo mantuvo sumergido. Casi cuando el joven estaba a punto de ahogarse, Sócrates lo sacó del río y lo puso en la orilla.

Tosiendo, el joven jadeó:

—¿Estás loco, anciano? ¿Qué intentabas hacer? ¿Matarme?

—Cuando te tuve sumergido, ¿qué es lo que más querías saber? —preguntó Sócrates.

—Quería respirar. ¡Quería aire! —repuso.

—Nunca cometas el error de pensar que la sabiduría llega tan fácilmente, joven amigo —dijo Sócrates—. Cuando quieras aprender tanto como querías aire, entonces vuelve a mí.

> ¡Ese Sócrates tiene su propio estilo con los muchachos!

Aquí la cuestión es clara. En la vida no hay nada fácil. ¡Debes pagar el precio! Todos deben pagar el precio. Escríbelo. Memorízalo. Subráyalo. No me importa lo que digan los demás: nada viene gratis. Qué ingenuo fue este joven al pensar que podía obtener toda una vida de conocimientos sin tener que pagar el precio. ¿Pero somos menos ingenuos cuando pensamos que podemos asegurar un buen empleo y un prometedor futuro si no pagamos el precio al desarrollar una mente fuerte?

De hecho, obtener una buena educación tal vez sea el precio más importante que debamos pagar, porque, más que ninguna otra cosa, lo que haces con esa masa de materia gris que tienes entre las orejas determinará tu futuro. De hecho, a menos que quieras envolver hamburguesas y vivir con tus padres cuando tengas 30 años de edad, será mejor que comiences a pagar el precio desde ahora.

La dimensión mental del Hábito 7, Afilar la Sierra, significa desarrollar un poder cerebral mediante la escuela, actividades extra curriculares, pasatiempos, empleos y otras experiencias que realcen tu mente.

La clave para abrir tu futuro

Una vez pregunté a un grupo de jóvenes en una encuesta: "¿Cuál es tu temor?" Me sorprendió cuántos hablaron de la tensión de desempeñarse bien en la escuela, ir a la universidad y obtener un buen empleo en el futuro. Uno de ellos dijo: "¿Qué podemos hacer para tener la certeza de que obtendremos un empleo y podremos mantenernos?" La respuesta, en realidad, es más bien simple. Podrías tratar de ganarte la lotería. Las posibilidades de que lo consigas son de aproximadamente 1 en un millón. O podrías desarrollar una mente mejor formada. Esto te ofrece, y con mucho, tu mejor oportunidad de asegurarte un buen empleo y ganarte la vida por ti mismo.

¿Qué es una mente educada? Es mucho más que un diploma enmarcado, aun cuando esto es una parte importante. Una mejor definición es: una mente educada es como una bailarina bien entrenada. Una bailarina ejerce un control perfecto sobre sus músculos. Su cuerpo puede plegarse, torcerse, saltar y girar perfectamente, según como ella lo desee. Similarmente, una mente educada puede concentrarse, sintetizar, escribir, hablar, crear, analizar, explorar, imaginar y muchas cosas más. Sin embargo, para hacer esto, debe estar entrenada. No es algo que simplemente sucede.

Usé mis ahorros para la universidad comprando todos estos billetes de lotería.

¡Qué tonto!

Te sugiero que obtengas toda la educación que te sea posible. Cualquier otra educación después de la preparatoria, sea un título universitario, capacitación vocacional o técnica, ser aprendiz o entrenarse en el ejército bien valdrá tu tiempo y tu dinero. Considéralo como una inversión para tu futuro. Las estadísticas demuestran que un egresado de la universidad gana el doble que un egresado de preparatoria. La diferencia parece estar aumentando. No permitas que la falta de dinero sea la razón por la que no obtengas más educación. "Si piensas que la educación es costosa, entonces prueba con la ignorancia", afirmó Derek Bok, ex presidente de la Universidad de Harvard. Aun si debes sacrificarte y trabajar mucho para pagar por tu educación, bien lo vale. Te sorprenderá la cantidad de becas, préstamos y opciones de ayuda para los estudiantes que puedes encontrar si las buscas. De hecho, millones de dólares en becas y préstamos quedan inactivos cada año, porque nadie se tomó la molestia de solicitarlos. (Consulta la página 251 para mayor información sobre becas y préstamos en Estados Unidos.)

● **AFILA TU MENTE**

Existen novedosas formas para expandir tu mente. Sin embargo, el mejor enfoque puede ser simplemente leer. Como dice el refrán, la lectura es para la mente lo que el ejercicio es para el cuerpo. Leer es fundamental para cualquier otra cosa y no cuesta mucho, a diferencia de otros métodos, como viajar. Los siguientes son 20 modos posibles de afilar tu mente. Estoy seguro de que se te ocurrirán otros 50 si lo piensas.

- Lee el periódico todos los días
- Suscríbete a *National Geographic*
- Viaja
- Planta un jardín
- Observa la naturaleza
- Asiste a una conferencia sobre un tema interesante
- Ve el canal *Discovery*
- Ve a una biblioteca
- Escucha las noticias
- Investiga sobre tus antepasados
- Escribe un cuento, poema o canción
- Practica juegos de mesa interesantes
- Participa en debates
- Juega ajedrez
- Visita un museo
- Comenta en clase
- Asiste al ballet, ópera o teatro
- Aprende a tocar un instrumento musical
- Sostén conversaciones estimulantes con tus amigos
- Resuelve crucigramas

● **ENCUENTRA TU NICHO**

Aunque tal vez necesites soportar en la escuela algunas materias que no te gusten, busca las que sí te gusten y básate en ellas. Toma clases adicionales, revisa libros y ve películas acerca del tema. No permitas que la escuela sea tu única forma de educación. Haz que el mundo sea tu salón de clases.

Es de esperar que tengas problemas en algunas clases. A menos que seas un Einstein, no toda materia te será fácil. A decir verdad, retiro lo dicho. El famoso Albert Einstein en realidad reprobó matemáticas y se pensó durante años que era tonto.

Si alguna vez te desalientas en la escuela, no desertes. (Lo lamentarás.) Sigue luchando. Finalmente hallarás algo que te guste o algo en lo que puedas resaltar.

Una vez entrevisté a Chris, con severos problemas de aprendizaje, quien me habló de lo mucho que le tomó adaptarse a la escuela y hallar su nicho:

Yo era feliz hasta que entré a la escuela. Entonces los demás descubrieron que me era difícil aprender, y que podían señalarme y decirme cosas. Era muy lento en aritmética, literatura y gramática. Una ocasión, estando en clase, a la que dividieron en secciones, una niña de mi sección dijo: "Yo no quiero trabajar con ese retrasado", señalándome. Me hizo sentir terriblemente mal.

Durante la primaria y la secundaria apenas podía leer. Un día llegó un terapeuta a mi casa, y luego de hacerme algunas pruebas, dijo a mi mamá que nunca podría leer. Mi mamá estaba tan enojada que le dijo que se fuera de la casa.

Años más tarde, como estudiante de preparatoria, un día tomé un libro de ciencia ficción, y para mi sorpresa, me fue fácil leerlo. Los cuentos del libro estimularon mi imaginación y entonces las palabras no fueron sólo palabras, sino que se convirtieron en imágenes mentales. Leí todos los libros subsiguientes y luego comencé a leer otros libros, y realmente me gustó leer más y más. Llegué a tener un amplio vocabulario. Comencé a hablar mejor y a usar palabras más largas.

Fue por ese entonces cuando comencé a figurar en las artes. Supe que tenía un muy buen ojo para formas y colores. Tenía especial talento con acuarela, óleo, dibujo y diseño. También puedo escribir bien. Escribo sobre mis experiencias. Escribo poesía. Hacia el final de la preparatoria, tuve muchas exposiciones en galerías y gané mucha confianza en mí mismo.

NO PERMITAS QUE LA ESCUELA ESTORBE EN TU EDUCACIÓN

Las calificaciones son importantes, especialmente porque pueden asegurarte un empleo en el futuro y opciones para educarte. Pero en la educación hay mucho más que sólo calificaciones.

Mi familia está integrada por un montón de incompetentes técnicos. Yo achaco ese mal gen a mi papá. Varias veces lo vi en situaciones "técnicamente desafiantes", cuando levanta el cofre del coche (como si pudiera arreglar algo) o cuando intenta cambiar un foco. Yo mismo he visto cómo, en estas situaciones difíciles, su cerebro literalmente se apaga y deja de funcionar. ¡Es todo un fenómeno! Siendo la persona proactiva que soy, decidí que quería sobreponer mis debilidades hereditarias y me inscribí a una clase de mecánica automotriz durante el último año de preparatoria.

Aprendería a cambiar el aceite aun si muriera en el intento.

Créanlo o no, saqué 10 en esa clase. Pero me apena admitir que apenas si aprendí algo. En vez de realmente pagar el precio para aprender, vi mucho pero hice poco. Nunca hice mis tareas. Para los exámenes estudiaba mucho una noche antes y luego olvidaba lo aprendido dos horas después de hacer el examen. Obtuve la calificación, pero no obtuve educación.

Aunque las calificaciones sean importantes, recibir una verdadera educación es más importante, así que asegúrate de no olvidar por qué vas a la escuela.

Con el correr de los años, vi a mucha gente que sacrificó su educación por muchas razones tontas, como pensar que no necesitan educación u obsesionarse con un empleo de medio tiempo, una novia, un coche, o un grupo de rock.

También vi a muchos atletas que sacrificaron su educación en el altar de los deportes. Con frecuencia sentí la tentación de escribir cartas a jóvenes atletas que se centraron tanto en los deportes que fracasaron totalmente en la escuela. En realidad, le escribí a uno, un atleta imaginario. Aunque está escrito para un atleta, podría aplicarse a cualquiera a quien no le gusta desarrollar su mente.

CARTA A UN

ATLETA
DESCONOCIDO

Querido _____:

Yo creo mucho en los beneficios del deporte. Sin embargo, luego de visitarte, quedé azorado al saber de tus actitudes hacia la escuela.

Dices que quieres iniciar una carrera profesional y que no sientes la necesidad de una educación. Yo digo que tus posibilidades de llegar a ser profesional son tantas como la posibilidad que tiene mi papá de que le vuelva a crecer pelo. "Un joven que apuesta su futuro por un contrato profesional es como un obrero que compra un solo boleto de la lotería, y luego renuncia a su trabajo anticipando sus ganancias". El senador Bill Bradley, ex estrella de la NBA, dijo esto. Los estudios demuestran que sólo uno de cada mil atletas de preparatoria llegarán a primera división en deportes universitarios, y que la probabilidad de que un deportista de preparatoria llegue a la liga profesional es de una en diez mil.

De los cientos de atletas universitarios con los que jugué y que querían llegar a ser profesionales, sólo puedo recordar unos cuantos que lo lograron. Por otra parte, puedo pensar en muchos que desperdiciaron sus mentes en aras del deporte, y que luego fueron arrojados a la fuerza de trabajo sin tener ninguna oportunidad.

Nunca olvidaré la vez en que uno de mis compañeros de equipo pronunció todo un discurso de arenga una noche antes de jugar contra una universidad rival. Dado que siempre descuidó su educación y nunca aprendió a expresarse, lo único que pudo hacer fue soltar un montón de vulgaridades que pudieron talar todo un bosque. En cuestión de tres minutos parecía que se las ingenió para usar groserías como pronombres, verbos, adjetivos, nombres, conjunciones y participios. Me dejó pensando: ¡consíguete un cerebro!

¡Abre los ojos! Tu educación es la clave para abrir tu futuro.

Dices que no te gusta la escuela. Y yo respondo: ¿cuál es la relación? ¿Hay algo bueno en la vida que sea fácil? ¿Te gusta practicar todos los días? ¿A un estudiante de medicina le gusta estar en la universidad durante cuatro años? ¿Desde cuándo el que te guste algo determina si debes hacerlo o no? A veces necesitas disciplinarte para hacer cosas que no te gusta hacer, por lo que esperas obtener de ello.

Dices que tratas de estudiar, pero no puedes porque te distraes. Yo digo que a menos que aprendas a controlar tu mente, nunca valdrás gran cosa. La disciplina de la mente es una forma de disciplina mucho más elevada que la del cuerpo. Una cosa es entrenar tu cuerpo para desempeñarse a su máximo; otra muy distinta es controlar tus pensamientos, concentrarte durante periodos prolongados, sintetizar y pensar de modo creativo y analítico. Hay veces en que decir "hice el intento" es un mal pretexto. Imagina lo absurdo que sería si te preguntara: "¿Hoy comerás o harás el intento de comer?" Sólo disciplínate para hacer las cosas.

Dices que puedes arreglártelas sin estudiar, que puedes hacer trampas para sacar buenas calificaciones. Yo digo que cosecharás lo que sembraste. ¿Puede el granjero hacer trampas? ¿Puede olvidar plantar su cosecha en la primavera, no hacer nada durante todo el verano y luego trabajar mucho en el otoño para producir sus cosechas? ¿Puedes mejorar tu levantamiento de pesas haciéndolo sólo de vez en cuando? Tu cerebro no es muy distinto de tus bíceps. Para mejorar la fuerza, velocidad y resistencia de tu mente, debes ejercitarla. No hay atajos. No esperes llegar un día ante el mago de Oz para que te dé un cerebro.

Imagínate cinco pares de manos. Un par pertenece a un pianista de concierto que puede fascinar a su público con hermosas interpretaciones de los clásicos. Otro par es de un cirujano oftalmólogo que puede restaurar la visión perdida mediante cirugía microscópica. Otro es de un golfista profesional que siempre logra tirar bien bajo presión. Otro es de un ciego que puede leer minúsculas marcas en una página a increíble velocidad. Otro es de un artista que puede esculpir hermosas estatuas que inspiran el alma. A primera vista, las manos pueden parecerte iguales, pero tras cada una de ellas hay años y años de sacrificio, disciplina y perseverancia. ¡Estas personas pagaron su precio! ¿Crees que hicieron trampas? ¿Engañaron al sistema?

Lo que más lamento en la vida es que en vez de leer cien novelas durante la preparatoria, leí un montón de resúmenes. En contraste, tengo un amigo que durante su juventud leyó cientos de libros. Su mente puede alzar pesas de más de 200 kilos. Yo me cortaría un dedo... no, dos dedos para tener tal cerebro.

Si no pagas el precio, obtendrás un título pero no tendrás una verdadera educación. Y hay una enorme diferencia entre ambas. Algunos de nuestros mejores pensadores fueron hombres y mujeres sin título y autodidactas. ¿Cómo lo lograron? Leyeron. Es el más grande hábito que puedes desarrollar. Pero pocos lo hacen regularmente. Muchos dejan de leer y aprender cuando terminan la escuela. Eso quiere decir atrofia mental. La educación debe ser una tarea de toda la vida. La persona que no lee no es mejor que la persona que no puede hacerlo.

Dices que vives para el presente y no piensas en el futuro. Yo digo que la principal diferencia entre tu perro y tú es que tú puedes pensar en el mañana, y él no puede. No tomes decisiones a largo plazo con base en tus emociones a corto plazo, como el estudiante que elige su carrera con base en el trámite más breve. Desarrolla una orientación a futuro; toma decisiones con el fin en mente. Para tener un buen empleo mañana, debes hacer tu tarea esta noche.

El proverbio resume toda esta cuestión: "Apodérate en cuanto puedas de la instrucción; no la dejes ir: consérvala, porque ella es tu vida".

Pareces decir que no necesitas un cerebro. Yo digo: ¡consigue uno!

Espero no haberte ofendido. Te deseo lo mejor. Es sólo que dentro de diez años no quiero verte cantando, como nuestro amigo el espantapájaros de la película El mago de Oz:

> No sería una nada
> de cabeza rellenada
> ...si tan sólo tuviera un cerebro.

Piénsalo,

SEAN

• OPCIONES EDUCATIVAS POSPREPARATORIA

No te preocupes demasiado por tu carrera al estar en la escuela. Si simplemente puedes aprender a pensar bien, tendrás suficientes opciones de carreras de las que puedas elegir. Las oficinas de admisiones y las empresas que contratan empleados no toman demasiado en cuenta el área de estudio. Quieren ver demostraciones de que tienes una mente sólida. Tratarán de ver varios aspectos distintos:

1. *Deseo.* ¿Qué tanto quieres ingresar a esta escuela o programa? ¿Qué tanto quieres este empleo?

2. *Puntuación de tests convencionales.* ¿Cuál fue tu puntuación en los tests psicológicos?

3. *Extra curricular.* ¿En qué otras actividades (deportes, trabajo externo, clubes, sociedad de alumnos, comunidad, etc.) te desempeñaste?

4. *Cartas de recomendación.* ¿Qué piensan otras personas de ti?

5. *Promedio de calificaciones.* ¿Cómo te fue en la escuela?

6. *Habilidades de comunicación.* ¿Cómo pudiste comunicarte por escrito (con base en tus ensayos de solicitud) y verbalmente (con base en una entrevista)?

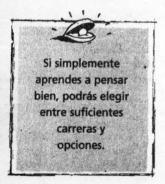

Si simplemente aprendes a pensar bien, podrás elegir entre suficientes carreras y opciones.

Lo que es más importante, sólo quieren ver evidencias de que tendrás éxito en el siguiente nivel. Si los resultados de tus exámenes y tests psicológicos son menores de lo que tú querrías, no sientas que debes conformarte con lo que tengas. Puedes ser admitido en excelentes programas, u obtener un excelente empleo si tienes capacidades en otros aspectos.

Además, no te dejes asustar por los rumores de lo difícil que es entrar a la universidad y a otras escuelas. Generalmente no es tan difícil como lo piensas si estás dispuesto a esforzarte en tu solicitud. Sin embargo, será más difícil de lo que te haría pensar el siguiente examen de ingreso a la universidad (puesto que yo mismo fui jugador de futbol, tengo derecho a divertirme a mi propia costa).

EXAMEN DE INGRESO A LA UNIVERSIDAD
(Adaptado para jugadores de futbol)

TIEMPO LÍMITE

1. ¿Qué idioma se habla en Francia?
   _____

2. ¿Qué le pedirías hacer a William Shakespeare?
   ☐ Construir un puente
   ☐ Navegar por el océano
   ☐ Dirigir un ejército
   ☐ ESCRIBIR UNA OBRA DE TEATRO

3. ¿Qué religión tiene el papa?
   ☐ Judío
   ☐ Católico
   ☐ Hindú
   ☐ Polaco
   ☐ Agnóstico

4. ¿Cómo se le llama a las personas que viven en el norte?
   ☐ Occidentales
   ☐ Sureños
   ☐ Norteños

5. Seis reyes de Inglaterra se llamaban Jorge y el último fue Jorge VI. Nombra a los cinco anteriores.
   _____
   _____
   _____
   _____
   _____

6. ¿Aproximadamente cuántos mandamientos dio Moisés?
   _____

7. ¿Puedes explicar la teoría de la relatividad de Einstein?
   ☐ Sí
   ☐ No

8. ¿Para qué se utilizan los ganchos para colgar ropa?
   _____

9. Explica el principio de equilibrio dinámico de Le Chatelier, o escribe tu nombre con LETRAS MAYÚSCULAS.
   _____

10. Matemáticas avanzadas: Si tienes tres manzanas, ¿cuántas manzanas tienes?
    _____

Deberás responder tres o más preguntas para poder ingresar.

HÁBITO 7

- ### BARRERAS MENTALES

Al formar tu cerebro, necesitarás sobreponer algunas barreras. He aquí algunas que debes considerar:

Tiempo de pantalla. Es aquel que pasas frente a cualquier tipo de pantalla, que puede ser la de un televisor, computadora, juego de video o cine. *Un poco* puede ser saludable, pero *demasiado tiempo* en Internet, jugando video o ver televisión puede aturdir tu mente. ¿Sabías que el joven promedio ve más de 20 horas de televisión a la semana? Eso es igual a 43 días cada año y un total de ocho años durante toda una vida. ¡Qué bueno que no seas el promedio! Sólo piensa lo que podrías hacer con esos 43 días anuales si hicieras algo productivo como estudiar francés, aprender a bailar o programar computadoras.

Fíjate tus propios criterios en lo que se refiere a tiempo de pantalla, y no permitas que se salga de tu control. O trata de perder tu control remoto. Eso también funciona.

El síndrome del estudioso. Es interesante que algunos jóvenes no quieren funcionar bien en la escuela porque otros podrían pensar que son demasiado estudiosos, y ser estudioso no es buena onda. También oí de muchachas que no quieren ser consideradas "cerebritos" porque ello intimida a los varones. ¿En qué vamos a pensar luego? Si tener una buena mente intimida a alguien, eso probablemente te dirá algo de la falta de neuronas de la otra persona. Enorgullécete de tus capacidades mentales y del hecho de que valoras la educación. Yo mismo conozco muchas personas ricas y con éxito que antes eran consideradas "demasiado estudiosas".

Presión. A veces nos asusta funcionar bien en la escuela por las altas expectativas que esto crea. Si traemos a casa una buena boleta y somos elogiados, de pronto establecemos la expectativa de que lo haremos una y otra vez. Y la presión se acumula. Si no nos va bien, no hay expectativas, y por ello tampoco presión.

Sólo recuerda esto: la tensión que resulta del éxito es mucho más tolerable que lamentar los resultados por no dar el máximo de ti. No te preocupes por la presión. Puedes manejarla.

- ### DEBES QUERER

Al final, la clave para afilar tu mente será tu deseo de aprender. Realmente debes quererlo. Debe gustarte aprender. Debes pagar el precio. La siguiente anécdota es un ejemplo de alguien que tenía un irresistible impulso de aprender, y quien pagó un enorme precio por el simple goce de leer. Para esta persona, leer era "aire".

La puerta de la cocina se abrió, y fui sorprendido in fraganti. Era demasiado tarde para ocultar la evidencia; las pruebas estaban a simple vista, sobre mi regazo. Mi padre, borracho, con el rostro sonrojado, se acercó a mí, amenazante. Las piernas comenzaron a temblarme. Yo tenía nueve años. Sabía que me golpearía. No había escapatoria; mi padre me sorprendió leyendo...

Alcohólico, al igual que sus padres, mi papá ya me había pegado antes, muchas veces y muy duro, y en los años siguientes me volvería a pegar, muchas veces y muy duro, hasta que finalmente me salí de la preparatoria a los 16 años y me fui de casa. Su furia persistente por el hecho de que leyera me frustró más que cualquier otro maltrato; me hacía sentir como si estuviera en una terrible prensa, porque no podía dejar de leer. Los libros me atraían por la curiosidad y la necesidad irresistible de fingir que estaba en otra parte... Así, desafié a mi padre y, tal y como lo recuerdo, a veces pagué un precio por ese desafío. Valió la pena.

Este testimonio fue escrito por Walter Anderson en su libro *Read with Me* [Lee conmigo]. Actualmente, Walter es un exitoso editor, es miembro del consejo de muchas organizaciones literarias y autor de cuatro libros. Walter sigue narrando:

De niño viví en un hogar y en un barrio violentos. Pero había un lugar al que podía ir, una biblioteca, y los bibliotecarios me alentaban a leer. Abría un libro y podía ir a cualquier parte. Podía hacer cualquier cosa. Podía imaginarme fuera del arrabal. Leía para salir de la pobreza mucho antes de que trabajara para salir de ella.

En la parte final del libro compilé una lista de 50 grandes libros para jóvenes. Podrías darle una ojeada.

Si aún no has pagado el precio para educarte, nunca será demasiado tarde para empezar. Si puedes aprender a pensar bien, el futuro será una puerta abierta a las oportunidades. Se trata de ondas cerebrales. Consigue algunas.

HÁBITO 7

EJERCITA <u>TU</u> MENTE...

LEE · LEE · LEE · LEE · LEE · LEE · LEE · L

Cuidar de
tu corazón

 Una tarde, alguien tocó a la puerta.

—¿Quién es?

Abrí la puerta y ahí estaba mi hermana menor, de 19 años, sollozando.

—¿Qué pasa? —pregunté, haciéndola pasar, aunque sabía exactamente cuál era el problema. Era el tercer episodio de llanto de ese mes.

—Él es tan grosero —sollozó, secándose los ojos enrojecidos e hinchados—. No puedo creer lo que me hizo. Fue terrible.

—¿Y qué te hizo ahora? —pregunté. Ya había oído algunas buenas historias, y ahora quería saber si ésta era mejor.

—Ya sabes... me pidió que fuera a su casa para estudiar —tartamudeó—. Y mientras estábamos estudiando, otras muchachas fueron a visitarlo. Y actuó como si ni siquiera me conociera.

—No me preocuparía mucho por eso —dije, prudente—. Yo hacía ese tipo de cosas todo el tiempo.

—Pero somos novios desde hace dos años —replicó—. Y cuando ellas le preguntaron quién era yo, dijo que era su hermana.

¡Ay!

Quedó devastada. Pero sabía que en cuestión de horas o días volvería a pensar en él como el príncipe de sus sueños. Claro, unos cuantos días después, ella volvía a estar loca por él.

¿Alguna vez sentiste que, como mi hermana, estás en una montaña rusa emocional, un día arriba y abajo al siguiente? ¿Alguna vez sentiste que eres la persona más voluble del mundo, y que no puedes controlar tus emociones? Si es así, entonces bienvenido al club, porque esos sentimientos son completamente normales en los adolescentes. Como puedes ver, tu corazón es un objeto muy temperamental. Y necesita ser cuidado y nutrido constantemente, igual que tu cuerpo.

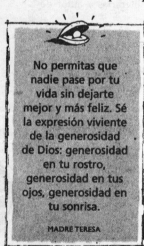

No permitas que nadie pase por tu vida sin dejarte mejor y más feliz. Sé la expresión viviente de la generosidad de Dios: generosidad en tu rostro, generosidad en tus ojos, generosidad en tu sonrisa.

MADRE TERESA

La mejor forma de afilar la sierra y nutrir tu corazón es concentrarte en formar relaciones, o en otras palabras, hacer depósitos frecuentes en tu cuenta de banco de relaciones y en tu cuenta de banco personal. Revisemos cuáles son estos depósitos.

Depósitos CBR (cuenta de banco de las relaciones)

- Cumplir promesas
- Hacer pequeños actos de generosidad
- Ser leal
- Escuchar
- Disculparte
- Fijar expectativas claras

Depósitos CBP (cuenta de banco personal)

- Cumple las promesas que te hagas a ti mismo
- Haz pequeños actos de generosidad
- Sé amable contigo mismo
- Sé honesto
- Renuévate
- Aprovecha tus talentos

Como lo habrás notado, los depósitos CBP y CBR son muy similares. Esto se debe a que los depósitos que haces en las cuentas de otras personas generalmente terminan también en la tuya.

Al iniciar cada día, busca oportunidades para hacer depósitos y formar amistades duraderas. Escucha a conciencia a los amigos, padres, hermanos o hermanas sin esperar nada a cambio. Da diez elogios hoy. Defiende a alguien. Vuelve a casa a la hora en que prometiste a tus padres.

La Madre Teresa es muy elocuente: "No permitas que nadie pase por tu vida sin dejarte mejor y más feliz. Sé la expresión viviente de la generosidad de Dios: generosidad en tu rostro, generosidad en tus ojos, generosidad en tu sonrisa".

Si encaras la vida de este modo, buscando siempre formas de construir en vez de destruir, te sorprenderá la felicidad que puedes dar a los demás y a ti mismo.

Al pensar en cuidar de tu corazón, hay otros puntos que debes considerar.

SEXO Y RELACIONES

Una muchacha dijo: "No importa en qué relación estés o qué tan devota seas... el sexo siempre está en el aire. No importa si estás sola en el coche con esa persona, o en casa viendo la televisión. El asunto está en el aire".

El sexo es mucho más que sólo tu cuerpo. También es tu corazón. De hecho, lo que hagas respecto al sexo podría afectar tu imagen y tus relaciones con los demás mucho más que cualquier otra decisión que tomes.

Antes de decidirte a tener sexo o a seguir teniéndolo, busca en tu corazón y piénsalo... cuidadosamente. La siguiente cita de un folleto publicado por la editorial Journeyworks puede serte de ayuda.

¿ Piensas que estás dispuesto a todo? ¿Estás seguro? Las infecciones de transmisión sexual, el embarazo no planificado y las dudas emocionales son buenas razones para esperar. Antes de que vayas demasiado lejos, examina esta lista. O piensa en tus propias formas de terminar la frase:

No estás listo(a) para tener sexo si...

1. Piensas que el sexo es igual al amor.
2. Te sientes presionado.
3. Temes decir no.
4. Es más fácil decir sí.
5. Piensas que los demás lo hacen. (¡No es así!)
6. Tus instintos te dicen que no lo hagas.
7. No tienes datos sobre el embarazo.
8. No comprendes cómo funcionan los métodos anticonceptivos.
9. No piensas que una mujer puede embarazarse en la primera vez. (Sí puede.)
10. Va en contra de tus creencias morales.
11. Va en contra de tus creencias religiosas.
12. Lo lamentarás a la mañana siguiente.
13. Te sentirás avergonzada o abochornada.
14. Lo haces para demostrar algo.
15. No puedes mantener a un hijo.
16. No puedes mantenerte tú mismo.
17. Piensas que un compromiso es rentar un video durante tres días.
18. Crees que el sexo premarital es un error.
19. No sabes cómo protegerte del VIH, el virus que causa el sida.
20. No conoces los síntomas de las infecciones de transmisión sexual.
21. Piensas que hará que tu pareja te quiera.
22. Piensas que te hará amar a tu pareja.
23. Piensas que eso los mantendrá juntos.
24. Piensas que cambiará tu vida.
25. No quieres que cambie tu vida.

26. No estás listo para que cambie la relación.
27. Estás ebrio.
28. Desearías estar ebrio.
29. Tu pareja está ebria.
30. Esperas que sea perfecto.
31. Te morirías si no fuera perfecto.
32. No pueden reírse juntos sobre los codos en posturas extrañas y ropas difíciles de quitarse.
33. No estás listo para quitarte tus ropas.
34. Piensas que el VIH y el sida sucede sólo a otras personas.
35. Piensas que puedes saber quién tiene VIH con sólo verlo.
36. Piensas que los adolescentes no contraen el VIH. (Sí lo adquieren.)
37. No sabes que la abstinencia es la única protección totalmente segura contra las infecciones de transmisión sexual y el embarazo.
38. No hablaron del futuro.
39. Ni siquiera puedes pensar en el futuro.
40. Te horrorizaría si tus padres te descubrieran.
41. Lo haces para que tus padres te descubran.
42. Estás demasiado asustada para pensar claramente.
43. Piensas que te hará más popular.
44. Piensas que "debes hacerlo" por tu pareja.
45. Piensas que no está bien ser virgen.
46. Sólo piensas en ti misma.
47. No estás pensando en ti misma.
48. No puedes esperar decírselo a todo el mundo.
49. Esperas que nadie sepa de ello.
50. Realmente desearías que nunca hubiera surgido el punto.

Está bien esperar

Lo lograrás Es totalmente normal sentirse deprimido de vez en cuando. Pero hay una gran diferencia entre un rato de melancolía y la depresión sostenida. Si la vida se convirtió en un verdadero sufrimiento durante mucho tiempo, y no puedes quitarte ese sentimiento de desesperanza, las cosas son graves. Afortunadamente, la depresión puede tratarse. No dudes en buscar ayuda ya sea mediante medicamentos o hablando con alguien que esté capacitado para tratar con estas cuestiones.

Si estás pensando en el suicidio, escucha cuidadosamente lo que te digo. Aférrate a la querida vida. Lo lograrás. La vida mejorará... te lo aseguro. Vales mucho y se te necesita. La mala época pasará... siempre es así. Algún día verás en retrospectiva tu situación y te alegrará que continuaste, como fue el caso de esta chica:

> Soy una de tantos jóvenes que vienen de un hogar maravilloso, y no tienen ninguna razón para haberse metido en problemas. Pero me pasó. Los amigos se hicieron muy importantes para mí en la secundaria y la preparatoria, y mi vida en casa parecía muy aburrida. No podía esperar a salir de ahí todos los días para estar con mis amigos. En el espacio de dos años posiblemente probé con todo vicio posible, y no me hizo sentirme mejor. Al contrario.
>
> Comencé a tener problemas incluso al volver a casa. Era casi doloroso pasar por ese hogar pacífico con el olor de la buena cocina. Parecían tan buenos y perfectos que yo sentía que nunca cumpliría con sus expectativas. De algún modo no podía adaptarme. No estaba viviendo la vida que los enorgullecería, y más bien los hacía sentirse infelices. Comencé a desear estar muerta. Y esto resultó en intentos de suicidio reales.
>
> Yo escribía un diario y hoy me asusta ver lo cerca que llegué a terminar todo. Hoy, unos cuantos años después, estoy en la universidad y con un promedio alto, tengo una vida social feliz, un novio que me ama y una excelente relación con mi familia. Tengo muchos planes, muchas cosas que haré. Amo la vida, tengo mucho para vivir y no puedo creer que alguna vez me sentí distinta, pero así fue. Necesité de varios llamados serios para darme cuenta de que podía ser distinta. Gracias al cielo que sigo aquí.

Recuerda que las luchas que enfrentas ahora a fin de cuentas serán una gran fuente de fortaleza para ti. Como escribió el filósofo Jalil Gibrán: "Ese mismo pozo del que surge tu risa, muchas veces estuvo lleno de lágrimas. Mientras más cala el sufrimiento en nuestro ser, más felicidad puede contener". (Consulta las listas de teléfonos y páginas de Internet de Estados Unidos en la Central de información si necesitas ayuda.)

● RÍE, O LLORARÁS

Una vez dicho todo, ésta es una última clave para mantener tu corazón sano y fuerte. Ríete. Así es... ríete. ¡*Hakuna matata*! ¡No te preocupes, sé feliz! Hay veces que la vida apesta, y no puedes hacer gran cosa, así que da lo mismo si te ríes.

Es una lástima que al crecer tendemos a olvidar lo que hizo tan mágica nuestra infancia. Un estudio demostró que cuando estamos en el kínder, nos reímos unas 300 veces al día. En contraste, el adulto típico se ríe apenas 17 veces al día. ¡No es sorpresa que los niños sean mucho más felices! ¿Por qué somos tan serios? Tal vez se debe a que se nos enseñó que reírnos demasiado es infantil. Para citar al gran maestro Yoda, "debes desaprender lo aprendido". Debemos volver a aprender a reírnos.

Leí un artículo fascinante de Peter Doskoch sobre el poder del humor en la revista *Psychology Today*. Ésta es una lista de sus principales descubrimientos:

Risa:

- Afloja el engranaje mental y nos ayuda a pensar con mayor creatividad.
- Nos ayuda a lidiar con las dificultades de la vida.
- Reduce los niveles de tensión.
- Nos relaja al reducir el ritmo cardiaco y la presión sanguínea.
- Nos relaciona con los demás y contrarresta sentimientos de alienación, un importante factor en la depresión y el suicidio.
- Libera endorfinas, los analgésicos cerebrales naturales.

También se demostró que la risa promueve la buena salud y acelera la curación. Conozco varios testimonios de personas que sanaron de enfermedades graves mediante altas dosis de terapias de risa. La risa también puede ayudar a curar relaciones lastimadas. Como lo dice el cómico Victor Borge: "La risa es la distancia más corta entre dos personas".

Si no te ríes mucho, ¿qué puedes hacer para volver a hacerlo? Te sugiero desarrollar tu propia "colección de humor", una colección de libros, caricaturas, videos, ideas, cualquier cosa que te sea chistosa. Cada vez que te sientas desfallecer, o que te estés tomando a ti mismo demasiado en serio, visita tu colección. Por ejemplo, a mí me gustan las películas tontas. Hay algunos actores que me hacen reír de sólo acordarme de ellos. Compré muchas de sus películas y las veo cada vez que necesito "alivianarme". Del mismo modo, mi hermano Stephen tiene una de las colecciones de caricaturas más grandes del mundo. Él afirma que estas caricaturas le impidieron volverse loco durante periodos tensos.

Aprende a reírte de ti mismo cuando ocurran cosas extrañas o tontas, porque si no las cosas se reirán de ti. Como dijo alguien una vez: "Una de las mejores cosas que puede tener la gente en su manga es un hueso del buen humor".

Cuidar de tu alma

¿Qué hace que tu alma se mueva? ¿Una buena película? ¿Un buen libro? ¿Alguna vez viste una película que te hiciera llorar? ¿Qué fue lo que te conmovió?

¿Qué te inspira profundamente? ¿Es la música? ¿El arte? ¿Estar en la naturaleza?

Por alma me refiero a la personalidad interna que está muy por debajo de la superficie de tu carácter cotidiano. Tu alma es tu centro, donde están tus convicciones y valores más profundos. Es el origen del propósito, significado y paz interna. Afilar la sierra en el aspecto espiritual de la vida significa tomarte tiempo para renovar y despertar ese yo interno. Como lo escribió la famosa escritora Pearl S. Buck: "En mi interior hay un lugar en donde vivo sola, y es ahí donde se renuevan los manantiales que nunca se secan".

Cómo alimentar tu alma

Siendo joven, obtuve fuerzas al escribir en mi diario, escuchar buena música y salir de excursión solo a las montañas. Ésta era mi forma de renovar mi alma, aunque no lo consideraba así entonces. También obtuve fuerzas de citas inspiradoras, como la siguiente, del ex secretario de agricultura de E. U., Ezra Taft Benson:

"Los hombres y mujeres que vuelcan sus vidas a Dios descubrirán que Él puede hacer mucho más con sus vidas que ellos. Él hará sus goces más profundos, expandirá su misión, agilizará sus mentes, reforzará sus músculos, animará sus espíritus, multiplicará sus bendiciones, aumentará sus oportunidades y verterá paz".

Tu alma es un aspecto muy privado de tu vida. Naturalmente, hay muchas formas de alimentarla. He aquí algunas ideas que gustan a los jóvenes:

- Meditar
- Dar servicio a otros
- Escribir en mi diario
- Salir a pasear
- Leer libros que me inspiran
- Dibujar
- Rezar
- Escribir poemas o letras de canciones
- Reflexionar profundamente

- Escuchar música que me anima
- Tocar un instrumento
- Practicar una religión
- Hablar con amigos con los que me siento a gusto
- Reflexionar sobre mis objetivos o enunciado de misión

He aquí un par de técnicas para nutrir el alma, a fin de que las consideres especialmente.

VOLVER A LA NATURALEZA

Hay algo mágico en ir a la naturaleza y que no tiene comparación. Aun si vives en una zona urbana muy alejada de los ríos, montañas o playas, casi siempre habrá un parque cercano que puedas visitar. Una vez entrevisté a un muchacho llamando Ryan, que conoció los poderes curativos de la Madre Naturaleza cuando estaba en medio de una vida hogareña muy confusa.

En cierto punto, durante la preparatoria, pasé por un periodo muy oscuro en que parecía que todo estaba encerrado. Es cuando descubrí la zanja del río. Era una orilla junto a unos árboles, a espaldas de una granja, y no parecía gran cosa. Pero se convirtió en mi lugar de escape. No había nadie ahí, no se oía ningún ruido. Era hermoso. Nadar me hacía sentirme en paz con la naturaleza. Cada vez que me sentía tenso iba al lugar. Era como si mi vida pudiera volver a la normalidad.

Algunas personas acuden a las religiones organizadas en busca de dirección, pero a mí me es difícil incorporarme a las religiones. Tengo una religión y soy creyente. Pero a veces me cuesta trabajo ir a la iglesia, porque todos dicen: "Debes ser feliz. Todo saldrá bien. Sólo ten fe. Las cosas funcionarán con tu familia". Pienso que son tonterías. ¡Vamos! Las familias no siempre funcionan bien. Mi familia es un desastre.

Pero al ir al río, el lugar no me juzgaba. El lugar no me decía qué debía hacer. Simplemente estaba ahí. Y al seguir su ejemplo, la paz y serenidad que existían ahí era lo único que necesitaba para calmar las cosas. Me hacían sentir que todo funcionaría.

EL MEJOR AMIGO DEL ADOLESCENTE

Al igual que acudir a la naturaleza, tener un diario a veces puede hacer maravillas para tu alma. Puede convertirse en tu descanso, en tu mejor amigo, el único lugar en donde puedes expresarte plenamente sin importar lo enojado, feliz, asustado, enamorado, inseguro o confundido que te sientas. Puedes desahogar tu corazón en un diario, y él simplemente te escuchará. No te responde. Tampoco hablará a tus espaldas. Escribir tus pensamientos, tal como son, puede aclararte la mente, aumentar tu confianza y ayudarte a hallar tu lugar.

Tener un diario también reforzará tu herramienta de conciencia. Es divertido leer lo que escribiste antes, y darte cuenta lo mucho que creciste, lo tonto e inmaduro que antes parecías, o lo enamorado que estabas de alguien. Una chica me dijo que al leer sus antiguos diarios, entendió cómo no volver con un novio que la maltrataba.

¡Qué tonto era entonces!

No hay un modo formal de tener un diario. Puedes tener la libertad de pegar recuerdos, boletos, notas de amor y cualquier otra cosa que conserve un recuerdo. Mis diarios están llenos de malos dibujos, mala poesía y olores extraños.

Un diario es tan sólo un nombre formal para escribir tus pensamientos. Hay otros nombres y formas. Alison se escribe notas a sí misma que guarda en una caja especial a la que llama "caja sagrada". Kaire se renueva en su "libro de gratitud":

> Tengo un libro que me ayuda a ser más positiva en la vida. Lo llamo libro de la gratitud. Ahí escribo algo que agradezco o algo positivo que me sucedió durante el día. Este libro cambió mi vida y pone las cosas en perspectiva, porque intento tomar las cosas buenas, y no las malas. Este no es un diario en donde escribo todo lo que sucede, lo bueno y lo malo. También tengo un diario, pero es distinto. Tengo una página de mis canciones favoritas, caricias favoritas (abrazos de mi hermano), sonidos favoritos (la risa de mamá), sensaciones favoritas (brisa fresca), y así sucesivamente. También escribo cosas pequeñas, "Brian ofreció lavar los platos", o "John se acercó a mí para saludarme". Estas cosas te hacen sentirte bien. Veo este libro y recuerdo las cosas buenas y las malas quedan olvidadas, borradas para siempre. Ya no pueden afectarme.
>
> Mostré el libro a otros, y dicen que realmente les ayudó. Es mi forma de decir: "Tú eres el único que puede hacerte feliz. Nadie más puede".

• TU DIETA ESPIRITUAL

Con frecuencia me pregunto qué sucedería si alguien tomara sólo refresco y comiera sólo chocolate durante varios años. ¿Cómo se verían y sentirían tras un tiempo? Es muy probable que terriblemente mal. ¿Por qué pensamos que el resultado sería distinto si alimentamos con basura nuestras almas durante varios años? No sólo eres lo que comes, sino también eres lo que escuchas, lees y ves. Más importante de lo que entra a tu cuerpo, es lo que entra a tu alma.

¿Cuál es tu dieta espiritual? ¿Estás dando cosas nutritivas a tu alma, o la estás llenando de desechos nucleares? ¿Qué clase de medios informativos captas? ¿Alguna vez pensaste en esto?

Como ves, nadamos en un mundo de medios de información, y ni siquiera lo sabemos. Trata de "librarte de los medios" por un solo día y verás a qué me refiero: un día sin escuchar música, ver la televisión o videos, leer libros o revistas, entrar a Internet o leer un cartel (ése también es un medio de información). Descubrirás que es virtualmente imposible, e incluso podrías sufrir de severos dolores de síndrome de abstinencia.

Por ejemplo, toma la música. Los estudios demuestran que el adolescente promedio escucha cuatro horas de música al día. ¡Son muchas canciones! Cuando te despiertas por la mañana, ¿qué haces? Enciendes tu radio o aparato de música. Luego, entras a tu coche. ¿Qué haces? Si te enojas con tus papás, vas a tu cuarto, ¿y qué haces? ¿Puedes imaginarte que ves un comercial, programa de televisión o película que no esté acompañada de música?

Ahora, si piensas que los medios no te afectan, sólo piensa en tu canción favorita y lo que hace con tus emociones. O piensa en la última vez que viste a miembros semidesnudos del sexo opuesto, pasando por la pantalla o en una fotografía. O piensa en el último champú que compraste. ¿Por qué lo compraste? Posiblemente por influencia de un anuncio de 30 segundos en la televisión, o una imagen en una página de revista. Y si un anuncio de una página puede vender un frasco de champú, ¿no crees que una película, revista o disco compacto puede vender todo un estilo de vida?

Como la mayoría de las cosas, los medios informativos tienen un lado luminoso y otro oscuro. Y necesitas elegir qué es lo que aceptarás. Mi única recomendación es seguir tu conciencia y tratar a tu alma con el mismo respeto con que un atleta olímpico trataría a su cuerpo. Por ejemplo, si la música que oyes o las películas que ves te hacen sentirte deprimido, enojado, sombrío, violento, o como si estuvieras en celo, ¿sabes qué? Posiblemente es señal de que son basura, y tú no necesitas basura. Por otra parte, si te hacen sentir descansado, feliz, inspirado, con esperanzas o pacífico, entonces sigue asimilándolo. Finalmente te convertirás en lo que ves, oyes y lees, así que pregúntate continuamente: "¿Quiero que esto sea parte mía?"

● NO ME DEJAS DORMIR

Me topé con una carta de la página de Internet *Yo!* (Youth Outlook) escrita por una joven llamada Ladie Terry, que estaba harta de toda la basura de los videoclips. Dirigió la carta a las "hermanas que les gusta contaminar por la pantalla de televisión". Con autorización, incluyo partes de la carta:

Creo que es emocionante estar en un videoclip. ¿Pero saben cómo están afectando las mentes y vidas de sus hermanas? ¿Piensan en las hermanas jóvenes que aprenden rápido y las imitan? ¿Notaron a las niñas de 12 y 13 años que se visten y parecen tener 20 años? ¿O los tiempos son tan difíciles que no les importa a quién lastiman?

Yo antes discutía con mi ex novio al ver MTV, porque la mayoría de los videos consistían en muchachas casi desnudas que se movían como gelatina... me molestaba ver a mi ex novio, deslumbrado, moviéndose para arriba y para abajo...

Mi vecina me decía que cuando veía los videoclips con su novio, él le decía:

—Así es como debería verse tu cuerpo.

Otra amiga, de 16 años, dice que los muchachos le preguntan:

—¿Por qué no puedes bailar así?

¿Por qué aparecen en la televisión con poca ropa, moviendo los cuerpos como si estuvieran locas?... hermanas, ustedes son muy hermosas. No necesitan desvestirse para lograr el éxito o para llamar la atención. ¿Quieren que los hermanos las respeten? Demuéstrenles por qué, mediante ropas elegantes y conservadoras, y luego lleguen a su razonamiento con palabras. Su forma de vestir dice a los demás qué tienen en mente... Cuando actualicen su aspecto y su marco de referencia, muchos hermanos actualizarán la forma en que las tratan.

Así que dejen de competir para ver quién es más extravagante, y por favor, saquen sus mentes de la cama, porque no me dejan dormir.

¡Conque es eso! ¡Nosotros queremos ver el noticiero!

● RANAS FRITAS

Las adicciones de toda clase, trátese de drogas, chismes, hacer compras, sobreactuar o jugar, tienen características comunes:

Adicción:

- Da placer a corto plazo.
- Se convierte en lo principal de tu vida.
- Elimina el dolor temporalmente.
- Da una sensación artificial de valor, poder, control, seguridad e intimidad.
- Empeora los problemas y sentimientos de los que intentas escapar.

Una de las adicciones más sutiles y peligrosas es la pornografía, y está en todas partes.

Puedes discutir todo lo que quieras de lo que la pornografía es y no es, pero pienso que en tu corazón lo sabes bien. La pornografía puede ser dulce durante un instante, pero gradualmente entorpecerá tu sensibilidad, como la voz interna a la que llamas conciencia, hasta que quede ahogada.

Tal vez podrías pensar: "Cálmate, Sean. Un poco de piel no me hará ningún daño". El problema es que la pornografía, al igual que cualquier otra adicción, se infiltra en ti. Me recuerda una historia que leí sobre las ranas. Si pones a una rana en agua hirviente, saltará de inmediato. Pero si la pones en agua tibia y la calientas lentamente, la rana quedará cocinada antes de que pueda sentir que debe saltar. Lo mismo sucede con la pornografía. Lo que vez hoy tal vez te hubiera molestado hace un año. Pero como el corazón se calienta lentamente, ni siquiera notas que tu conciencia queda frita.

Ten el valor de alejarte, de apagarlo, de tirarlo. Tú te mereces algo mejor. Un joven cuenta lo siguiente:

En el verano, entre mi segundo y tercer año de preparatoria, trabajé en una empresa constructora. Un día el jefe me pidió que revisara algo con el supervisor, que tenía su oficina en la construcción.

Cuando entré a la oficina, lo primero que vi fueron imágenes pornográficas en las paredes. Durante un minuto olvidé a qué había ido, porque mi atención estaba puesta en las imágenes. Me interesé en ellas. Cuando salí de la oficina, comencé a pensar: ¿dónde puedo comprar esto para poder ver más? Poco después hallé un lugar que las vendía.

Al principio, cuando las veía me sentía nervioso e inquieto como cuando se hace algo malo, pero en poco tiempo me hice adicto. Comencé a consumir pornografía hasta el punto en que no pensaba en nada más: la familia, el trabajo o dormir. Comencé a sentirme indigno.

Durante los descansos en el trabajo, íbamos al vehículo de alguien, sacábamos una revista y todos nos reíamos de ello. Quienes estaban

muy involucrados no estaban satisfechos con sólo ver. Hablaban de las muchachas con las que se habían acostado, y no parecía interesarles nada más en la vida. Sólo de eso eran sus conversaciones: revistas, películas y sexo.

Una tarde, cuando estaba trabajando, oí que uno de mis colegas comenzó a silbar y a hacer comentarios sexuales groseros. Me volví para ver cuál era la conmoción y ahí estaba mi hermana menor, saliendo de su coche, buscándome. Oí que alguien dijo: "¡Me gustaría un pedacito de eso!" Me volví, enojado y dije:

—¡Cállate! ¡Es mi hermana menor!

Me sentí asqueado. Salí del trabajo antes de la hora, y manejé un rato. Sólo pensé en lo lastimada que parecía mi hermana, de ser tratada tan horriblemente cuando sus intenciones eran inocentes. Al día siguiente, al volver al trabajo y cuando los demás pasaron las revistas, me paré y me fui. Al principio necesité de mucha fuerza, pero al hacerlo una y otra vez, fue más fácil. Cuando se iniciaban conversaciones de mal gusto, me alejaba e iba a otra parte. Ya no me parecía divertido. Me di cuenta de que hablaban de la hermana de alguien.

SÉ REALISTA

Al terminar este capítulo, te hablaré de algunas reflexiones finales. Una vez hablaba de afilar la sierra con una chica llamada Larissa, y ella me respondió:

"Sé realista, Sean. ¿Quién tiene tiempo para eso? Estoy todavía en la escuela, tengo actividades después de clases y estudio toda la noche. Necesito buenas calificaciones para ingresar a la universidad. ¿Qué debo hacer? ¿Acostarme temprano y luego reprobar el examen de matemáticas?"

Sólo te diré esto: hay tiempo para todo. Un tiempo para estar equilibrado, y tiempo para estar desequilibrado. Hay momentos en que debes arreglártelas sin dormir mucho, y hacer que tu cuerpo llegue al límite, durante un día, una semana, o toda una temporada. Habrá momentos en que comer comida chatarra sea tu única alternativa a morir de hambre. Ésta es la vida real. Pero también hay momentos para renovarte.

Si haces demasiados esfuerzos durante mucho tiempo, no pensarás con la misma claridad, te pondrás malhumorado y comenzarás a perder la perspectiva. Podrías pensar que no tienes tiempo para hacer ejercicio, formar amistades o inspirarte. En realidad, no tienes tiempo para no hacerlo. El tiempo que inviertas en afilar la sierra te redituará inmediatamente, porque cuando reanudes tu rutina normal, aserrarás mucho más rápido.

Puedes hacerlo

Posiblemente ya estás afilando la sierra sin que lo sepas. Si trabajas duro en la escuela, estás afilando tu mente. Si practicas deportes, cuidas de tu cuerpo. Si desarrollas amistades, nutres tu corazón. Con frecuencia puedes afilar la sierra en más de un aspecto al mismo tiempo. Melanie una vez me contó lo que la equitación hizo por ella. La naturaleza física de la equitación ejercitó su cuerpo. Pensar mientras montaba ejercitó su mente. Y estar en la naturaleza nutrió su alma. Luego le pregunté: "¿Y las relaciones? ¿Cómo desarrolla tu corazón la equitación?" Respondió: "Me siento más cercana a mi caballo". Supongo que los caballos también pueden ser personas.

Afilar la sierra no es algo que simplemente sucede. Puesto que es una actividad del Cuadrante 2 (importante pero no urgente), debes ser proactivo y hacer que suceda. Lo mejor que puedes hacer es apartar un tiempo para afilar la sierra, así sean sólo 15 o 30 minutos. Algunos jóvenes apartan un momento específico cada día, temprano por la mañana, después de clases, o por la noche, para estar solos, pensar o hacer ejercicio. A otros les gusta hacerlo el fin de semana. No hay una sola forma correcta: busca la que te guste.

Una vez se le preguntó a Abraham Lincoln: "¿Qué haría si tuviera sólo ocho horas para talar un árbol?" Respondió: "Pasaría las primeras cuatro horas afilando mi sierra".

★ ★ ★

PRÓXIMAS ATRACCIONES

Te gustará el próximo capítulo porque es muy corto.
¡Con eso acaba el libro!

PASOS DE BEBÉ

Cuerpo

1 Desayuna.

2 Inicia hoy un programa de ejercicios y practica sin falta durante tres días. Camina, corre, nada, anda en bicicleta, patina, alza pesas, etcétera. Elige algo que realmente te guste.

3 Deja un mal hábito durante una semana. Deja el alcohol, los refrescos, alimentos fritos, donas, chocolate o cualquier otra cosa que haga daño a tu cuerpo. Una semana después, ve cómo te sientes.

Mente

4 Suscríbete a una revista que tenga algún valor educativo, como *Mecánica Popular* o *National Geographic*.

5 Lee el periódico todos los días. Pon especial atención a los titulares y a la página de opinión.

6 La próxima vez que salgas con alguien, visita un museo o come en un restaurante étnico en el que nunca antes hayas estado. Expande tus horizontes.

Corazón

7 Sal con alguien de tu familia, con tu mamá o tu hermano. Vean un juego, una película, vayan de compras o vayan por un helado.

8 Comienza hoy a formar tu colección de humor. Recorta tus caricaturas favoritas, compra películas cómicas o inicia tu propia colección de buenos chistes. En poco tiempo, tendrás a dónde acudir cuando te sientas tenso.

Alma

9 Contempla la puesta de sol hoy, o levántate temprano para ver el amanecer.

10 Si aún no lo has hecho, comienza un diario.

11 Aparta un tiempo cada día para meditar, reflexionar sobre tu vida o rezar. Haz lo que mejor te funcione.

¡Mantener viva la Esperanza!

MUCHACHO, MOVERÁS MONTAÑAS

Hace varios años, el reverendo Jesse Jackson habló ante la Convención Demócrata Nacional. Transmitió un poderoso mensaje que puso en ascuas a la convención. Utilizó sólo cuatro palabras: "Mantener viva la esperanza. Mantener viva la esperanza. ¡MANTENER VIVA LA ESPERANZA!"

Repitió estas mismas palabras una y otra vez por lo que pareció una eternidad. El público estalló en aplausos. Podías sentir la sinceridad en su voz. Inspiró a todos. Creó esperanza.

Por eso escribí este libro: *¡Para darte esperanza!* Esperanza de que podrás cambiar, te liberarás de una adicción, mejorarás una relación importante. Esperanza de que podrás hallar respuestas a tus problemas y desarrollar todo tu potencial. No importa que tu vida familiar ande mal, que repruebes en la escuela, y la única buena relación que tengas sea con tu gato (y últimamente no te hace mucho caso). *¡Mantén viva la esperanza!*

Si después de leer este libro te sientes abrumado y no sabes por dónde empezar, te sugiero que hagas lo siguiente: hojea cada capítulo, buscando las ideas principales, o pregúntate: "¿Cuál es el hábito que más problemas me da?" Entonces elige dos o tres cosas en las que debas trabajar (no exageres y elijas 20). Escríbelo y ponlo en algún lugar que

> Asegúrate de que cuando pises,
> lo hagas con cuidado y mucho
> tacto
> y recuerda que la vida
> es de equilibrio un gran acto.
> ¿Lo harás con éxito?
> ¡Sí! ¡Ciertamente!
> (Garantizado 98. 75 %)
> Muchacho, moverás montañas.
>
> DOCTOR SEUSS
> DE OH, *THE PLACES YOU'LL GO* [LOS LUGARES
> A LOS QUE PODRÁS IR]

puedas consultar con frecuencia. Entonces permite que te inspire cada día, y que no te produzca culpabilidad. Te sorprenderán los resultados que unos cuantos cambios pueden producir. De modo gradual aumentará tu confianza, te sentirás más feliz, te pondrás "en onda" naturalmente, tus metas se convertirán en realidad, tus relaciones mejorarán y te sentirás en paz. Todo comienza con un solo paso.

Si hay un hábito o idea que realmente lograste, como Ser Proactivo o la cuenta de banco de relaciones, la mejor forma de internalizarlo es enseñarlo a otra persona mientras lo tengas fresco en la mente. Repásalo utilizando tus propios ejemplos y palabras. Tal vez estimules a los demás y quieran trabajar contigo.

Mantener viva la esperanza

Si alguna vez sientes que te quedas corto, *no te desanimes*. Recuerda el vuelo de un avión. Cuando un avión despega tiene un plan de vuelo. Sin embargo, durante el transcurso del vuelo, el viento, lluvia, turbulencia, tráfico aéreo, error humano y otros factores sacan al avión de curso. De hecho, un avión está fuera de curso 90% del tiempo. La clave es que los pilotos hacen pequeñas correcciones con ayuda de sus instrumentos y hablan a la torre de control. Como resultado, un avión llega a su destino.

Si te desvías de tu plan de vuelo y sientes que estás fuera de curso 90% del tiempo... ¿qué importa? Si sigues volviendo a tu plan, haciendo pequeños ajustes y manteniendo viva la esperanza, finalmente llegarás a tu destino.

Y bien, éste es el final del libro. Gracias por viajar conmigo, y felicidades por terminar. Quiero que sepas que realmente creo en tu futuro. Estás destinado a hacer grandes cosas. Recuerda siempre que naciste con todo lo que necesitas para tener éxito. No necesitas buscar en ninguna otra parte. ¡El poder y la luz están en ti!

Antes de terminar, me gustaría dejarte con una de mis citas favoritas, de Bob Moawad, que resume todo. Te deseo lo mejor. ¡Sayonara!

No puedes dejar huellas en las arenas del tiempo si estás sentado en tu trasero.
¿Y quién quiere dejar huellas de su trasero en las arenas del tiempo?

AGRADECIMIENTOS

Dicen que escribir un libro es como comerse un elefante. Por algún motivo, sentí que los dos años que pasé escribiendo este libro fue como comerse *todo un rebaño* de elefantes. Afortunadamente, no tuve que comérmelos solo. Muchas otras personas contribuyeron de varias maneras para hacer posible el presente libro. Me gustaría agradecer a cada uno de ellos:

Gracias, Annie Oswald, por ser la mejor líder de proyecto y por tu incansabilidad, liderazgo e iniciativa. Sin duda alguna, fuiste la clave para hacer de este libro lo que es.

Gracias, Trevor Walker, por tu actitud "puedo hacerlo" y por ayudarme a que, al principio, este libro arrancara.

Gracias, Jeanette Sommer, por tu insólito nivel de dedicación a este proyecto, y por ingeniártelas siempre para hallar alguna anécdota increíble.

Gracias, Pia Jensen, por contribuir como principal participante del equipo durante más de dos años, y por tus excelentes historias.

Gracias, Greg Link, por ser un brillante negociador y buen amigo, y por dirigir las actividades de relaciones públicas y mercadotécnicas.

Gracias, Catherine Sagers, mi hermana, por tu gran trabajo en los "pasos de bebé" y contribuir de muchas otras maneras.

Gracias, Cynthia Haller, mi hermana mayor y "mamá gallina", por tu excelentes historias, ideas y asistencia editorial.

Gracias, Mark Pett, por ser la mente creativa que estuvo tras la mayoría de las ilustraciones del libro y por aportar varias viñetas.

Gracias, Eric Olson (principal ilustrador del libro) y Ray Kuik (director de arte del texto) de Raeber Graphics, Inc., por su genio creativo y por satisfacer mi visión de hacer de esta obra una fiesta visual. Lo único que puedo decir de ustedes es: "¡Fantástico!".

Gracias, Debra Lund y su equipo, por sus proactivos esfuerzos para recabar esas hermosas reseñas.

Gracias, Tony Contos y equipo de la preparatoria Joliet Township de Illinois, E.U., por funcionar como nuestro lugar primario de pruebas. (Tony: tu constante estímulo me mantuvo a flote.) En particular, agradezco a Sandy Contos, Flora Betts, Barbara Pasteris, Gloria Martínez, Linda Brisbin, Susan Graham, John Randica, Lybb Vaughn, Jennifer Adams, Marie Blunk, Cathe Disera, Marvin Reed, Bonnie Badurski, Judy Bruno, Richard Dobbs, Pat Sullivan, Shawna Kocielko, Reasie McCullough, Nichole Nelson, Michael Stubler, Nichol Douglas, Joseph Facchina, Kaatrina Voxx, Joy Denewellis, Jordan McLaughlin, Allison Yanchick, Stephen Davis, Chris Adams, Neal Brockett y Marisha Pasteris.

Gracias, Rita Elliot y los demás integrantes y estudiantes de la Escuela de Legisladores de Carolina del Norte, por sus reflexiones y entrevistas. Específicamente, gracias a Kia Hardy, Natarsha Sanders,

Crystal Hall, Tarrick Cox, Adam Sosne, Heather Sheehan, Tara McCormick y Terrence Dove.

Gracias, Kay Jensen y el Grupo Sanpete de Prevención de Maltrato contra Niños, por narrarme valientemente sus anécdotas.

Gracias, Cindi Hanson y los alumnos de la clase de tecnología ejecutiva de la preparatoria Timpview, por permitir enseñarles los 7 Hábitos. En particular, agradezco a Kristi Borland, Spencer Clegg, Kelli Klein, Jennie Feitz, Brittney Howard, Tiffany Smith, Becky Tanner, Kaylyn Ellis, Rachel Litster, Melissa Gourley, T. J. Riskas, Willie Morrell, Brandon Kraus, Stephan Heilner, Monica Moore y Amanda Valgardson.

Gracias, estudiantes de las preparatorias Utah Valley, por su importante participación en numerosos grupos de enfoque. En particular, agradezco a Ariel Amata, Brett Atkinson, Amy Baird, David Beck, Sandy Blumenstock, Megan Bury, Brittany Cameron, Laura Casper, Estee Christensen, Ryan Clark, Carla Domínguez, Ryan Edwards, Jeff Gamette, Katie Hall, Liz Jacob, Jeff Jacobs, Jeremy Johnson, Joshua Kautz, Arian Lewis, Lee Lewis, Marco López, Aaron Lund, Harlin Mitchell, Kristi Myrick, Chris Nibley, Whitney Noziska, Dianne Orcutt, Leisy Oswald, Laney Oswald, Jordan Peterson, Geoff Reynolds, Jasmine Schwerdt, Josie Smith, Heather Sommer, Jeremy Sommer, Steve Strong, Mark Sullivan, Larissa Taylor, Callie Trane, Kelli Maureen Wells, Kristi Woodworth y Lacey Yates.

Gracias a los muchos líderes, autores y líderes juveniles que ayudaron de alguno u otro modo, sobre todo Brettne Shootman, Mona Gayle Timko, James E. H. Collins, Brenton G. Yorgason, James J. Lynch, Matt Clyde, Dan Johnson, Deborah Magnum, Pat O'Brien, Jason Dorsey, Matt Townsend, John Bytheway y el equipo de Premier School Agenda.

Agradezco especialmente a todos aquellos que contribuyeron con entrevistas y anécdotas, incluyendo Jackie Gago, Sara Duquette, Andy Fries, Arthur Williams, Christopher Williams, Tiffany Tuck, Dave Boyer, Julie Anderson, Liz Sharp, Renon Hulet, Dawn Meeves, Chris Lenderman, Jacob Sommer, Kara Sommer, Sarah Clements, Jeff Clements, Katie Sharp, Brian Ellis, Donald Childs, Heidi Childs, Patricia Myrick, Naurice Moffett, Sydney Hulse, Mari Nishibu, Andrew Wright, Jen Call, Lena Ringheim Jensen, Bryan Hinschberger, Spencer Brooks, Shannon Lynch, Allison Moses, Erin White, Bryce Thatcher, Dermell Redd, Elizabeth Jacob, Tawni Olson, Ryan Edwards, Ryan Casper, Hilda López, Taron Milne, Scott Wilcox, Mark C. Mcpherson, Igor Skender, Heather Hoehne, Stacy Greer, Daniel Ross, Melissa Hannig, Colleen Petersen, Joe Jeagany, Tiffany Stoker Madsen y Lorilee Richardson.

Finalmente, gracias a los cientos de otras personas que contribuyeron de tantas formas distintas.

CENTRAL DE INFORMACIÓN

Tal vez tú o algún ser querido estén en una situación en la que se sientan desesperanzados o confundidos respecto a lo que podría hacerse. Hay muchas personas que desean ayudar. No necesitas hacerlo solo. Llama a los teléfonos o consulta las páginas de Internet que aparecen a continuación. Los números son sin cargo: puedes llamar desde tu casa o caseta de teléfono, sin ningún costo. Si en la primera llamada telefónica o visita a la página de Internet no obtienes la ayuda que deseas o necesitas, por favor vuelve a hacer el intento. Recuerda: ¡Mantén viva la esperanza! *Nota*: Todas las sedes de las siguientes instituciones se encuentran en territorio estadounidense.

Drogadicción

Si sospechas que estás bebiendo demasiado y no sabes qué hacer, llama al National Council on Alcoholism and Drug Dependency Hopeline........**1-800-NCA-CALL**

Si te preocupa algún pariente o amigo que bebe demasiado y no estás seguro de cómo ayudarlo, llama a Al-Anon/Alateen **1-800-356-9996**

Si tú o algún amigo están usando drogas ilegales o abusas de cualquier droga y no sabes con quién hablar, llama al **1-800-662-4357**

Para información sobre drogas, alcohol y tabaco, llama a:
The American Council for Drug Education **1-800-488-DRUG**
The American Lung Association **1-800-LUNG-USA**
Cocaine Anonymous National Referral Line **1-800-347-8998**

También puedes visitar las siguientes páginas de Internet para obtener más información:
Marijuana Anonymous: ....*http://www.marijuana-anonymus.org/*
Cocaine Anonymous World Services:........*http://www.ca.org/*
Narcotics Anonymous:........*http://www.wsoinc.com*
Comprehensive Addiction Programs Inc.: ....*http://www.helpfinders.com*
Partnership for a Drug Free America: ....*http://www.drugfreeamerica.org//*

Desórdenes alimenticios

Si sospechas que tú o alguna de tus amistades padece de anorexia, bulimia o algún otro desorden alimenticio y deseas buscar ayuda, llama a **1-800-448-4663**

Para mayor información, puedes visitar las siguientes páginas de Internet:
Eating Disorder Recovery Online: ....*http://www.edrecovery.com*
Anorexia Nervosa and Related Eating Disorders Inc.:........*http://www.anred.com/*

Salud física y mental

Si tú o alguna de tus amistades piensa en el suicidio,
POR FAVOR llama a National Adolescent Suicide Hotline **1-800-621-4000**
o al National Institute of Mental Health **1-800-64-PANIC**
Si en estos momentos estás intentando o contemplando
el suicidio, llama a **911**

Para mayor información, puedes visitar las siguientes
páginas de Internet:
Depresión:
FAO's: ....*http://avocado.pc.helsinki.fi/~janne/asdfaq*
Depression and Mental Health Sources: ....*http://stripe.colorado.edu/~judy/depression/*

Si tú o alguna de tus amistades cree tener alguna
enfermedad venérea o contraer sida, llama a:
Sexually Transmitted Diseases **1-800-227-8922**
National AIDS Hotline...**1-800-342-2437**

Si estás embarazada, o te preocupa embarazar, y necesitas
más información acerca de la situación y las posibles
soluciones, llama a Pregnancy Crisis Hotlines: **1-800-550-4900**
                                                                                1-800-228-0332
                                                                                1-800-826-9662

Violencia

Si tú o alguna de tus amistades (hombre o mujer) fue víctima
de violación, incesto o cualquier otra forma de violencia de
tipo sexual, llama a National Sex Abuse Hotline: **1-800-656-4673**

Si tu novio o novia es persona violenta, pide ayuda a:
Dating Violence Information Line **1-800-897-LINK**

Si tú o alguna de tus amistades está implicado en la industria
pornográfica o prostitución, y necesitas ayuda para salir
de la situación, llama a Children of the Night: **1-800-551-1300**

Si tú o alguna de tus amistades o familiar es víctima de
violencia doméstica, llama a:
National Domestic Violence Hotline **1-800-799-7233**
National Abuse Hotline...**1-800-422-4453**
National Child Abuse Hotline **1-800-4-A-CHILD**

Para mayor información, puedes visitar la página de Internet:
Sexual Assault Information Page: ....*http://www.cs.utk.edu/~bartley/saInfoPage.html*

Prevención de pandillerismo

Si tienes entre 10 y 14 años de edad y buscas amigos y
diversión en un ambiente sano e íntegro, comunícate al: **1-800-854-CLUB**
O visita la página de Internet:..*http://www.bgca.org/*

Si tú y tus amistades están pensando en unirse a un grupo
y desean saber más de él, o si te uniste a un grupo y tienes
dificultades para salir, llama a Cult Awareness Hotline: **1-800-556-3055**

Educación

Si estás pensando en ingresar a la universidad o escuela
técnica y tienes dudas sobre cómo financiar tu educación,
llama a..**1-800-USA-LEARN**
o...**1-800-4-FEDAID**

Si estás interesado en información sobre programas
de capacitación para oficios como carpintería, secretarial,
programación de computadoras, etc., llama a Job Corps.............**1-800-356-9996**

Servicios generales para la juventud

Si huíste de casa y necesitas ayuda para comunicarte
a ella o volver, llama a National Runaway Hotline: **1-800-621-4000**
Runaway Hotline for the Hearing Impaired................................**1-800-621-0394**
The National Youth Crisis Hotline...**1-800-448-4663**

Si te enfrentas a una crisis o problema de CUALQUIER clase
y no encuentras en esta lista lo que buscas, llama a Covenant
House Nine-Line:..**1-800-999-9999**

Voluntarios

YMCA: *http://www.ymca.net/b/2/index.html/*
Si te interesa ofrecerte como voluntario para desarrollar
capacidades de liderazgo, llama a la YMCA más cercana
a tu casa. También puedes llamar a programas Black
Achievers, Youth Achievement y Youth Leadership:....................**1-888-333-9622**

United Way: ....*http://www.unitedway.org/localway.html/*
Si deseas ayudar a tu comunidad, visita esta página
de Internet para hallar al United Way local.

Amnesty International:...............*http://www.organic.com/Non.profits/Amnesty/index.html/*
Para obtener información o participar en algún movimiento
internacional para la protección de los derechos humanos,
visita esta página de Internet.

Si deseas colaborar con los líderes de tu comunidad para recabar fondos
gubernamentales o de la iniciativa privada, puedes obtener más información
llamando al: **1-800-458-9505**

50 GRANDES LIBROS PARA JÓVENES

Clásicos:

Across Five Aprils
Irene Hunt
Mujercitas
Louisa May Alcott
El mago de Oz
Frank Baum
Las aventuras de Huckleberry Finn
Mark Twain
Trilogía del señor de los Anillos
J. R. R. Tolkien

Anne of Green Gables
Lucy Maud Montgomery
The Foundling and Other Tales of Prydain
Lloyd Alexander
The Chronicles of Narnia
C.S. Lewis
Rebelión en la granja
George Orwell
Diario de Ana Frank
Ana Frank
Matar un ruiseñor
Harper Lee

Cry, the Beloved Country
Alan Paton
The Yearling
Marjorie Kinnan Rawlings
La costa más lejana
Ursula K. Leguin
De hombres y ratones
John Steinbeck
The Red Badge of Courage
Stephen Crane
El vendedor más grande del mundo
Og Mandino

Clásicos modernos:

Sounder
William H. Armstrong
Island of the Blue Dolphins
Scott O'Dell
Along the Tracks
Tamar Bergman
Night
Elie Wiesel
Red Scarf Girl: A Memoir of the Cultural Revolution
Ji-Li Jiang
Hiroshima
John Hersey
Bless Me, Ultima
Rudolfo Anaya

Anthony Burns: The Defeat and Triumph of a Fugitive Slave
Virginia Hamilton
Behing the Secret Window
Nellie S. Toll
Parrot in the Oven—Mi vida
Victor Martínez
Walk Two Moons
Sharon Creech
I Heard the Owl Call My Name
Margaret Craven

The Color of Water: A Black Man´s Tribute to His White Mother
James McBride
Point of Departure: 19 Stories of Youth and Discovery
Robert S. Gold
Rising Voices: Writings of Young Native Americans
Arlene B. Hirschfelder y Beverly R. Singer
The Watsons Go to Birmingham—1963
Christopher Paul Curtis

Libros de autoayuda:

The Book of Virtues
William J. Bennett
Chicken Soup for the Teenage Soul
Jack Canfield, Mark Victor Hansen y Kimberly Kirberger
Marking College Count
Patrick S. O'Bried
The Measure of Our Success
Marian Wright Edelman
A Book of Your Own: Keeping a Diary or Journal
Carla Stevens
Death Is Hard to Live With
Janet Bode y Stan Mack

The Fiske Guide to Getting Into the Right College: The Complete Guide to Everyting You Need to Know to Get Into and Pay for College
Edward B. Fiske y Bruce Hammond
Detour for Emmy
Marilyn Reynolds
There Are No Children Here
Alex Kotlowitz
How Could You Do That?
Dr. Laura Schlessinger
Where Are My Birth Parents?
Karen Gravelle y Susan Fischer

Different Worlds: Interracial and Cross-Cultural Dating
Janet Bode e Iris Rosoff
Love and Sex in Plain Language: Responsible Sex and Common Sense
Eric W. Johnson
Kids in Jail—Paul Vasey
Are You Dying for a Drink?
Laurel Graeber
Real Gorgeous: The Truth About Body and Beauty
Kaz Cooke
Teen Power
Norm Hull, Mark Scharenbroich, Eric Chester, C. Kevin Wanzer y Gary Zelesky

BIBLIOGRAFÍA

PARADIGMAS Y PRINCIPIOS

Greyling, Dan P., "The Way the Cookie Crumbles", reproducido del *Reader's Digest* de julio de 1980 con autorización. Registro de derechos de autor © 1980 de The Reader's Digest Association, Inc.

MacPeek, Walter, *Resourceful Scouts in Action*, Nashville, Ed. Abingdon.

LA CUENTA DE BANCO PERSONAL

Barton, Bruce, *The Man Nobody Knows*, Nueva York, Ed. Collier Books, 1925.

HÁBITO 1

Lemley, Brad, "The Man Who Won't Be Defeated", Nueva York, revista *Parade*. Reproducido con autorización de *Parade*. Registro de derechos de autor © 1989.

Nelson, Portia, "Autobiography in Five Short Chapters", de *There's a Hole in My Sidewalk,* Registro de derechos de autor © 1993 de Portia Nelson. Hillsboro, Oregon, Ed. Beyond Words Publishing, Inc., 1-800-284-9673.

HÁBITO 3

Nelson, Portia, *There's a Hole in My Sidewalk*. Registro de derechos de autor © 1993 de Portia Nelson. Hillsboro, Oregon, Ed. Beyond Words Publishing, Inc., 1-800-284-9673.

HÁBITO 4

Lusseyran, Jacques, *And There Was Light*, Edinburgh, Ed. Parabola Books, 1985. Reproducido con autorización.

HÁBITO 6

Armstrong, Thomas, *7 Kinds of Smart.*, Nueva York, Ed. Plume, 1993

Rodgers, Richard y Oscar Hammerstein II, "You've Got to Be Carefully Taught". Registro de derechos de autor © 1949 por Richard Rodgers y Oscar Hammerstein II. Registro de derechos de autor renovados. WILLIAMSON MUSIC es el propietario de la publicación y derechos asociados para todo el mundo. Con registro internacional de derechos de autor. Reproducido con autorización. Todos los derechos reservados.

Sanders, Bill, *Goalposts: Devotions for Girls*, Grand Rapids, Michigan, E.U., Ed. Fleming Revel, una división de Ed. Baker Book House, 1995.

HÁBITO 7

Litchfield, Allen, colaborador. De la conferencia grabada especial para jóvenes *Sharing the Light in the Wilderness*, Salt Lake City, Ed. Deseret Book, 1993.

Anderson, Walter, *Read with Me*, Boston, Houghton Mifflin Co., 1990.

ÍNDICE ANALÍTICO

ACERCA DE FRANKLIN COVEY CO.

Sean Covey es vicepresidente de tiendas al menudeo de Franklin Covey Co., una empresa internacional con 4 000 miembros dedicada a ayudar a individuos, organizaciones y familias a hacerse más efectivos. Franklin Covey Co. es el principal proveedor global de servicios y productos para soluciones integrados, sostenibles y fundamentados en principios demostrados. La cartera de clientes de la empresa incluye a 82 de las compañías que figuran en la lista *Fortune 100*, más dos terceras partes de las empresas que figuran en la lista *Fortune 500*, así como miles de pequeñas y medianas empresas, entidades gubernamentales, instituciones educativas, comunidades, familias y millones de consumidores. Franklin Covey Co. también creó sociedades piloto con ciudades que aspiran a convertirse en comunidades centradas en principios, y actualmente imparte los 7 Hábitos a maestros y administradores en más de 4 500 escuelas y universidades de Estados Unidos y mediante iniciativas estatales con líderes educativos de 27 estados.

La visión de Franklin Covey Co. es enseñar a los demás a enseñarse a sí mismos y hacerse independientes de la empresa. Al antiquísimo adagio de Lao-tzu, "Dad un pescado a un hombre, y lo alimentaréis por un día; enseñadle a pescar y lo alimentaréis por toda una vida", ellos añaden: "Desarrollen maestros de pescadores, y ellos elevarán a toda la sociedad". Este proceso de facultamiento es realizado mediante programas impartidos en instalaciones en las Montañas Rocallosas en Utah, servicios de consultoría de quien los solicita, asesoría personal, capacitación a la medida y capacitación facilitada por el cliente, así como mediante talleres abiertos que se ofrecen en más de 500 ciudades en América del Norte y 45 países del mundo.

Franklin Covey Co. cuenta con más de 19 000 facilitadores titulados que imparten sus programas dentro de sus organizaciones, y capacita a más de 750 000 participantes al año. Herramientas de implementación, entre las que se incluye el Planificador Franklin, y una amplia oferta de casettes de audio y video, libros y programas de computadora, permiten a sus clientes asimilar y utilizar efectivamente los conceptos y capacidades. Éstos y otros productos cuidadosamente seleccionados y avalados por Franklin Covey Co. se ofrecen en más de 128 tiendas de Franklin Covey Co. en toda América del Norte y en muchos otros países. Los productos y materiales de Franklin Covey Co. se ofrecen ahora en 32 idiomas, y sus productos para planificación son utilizados por más de 15 millones de personas en todo el mundo. La empresa tiene más de 15 millones de libros impresos, de los que se venden más de 1.5 millones de ejemplares al año.

Para mayor información sobre la oficina internacional Franklin Covey más cercana a usted, o para obtener un catálogo gratuito de los productos y programas Franklin Covey, llame o escriba a:

Franklin Covey Co.
2200 West Parkway Boulevard
Salt Lake City, Utah 84119-2331, USA.

Llamada sin costo (en E.U.): 800-952-6839
Fax: 801-496-4252
Llamada (internacional): 801-229-1333 o al fax 801-229-1233
Internet: www.franklincovey.com

Los productos y programas Franklin Covey proporcionan un amplio rango de recursos para personas, familias, empresas, gobiernos y organizaciones civiles y educativas, incluyendo:

Programas:

Semana de Liderazgo Franklin Covey

Liderazgo centrado en principios

Los 7 hábitos de las personas altamente efectivas

Taller de Time Guest: "Lo que es más importante"

El principio del poder

Planificar para obtener resultados

Presentation Advantage

Writing Advantage

Construyendo confianza

Logrando sinergia

El poder del entendimiento

Proyectos de comunidades centrados en principios

Productos:

Libro de trabajo *Los 7 hábitos de los adolescentes altamente efectivos*

Planificador Franklin

Planificador para estudiantes de universidades

Agendas escolares Premier

Software Franklin Planner for Windows Microsoft Outlook

PalmPilot con Franklin Planner

CD 7 Habits Coach (sólo en inglés)

Software para la administración de proyectos "On Target"

Cassettes de audio de "Los 7 Hábitos"

Cassettes de audio "Living the 7 Habits" (sólo en inglés)

Cassettes de audio "Liderazgo centrado en principios"

Cassettes de audio "Primero lo primero"

Cassettes de audio "Los 7 Hábitos de las familias altamente efectivas"

Cassettes de audio "Cómo escribir un enunciado de misión familiar" (sólo en inglés)

Cassettes de audio *El princ*. *del poder* (sólo en inglés)

Perfil de 360° de efectividad de Los 7 Hábitos

Talleres en video de Liderazgo de Franklin Covey

Los 7 hábitos de los adolescentes altamente efectivos
de San Convey
Se terminó de imprimir en el mes de abril en los talleres de,
Imprentor S.A. de C.V., con domicilio en,
Calle Salvador Velasco 102, Parque Industrial Exportec I.
C.P. 50200 Toluca, Estado de México.